HISTORY, PHILOSOPHY, CULTURE

Revisiting Professor G.C. Pande's Thoughts and Works

Edited by

Sibesh Bhattacharya

ARYAN BOOKS INTERNATIONAL
New Delhi

HISTORY, PHILOSOPHY, CULTURE
Revisiting Professor G.C. Pande's Thoughts and Works

ISBN: 978-81-7305-397-9

Published in **2010** by

ARYAN BOOKS INTERNATIONAL
Pooja Apartments, 4B, Ansari Road, New Delhi - 110 002 (India)
Tel.: 23287589, 23255799; Fax: 91-11-23270385
E-mail: aryanbooks@vsnl.com, aryanbooks@gmail.com

Printed in India at Mudrak, Delhi-110091

HISTORY, PHILOSOPHY, CULTURE

Revisiting Professor G.C. Pande's
Thoughts and Works

Preface

Hopefully the present collection of essays will serve as a reasonable introduction to Prof. Pande's interest and expertise and will provide useful insights into his mind and thoughts. The range and depth of Prof. Pande's scholarship reflected in a variety of works covering widely diverse fields are truly remarkable. The present volume, we hope, will offer a fair glimpse of the wide reach of his interest and the value of his works. Practically every contributor to this volume has referred to his encyclopedic learning. It is an aspect that is so obvious that anybody familiar with his works is unlikely to miss it. In this age of super specialization such extensiveness of interest and expertise is becoming more and more of a rarity. It can be predicted with reasonable certainty that the modern age is unlikely to produce and nurse figures like a Vacaspati Misra or a Madhavacarya Vidyaranya or a Madhusudhana Sarasvati. Prof. Pande is one of the last representatives of this vanishing tribe. And the last representatives of a fading sect almost always contain a hint of a tragic story, a story holding in its folds a hint of anachronism.

The scope and scale of his output have no doubt been encyclopedic, but the word 'encyclopedic' does not say all about the nature of his works. Several minds expressed in several themes make an encyclopedia; in the case of Prof. Pande, however, there is no mistaking the same mind expressing itself in the several themes he takes up. Extraordinary range and diversity are, in our view, not the most important aspect of his contributions; more significant is the basically unified outlook or vision that he brings to bear upon the diverse fields of his studies. In this respect he is rather different from, say, a Vacaspati Misra, the great tenth century polymath from Mithila. Most of Pandeji's works despite covering various areas seem to be parts of a larger whole. And from that point of view, he may be regarded as a system builder. This raises him to the rank of a thinker, a philosopher with a certain point of view besides that of a great scholar.

It will help us to appreciate his works more deeply if we keep in mind what may be called his basic philosophy: his idea of man and his universe. We may start by noting that Pandeji believes that there is a spiritual core in man that really defines him. This spiritual core is also the fountainhead of the deepest human aspirations. There is a perennial yearning in man, a ubiquitous sense of non-fulfillment leading to a fundamental sense of suffering, a nagging *duhkhabodha*, in him. This yearning is basically an urge to transcend the finitude of the mortal world. All the finer and valuable aspects of human life and endeavours are the manifestations of this spiritual urge. Expressing itself in symbolical idioms it provides the basis of art and religion and even of society. This spiritual core seeking fulfillment really is the sole dependable ground of aesthetic and value judgments, the basis of *Saundarya* and *Mulya Mimamsa*.

This unified view is the product of an integrative approach that has been a notable characteristic of Pandeji's methodology. Prof. Nayak finds similarity between Pandeji's treatment of certain aspects of Buddhist thought and the philosophy of neo-integralism. Instances of Pandeji's integrative approach can be found in other papers too; some such instances can be found, for example, in Prof. Rastogi's paper on Kashmir Saivism. In fact, this characteristic has been in evidence since the very first publication of Pandeji, his work on the origins of Buddhism. His ability to cut through the exterior of diversities while not ignoring them and to reach the kernel of unity facilitates this integrative approach. Yet, he does not misrepresent, mutilate, distort. For example, he is as authentic with the Vedic age as he is with Buddhism; and the authenticity does not diminish in any way when he highlights the conceptual connections between the two. It may be noted that such integrationist approaches could be smoothly sustained in studies of early Indian history and culture, the main area of Prof. Pande's interest. The *mula svara* of Indian culture, it may perhaps be extrapolated, supplied Prof. Pande with the notations to represent the pitch and duration of the process of culture. Although Pandeji's methodology and conclusions are not the same as that of Sorokin, who may be regarded as a founder of 'integralism', it might be interesting to explore the points of similarity between them, particularly in regard to the role of spiritualism in the formation of culture and truth-formulation.

Shailyaji has noted that Prof. Pande has been treated as an outsider by the practitioners of different disciplines within Indian academia. He is too much of a philosopher for the liking of present day Indian historians; the practitioners of philosophy on the other hand think he is basically an Indologist, and so on. But these quibbles over territoriality and citizenship of academic disciplines are not really serious issues. In fact, one would prefer to be regarded as the 'citizen of the world' rather than to be restricted to pigeonholes of narrow disciplines, the boundaries of which are often of dubious value. This is not the anachronism we have referred to above. The anachronism that we are speaking of has its source in his writings: the themes he takes up, the issues he raises, the conclusions he draws, the world view he projects. When strident 'globalism' and shrill 'ethnicities' are threatening to drown all other discourses in India, Prof. Pande, in line with Tagore, Gandhi, Aurobindo, etc., has been reaffirming the humanistic universal values enshrined in Indian thought-heritage. In the contemporary clime this can be easily seen as 'moving backwards', if not, as 'obscurantist' and 'rank reactionary' attitude. Further, Prof. Pande speaks of the spiritual essence of man. Spiritualism, particularly Indian spiritualism offered by Indian yogis and gurus, has quite a few takers in the West, but to talk of spiritualism within the precincts of academia is now regarded a taboo in India. Prof. Pande has been repeatedly defying it. Moreover, the position he takes does not gel with the ruling mores of current politics. Prof. Pande thus has been a kind of a loner among the contemporary scholars in Indian academia. A kindred spirit, Prof. A.K. Saran, passed away a few years ago. It seems that Pandeji is destined to remain a loner, at least for the time being. But this is a fate that has befallen many before him. And, those who swim against the current do not inevitably and for ever remain forlorn figures. The author of the Mahabharata writing during a period of transition of a bygone age lamented that although he had been beseeching his contemporaries raising both of his hands, no body listened to him. The lament, perhaps, was not fully in order; his voice after all did not get lost in oblivion. The present collection of essays emanate from a similar hope that some may lend their ears to the voice represented in this volume.

Kolkata
October 2, 2009 **Sibesh Bhattacharya**

Contents

1

अपने वैचारिक जीवन का संक्षिप्त अनुस्मरण

गोविन्द चन्द्र पाण्डे

मेरी दादी एक पण्डित परिवार से आई थीं, उनके पिता अलवर दरबार में पुस्तकालय के अध्यक्ष पण्डित थे। इसलिए दादी उस युग के संदर्भ में अच्छी पढ़ी-लिखी थीं। मेरे प्रपितामह भी अपने ज्योतिष के ज्ञान के लिए प्रसिद्ध पण्डित थे। मेरे पितामह गम्भीर धार्मिक आस्था के व्यक्ति थे। पिता उच्च आधुनिक शिक्षा प्राप्त कर पहले सद्यः स्थापित काशी हिन्दु विश्वविद्यालय में अर्थशास्त्र के अध्यापक और तत्पश्चात अखिल भारतीय ऑडिट एण्ड एकाउण्ट्स सर्विस के अधिकारी रहे। उनकी शिक्षा-दीक्षा तिलक, गाँधी, एनी बेसण्ट, विवेकानंद एवं श्री अरविन्द के नेतृत्व में दिशा प्राप्त करने वाले ऐसे स्वाधीनता आंदोलन के परिवेश में हुई, जिसमें आधुनिकता का परम्परा से समन्वय सहज रचनात्मक रूप से हो रहा था। मेरी माता पठनशील और साहित्यिक अभिरुचि की थीं। दादी से मैंने *रामायण, महाभारत* और भागवत पढ़ना एवं पूजा-पाठ के प्रति श्रद्धा सीखी, पिता जी से रामकृष्ण परमहंस, विवेकानन्द और श्री अरविन्द के प्रति श्रद्धा अर्जित की। माता के सानिध्य से साहित्यक पठन-पाठन की आसक्ति प्राप्त की। इन्हीं तीन स्त्रोतों से मेरी बाल्यावस्था के संस्कारों का निर्माण हुआ।

1937 में मैंने लाहौर से मैट्रीकुलेशन की परीक्षा उत्तीर्ण की थी, लाहौर में उस समय एक ओर आर्य समाज और सनातन धर्म की स्पर्धा थी तो दूसरी ओर परम्परा मात्र की उपेक्षा। आर्य समाज और सनातन धर्म दोनों ही धर्म की वैज्ञानिकता सिद्ध करते थे। स्वामी रामतीर्थ और लाला हरदयाल का बहुत नाम था। भगत सिंह और लाला लाजपत राय देश-भक्ति के प्रतीक थे।

1938 में मैं रंगून में रहा और घर पर ही पढ़ता रहा। इन दो वर्षों में मेरे पढ़ने का दायरा अचानक ही बहुत विस्तृत हो गया। मैंने हिन्दी, संस्कृत और अंग्रेजी साहित्य के अतिरिक्त गणित, इतिहास और अर्थशास्त्र की अनेक उच्चस्तरीय पुस्तकें भी पढ़ीं।

जिन पुस्तकों के पढ़ने से उस समय मेरे मन में स्थायी जिज्ञासायें पैदा हुई उनमें प्रधान रूप से उल्लेखनीय हैं–

1. *Indian Cultural Heritage*, Vols. I-III
2. Vivekanand – *Rajyog*
3. Vivekanand – *Gyanyog*
4. Shri Aurobindo – *Life Divine*, Vol. I
5. Tilak – *Gita Rahasya*
6. Sigmund Freud – *Basic Writings*
7. James Jeans – *The Mysterious Universe*
8. Whitehead – *Nature of Mathematics*
9. शरत्चन्द्र के उपन्यास। विशेष रूप से - *शेष प्रश्न, पथेरदावी*
10. रवीन्द्रनाथ टैगोर का *गोरा, घर और बाहर*
11. दोस्तॉवस्की के उपन्यास

इन पुस्तकों ने मेरे मन में इस प्रकार की जिज्ञासायें पैदा कीं–

1. क्या ईश्वर का अस्तित्व है?
2. क्या धर्म सत्य के ज्ञान पर आधारित है या कि वह धोखा है?
3. क्या गणित के पूर्वसिद्ध नियमों के अनुसार विश्व की रचना हुई है?
4. धर्म और विज्ञान की इतिहास में क्या भूमिका है?
5. क्या नैतिक आदर्श सनातन और ज्ञानमूलक हैं अथवा ये संस्कारजन्य और ऐतिहासिक हैं?

1938 में मैंने मेरठ कॉलेज में इण्टरमीडियट में प्रवेश लिया। दो वर्षों तक पाठ्य विषयों के अतिरिक्त मैंने संस्कृत की पहले से चली आ रही पारम्परिक शैली से अपना अध्ययन पंडित रघुवीरदत्त शास्त्री के अध्यापन में आगे बढ़ाते हुए सम्पूर्ण *कौमुदी* और *बृहत्त्रयी* का अध्ययन किया। पश्चिमी साहित्य का विस्तृत अवगाहन किया और रूसी और अंग्रेजी उपन्यास, स्विफ्ट की रचनाओं एवं इब्सन और बनार्ड शॉ के नाटकों ने मेरी मानव-नियति और सामाजिक व्यवस्था के प्रति जिज्ञासा को गहरा किया।

1940 में मैंने इलाहाबाद विश्वविद्यालय में प्रवेश लिया। इलाहाबाद विश्वविद्यालय उस समय भारत के उत्कृष्टतम विश्वविद्यालयों में माना जाता था। अनेक विषयों में जिन प्रसिद्ध व्यक्तियों के नाम पहले पढ़े-सुने थे वे वहाँ साकार रूप में विद्यमान थे। लैस्की का निबंध *आइडिया ऑफ यूनीवर्सिटी* मुझे बहुत पसंद आया। उसका यह कथन कि ज्ञान एक अखण्ड इकाई *(seemless garment)* है जिसमें आन्तरिक विभाजन कल्पित होते है, मेरे लिए एक ध्रुवतारे के समान मार्गदर्शक बन गया। प्रो० क्षेत्रेशचन्द्र चट्टोपाध्याय, प्रो० राम प्रसाद त्रिपाठी, प्रो० बेनी प्रसाद, प्रो० सतीश चन्द्र देव और प्रो० जे० के० मेहता से मैंने अखण्ड ज्ञान के इसी अनुसंधान की प्रेरणा पायी, **जिसमें विश्वविद्यालय**

विभागों का विभाजन अप्रासंगिक था। पुरानी जिज्ञासाओं के साथ कुछ नयी जिज्ञासाएँ भी इस अंतराल में जुड़ गयीं–

1. क्या इतिहास के अपने नियम हैं?
2. स्पेंग्लर सही है कि फिशर? हेगल या मार्क्स? समाज और राज्य का आधार धर्म है अथवा अर्थ? बोसांके सही है कि हॉब-हौस? ब्रेडले या लैस्की?
3. दर्शन का आधार आत्मविद्या है या प्रकृतिविज्ञान या विशुद्ध तार्किक उलझनें और व्यवस्थाएँ? भारतीय दर्शन की मुख्यधारा और पश्चिम की नवोदित दार्शनिक धाराओं की विसंगति से ये प्रश्न महत्त्वपूर्ण प्रतीत होते थे?
4. साहित्य और कला के मूल्यों का क्या स्वरूप है? कहाँ तक वे विश्वजनीन हैं? भारतीय साहित्य और कला के पश्चिमी इतिहासकारों के फतवों में इस प्रकार की जिज्ञासा मन को व्यथित और उद्वेलित करती थी।
5. संस्कृति क्या किसी सनातन परम्परा या आध्यात्मिक सत्य की ऐतिहासिक अभिव्यक्ति है? अथवा आगन्तुक ऐतिहासिक कारणों से बनाया हुआ ढाँचा, जिसमें मानवीय बौद्धिक विवेक और नैसर्गिक प्रवृत्तियों का संघर्ष देखा जा सकता है?

1942 में बी. ए. की परीक्षा उत्तीर्ण कर मैंने इतिहास विषय लेकर एम. ए. में प्रवेश किया। डॉ० ताराचन्द हमें पश्चिमी राजनीतिक तत्त्वचिन्तन पर मूलतः आधारित बताते थे और महत्त्वपूर्ण राजनीतिक विचारकों के दार्शनिक विचारों पर व्याख्यान देते थे। मुझे यह बात बहुत आकर्षक लगी और इससे प्रोत्साहित होकर मैंने पश्चिमी दार्शनिकों के अनेक मूल ग्रंथों का अध्ययन किया, जिनमें प्लेटो, अरस्तू, काण्ट, हेगेल, ग्रीन, ब्रैडले और बोसांके मुख्य थे। विशेष रूप से हेगेल के अध्ययन पर मैंने बहुत समय लगाया। मैं हेगेल के सविशेष विज्ञानवाद को शंकर के निर्विशेष ज्ञानाद्वैत से हेय मानता था और इस विषय को लेकर मैंने एक निबंध लिखा। एक बार प्रो. ताराचन्द्र से उनके घर पर मेरी बहुत देर तक बात हुई। प्रो. अनुकूल चन्द्र मुकर्जी उस समय काण्ट और शंकर के विशेषज्ञ थे। प्रो० रानाडे यूनानी दर्शन, आधुनिक दर्शन, वेदान्त और सिद्ध-सन्त दर्शन सभी के पारंगत थे। इन विद्वानों से अनेक बार विचार-विमर्श का अवसर प्राप्त हुआ। प्रो. राम प्रसाद त्रिपाठी की प्रेरणा से मैंने सभ्यता का इतिहास और दर्शन का अध्ययन भी आरम्भ किया। वे अपने अध्यापन में भी संस्कृति के इतिहास को विचारों एवं मूल्यों के इतिहास से ही रचित प्रदर्शित करते थे।

इस बीच मैंने संस्कृत का पारम्परिक अध्ययन भी पंडित रामचन्द्र द्विवेदी के अध्यापन में जारी रखा। इनसे मैंने प्रौढ़मनोरमा के कुछ अंश, *लघुमंजूषा, न्यायमुक्तावली, साहित्यदर्पण* एवं *ध्वन्यालोक* के कुछ अंश पढ़े। पंडित क्षेत्रेशचन्द्र चट्टोपाध्याय ने संस्कृत के ऐतिहासिक एवं तुलनात्मक अध्ययन के लिए निर्देशन किया।

1944 में इतिहास विषय में एम. ए. पास करने के बाद मैंने प्रो. क्षेत्रेशचन्द्र चट्टोपाध्याय के निर्देशन में बौद्ध धर्म के मूल को लेकर अनुसंधान आरम्भ किया। इसके पहले कई वर्षों के पश्चिमी दार्शनिक विचारों के अनुशीलन से मेरी आस्था न सिर्फ कर्मकाण्ड से हट गयी थी बल्कि आस्तिक बुद्धि भी संदेहों से जकड़ गयी थी। 1946 में मेरा परिचय माँ आनन्दमयी से हुआ और उनके द्वारा महामहोपाध्याय गोपीनाथ कविराज से। इन्ही दिनों सेमीनरी में फादर आई. ए. एक्सट्रॉस से भी परिचय हुआ। प्रो० रानाडे के भी निकट जाने का अवसर मिला। चमत्कारी नीमकरौरी बाबा के भी इन्हीं दिनों दर्शन हुए। ये नये परिचय ऐसे लोगों से थे जिन्होंने आध्यात्मिक विभूति, आध्यात्मिक दर्शन का प्रत्यक्षामयाण ज्ञान तथा गम्भीर विचारमूलक आस्था को पुष्ट किया। आँखों देखे चमत्कारों को यदि झूठा बता दिया जाये तो प्रत्यक्ष की महिमा भी सन्दिग्ध हो जाती है।

यद्यपि आधुनिक इतिहासकार चमत्कारों के विवरण को अविश्वसनीय मानते हैं, वे यह कसौटी प्राय: साइनोप्टिक गोस्पल के विवरणों पर लागू नहीं करते। वे ईसा मसीह की जीवनी को असन्दिग्ध रूप से इतिहास में देखते हैं किन्तु बुद्ध की जीवनी को केवल आनुश्रविक मानते हैं। ब्रैडले का *क्रिटिकल प्रीसपोजीशन्स ऑफ हिस्ट्री* शीर्षक निबन्ध मुझे महत्त्वपूर्ण लगा। यह भी विचार मेरे मन में दृढ़ता से आया कि योग-विभूति को योग की परम्परा से अलग नहीं रखना चाहिए। योग के चमत्कार अतर्क्य और संयोगजन्य नहीं होते, वे एक अत्यन्त प्राचीन विज्ञान की परम्परा से जुड़े हुए साधकों और सिद्धों में ही प्राय: मिलते हैं। यह योग की गुरु-शिष्य परम्परा मुझे वास्तविक आध्यात्मिक इतिहास प्रतीत हुई। इस प्रकार श्रद्धा और प्रत्यक्ष के विवाद के रूप में वर्तमान दार्शनिक विवाद का समाधान आध्यात्मविद्या के ऐसे गहन इतिहास के आलोडन के बिना मुझे सम्भव नहीं प्रतीत हुआ जो अति-मनोवैज्ञानिक (Metapsychic) तत्त्वों का आह्वान न करता हो। प्रत्यक्ष और परम्परा, वर्त्तमान और अतीत, दर्शन और इतिहास मुझे अविच्छेदनीय प्रतीत हुए।

बौद्ध और जैन, वैदिक और आगमिक शास्त्रों के विस्तृत अध्ययन से मुझे स्पष्ट प्रतीत हुआ कि किसी भी आध्यात्मिक परम्परा को यथावत् समझने के लिए उसके मूल रूप का ज्ञान होना आवश्यक है और यह ज्ञान ऐतिहासिक विश्लेषण के बिना संभव नहीं है। परम्परा में जो नये तत्त्व जुड़ते हैं वे सदा मूल के अनुरूप अथवा विकासात्मक नहीं होते हैं। इस बीच में एक शोधपत्र मैंने *अंगुत्तर निकाय* की रचना पर प्रकाशित किया। एक बार डॉ० सम्पूर्णानन्द हमारे विश्वविद्यालय में आये और उनके सम्मान में जो वैचारिक गोष्ठी आयोजित हुई उसमें प्रो. देव ने मुझसे शोधपत्र प्रस्तुत करने के लिए कहा। मैंने बौद्ध मनोविज्ञान पर एक आलेख पढ़ा जो श्रोताओं को बहुत पसन्द आया। उस समय धर्म मेरे लिए कर्मकाण्ड या संगठन न होकर आध्यात्मिक साधन और अनुभूति पर आधारित दार्शनिक तत्त्वज्ञान का नाम था। इसीलिए उस समय के मेरे

अध्ययन-लेखन में दार्शनिक विचारों का यथावत् प्रतिपादन और उनके सत्य-असत्य का निर्णय ही मुख्य रूप से रहता था। मुझे यह बात नहीं जँचती थी कि इतिहासकार के लिए विचारों के सत्यासत्य का प्रश्न उपेक्षणीय है और न यह मान्यता मुझे स्वीकार्य थी कि सब धर्म-दर्शन समान रूप से सत्य या मिथ्या हैं या उनमें कोई एक ही पूर्णतया सत्य है। नाना आध्यात्मिक दर्शनों में किसी एक गहरी एकवाक्यता की मुझे खोज थी। कविराज जी से मिलने पर मुझे आध्यात्मविद्या के नाना प्रस्थानों के पीछे किसी प्रकार एक अतिक्रामी एकता उनमें अधिकार भेद से नाना भूमिकाओं में अवतरित होती है, इसके सन्धान का आभास मिला। वस्तुतः यह मानना कि सत्य एक ऐसा सपाट और निर्विशेष गुण है, जो कि सभी प्रकार के ज्ञानों में समान रूप से परखा जा सकता है, यह उन ज्ञानों के स्तरभेद के कारण सत्यासत्यगत आयाम में तुल्यता नहीं है। यही कारण है कि वैचारिक इतिहास में धर्म और अन्धविश्वास एवं विज्ञान की बदलती धारणाओं अथवा नैतिक सामाजिक धारणाओं के इतिहास में इतिहासकार न तो सत्य-असत्य की ओर तटस्थ हो सकता है, न वह सर्वज्ञ की तरह सत्य-असत्य का पूरा निर्णय कर सकता है।

1947 में मुझे डी. फिल्. की उपाधि प्राप्त हुई और इलाहाबाद विश्वविद्यालय में मेरी नियुक्ति डॉ० ताराचन्द (विभागाध्यक्ष) के द्वारा हुई।

1947 से 1957 तक मैंने अध्ययन-अध्यापन और शोध-निर्देशन में बिताया किन्तु इस बीच कुछ प्रकाशित नहीं किया। स्मरणीय है कि इलाहाबाद विश्वविद्यालय में उन दिनों विद्वत्ता, अध्यापन और विचार-विमर्श, व्याख्यान आदि का तो बहुत महत्त्व था, किन्तु लेखन और प्रकाशन का महत्त्व प्रायः नगण्य था। इसका एक रोचक दृष्टान्त यह है कि प्रो. रानाडे के प्रायः सभी प्रकाशन या तो उनके इलाहाबाद आने के पहले के थे या उनके जाने के बाद के। यही स्थिति प्रो० राम प्रसाद त्रिपाठी की भी थी। इसका एक कारण तो यह था कि अधिकांश अध्यापन ऐसे पश्चिमी ज्ञान का था जिस पर न्यूनाधिक रूप में अधिकार प्राप्त करना भारतीय विद्वानों के लिए सम्भव था किन्तु जिस पर ऐसा मौलिक योगदान कठिन था जो पश्चिमी विद्वानों को भी स्वीकार्य हो। भारतीय इतिहासकारों और दार्शनिकों की मौलिकता पश्चिमी पाण्डित्य परम्परा से समंजस नहीं थी। यह भी था कि विशुद्ध भारतीय परम्परा के पाण्डित्य में अंग्रेजी सरकार और विदेशी विद्वान् मौलिक व्याख्यान के पक्ष में नहीं होते थे। वे परम्परा की व्याख्या या तो परम्परागत रूप में चाहते थे या फिर उसके अपकर्ष को उजागर करने वाली आक्षेपात्मक दृष्टि के रूप में। इसका एक हास्यापद दृष्टान्त है, सरदार किब्बे जब इलाहाबाद में विद्यार्थी थे तब उन्होंने एक लेख इस आशय का प्रकाशित किया कि पानीपत की तीसरी लड़ाई में मराठों की पराजय संयोगवश थी। इस पर सी. आई. डी. की जाँच हुई कि इस प्रकार की भ्रान्ति कैसे प्रकाशित की गयी जिससें भारतीयों के मन में यह भाव पैदा हो कि वे लड़ाई जीत सकते थे। बड़ी कठिनाई से प्रो० कॉक्स के बीच-बचाव से यह तफ्तीश रफा-दफा हुई।

उन दिनों अध्ययन और चिन्तन से मेरी यह धारणा दृढ़ हुई कि विचारों और मूल्यों का इतिहास ही वास्तविक इतिहास है क्योंकि वही मानव परम्परा में दीर्घकालीन स्थायित्व प्रदान करता है। इस इतिहास में, जिसे अब 'हिस्ट्री ऑफ आइडियाज' कहते हैं, मानव आत्मजिज्ञासा का केन्द्रीय स्थान है। इसका एक परिणाम यह है कि दर्शन और इतिहास पद्धतिरूप से अलग होते हुए भी घनिष्ठ रूप से परस्पर सापेक्ष हो जाते हैं। आमतौर से यह माना जाता है कि अरस्तू ने क्या कहा, यह जानना दर्शन के इतिहास का काम है, अरस्तू ने ठीक कहा या नहीं, यह जानना दार्शनिक का काम है। किन्तु इस प्रकार का विभाजन मुझे उथला प्रतीत होता था। इस संदर्भ में कालिंगवुड का अभिमत मुझे बहुत आकर्षक लगा।

मैंने पाया कि अनेक भारतीय मनीषी, जैसे गोपीनाथ कविराज तथा श्री अरविन्द यह प्रतिपादन करते थे कि भारतीय सांस्कृतिक परम्परा मूलतः एक आध्यात्मिक ज्ञान की परम्परा पर आधारित है। किन्तु अधिकांश आधुनिक इतिहासकार सांस्कृतिक परम्पराओं को आर्थिक और राजनीतिक इतिहास पर ही आधारित मानते हैं।

स्वाधीनता आंदोलन के दिनों में अनेक भारतीय मनीषी और विद्वान् यह मानते थे कि भारत की एकता और ऐतिहासिक नियति उसके आध्यात्मिक ज्ञान की परम्परा से जुड़ी है। हॉलैण्ड हॉल में टुकर लेक्चर देते हुए मैंने यह कहा था कि भारतीय संस्कृति का आधार योग-साधना, अहिंसात्मक धर्म और नीति एवं संस्कृत भाषा और वाङ्मय की परम्परा है। किन्तु 1947 के बाद भारतीय इतिहास लेखन में सामाजिक इतिहास ही प्रधान विषय बन गया है, समाज का आधार वैचारिक है अथवा भौतिक, यह प्रश्न उस समय बहुत जीवंत प्रश्न था। मैंने सामाजिक इतिहास में एक शोध-योजना बनायी जिसके अंतर्गत मेरे निर्देशन में अनेक मेधावी छात्रों ने कार्य किया, बाद में वे प्रसिद्ध सामाजिक इतिहासकार बने, जैसे–प्रो० विमल चन्द्र पाण्डे इत्यादि।

1957 में मेरी पुस्तक *Studies in the Origins of Buddhism* प्रकाशित हुई। इसमें बौद्ध सिद्धांतों के विषय में परिवर्तित मान्यताओं की परीक्षा आगम के मूल रूप के आलोक में की गयी है और उन अनेक प्रचलित धारणाओं के विरोध में है जो कि बौद्ध दर्शन को नितान्त अनात्मवादी बताती हैं। बौद्ध दर्शन की मौलिकता बताते हुए भी इस पुस्तक में उसका उपनिषदों से गम्भीर संबंध प्रदर्शित किया गया है। विभिन्न होते हुए भी वैदिक और श्रमण परम्पराओं में आदान-प्रदान था और जो बौद्ध दर्शन एवं वेदान्त दोनों में ही देखा जा सकता है, किन्तु बौद्ध परम्परा का उद्‌गम श्रमण परम्पराओं में ही नहीं खोजना चाहिए। आध्यात्मिक दर्शन का मूल आध्यात्मिक अनुभूति ही है, बुद्ध-देशना भी सम्बोधि से ही उपजी है। यह अवश्य है कि देशना के प्रसंग में तत्कालीन विचार-संदर्भ संप्रेषण के लिए महत्त्वपूर्ण हो जाता है। प्रतीत्यसमुत्पाद और निर्वाण की अवधारणाओं पर विशेष रूप से विस्तृत विचार किया गया है क्योंकि इन्हीं अवधारणाओं के माध्यम से सम्बोधि की प्रथम अभिव्यक्ति हुई थी। प्रतीत्यसमुत्पाद को कार्यकारणभाव

से अलग कर तार्किक सापेक्षता और गणितीय प्रकार्यता से मैंने तुलनीय बताया है, प्रतीत्यसमुत्पाद शान्त वस्तुजगत् की अनित्यता और सापेक्षता का सिद्धांत है जबकि निर्वाण चरम सत्य का। परमार्थ सत् और असत् के द्वन्द्व से अतीत होने के कारण उसका ज्ञान मध्यमाप्रतिपदा है और निर्वाण अतर्क्य, अप्रमेय और नित्य होते हुए भी अभावात्मक नहीं है। मिस हार्नर ने *जे० आर० ए० एस०* में इस पुस्तक की समीक्षा करते हुए कहा कि ऐसा लगता है कि निर्वाण का प्रश्न इस बार हल हो गया है। 1961 में *जेड० डी० एम०* की समीक्षा में इसे पिछले बीस वर्षों की सर्वोत्कृष्ट रचना बताया गया। यह ग्रन्थ ऐतिहासिक और तुलनात्मक धर्म-दर्शन की दृष्टि से लिखा गया था।

1962 में *बौद्ध धर्म के विकास का इतिहास* नाम के ग्रन्थ में बौद्ध विचारधारा और दार्शनिक प्रस्थानों का उनकी तार्किक व्यवस्था के साथ निरूपण का प्रयत्न किया गया है। बौद्ध दर्शन के विकास में जहाँ एक ओर विश्लेषण और द्वन्द्वात्मक तर्क की भूमिका देखी जा सकती है वहीं दूसरी ओर उसमें मूल आध्यात्मिक प्रेरणा को बार-बार प्रतिष्ठित करने की चेष्टा भी देखी जाती है। इस पुस्तक के विषय में प्रो० नाकामुरा ने अपनी प्रसिद्ध (Bibliography) में टिप्पणी की है कि इतना सन्दर्भपुष्ट ग्रंथ अन्यत्र दुर्लभ है।

1957 में मैं नवस्थापित गोरखपुर विश्वविद्यालय में प्राचीन इतिहास, पुरातत्त्व एवं संस्कृति विभाग के प्रथम नियुक्त प्रोफेसर के रूप में पहुँचा। वहाँ मुझे यह अवसर मिला कि प्राचीन इतिहास के अध्ययन का विश्व इतिहास, राजनीति-दर्शन और सांस्कृतिक परम्परा से अविच्छिन्न रूप में अध्ययन-अध्यापन का प्रबन्ध किया जाए। गोरखपुर के पाँच वर्षों में मुझे विश्वविश्रुत बौद्ध विद्वान् आचार्य सुजुकी से मिलने का अवसर प्राप्त हुआ। परमपावन दलाईलामा से भी मैं मिल सका।

इन्हीं दिनों मैंने टी० एस० इलियट और जेम्स जॉयस का विशेष अध्ययन किया। मुझे यह लगा कि सांस्कृतिक विश्व कालानुक्रमित और निरन्तर विच्छिन्न न होकर एक अनुवर्तमान और संचीयमान परम्परा के रूप में अपनी कालिकता से परे एक अकालिकबोध का आभास देता है। मेरे काव्यसंग्रह *अग्निबीज* में इस बोध का कुछ स्फुरण है जो कि उसके परवर्ती संग्रह *क्षण और लक्षण* में अधिक स्पष्ट है। *अग्निबीज* विद्यानिवास मिश्र की प्रेरणा से प्रकाशित हुआ था, *क्षण और लक्षण* यशदेव शल्य की।

1962 में मैं गोरखपुर से जयपुर Tagore Prof. of Indian Culture के पद के लिए निमन्त्रित होकर चला गया। वहाँ दयाकृष्ण, यशदेव शल्य आदि अनेक ऐसे दार्शनिक से मेरा सम्पर्क हुआ जो स्वतंत्र विचारों के थे। 1965 में 'मार्डन लॉजिक एण्ड फिलॉसफी' पर दयाकृष्ण ने एक राष्ट्रीय संगोष्ठी की थी जिसमें मैंने *सम रिफ्लेशन ऑन द नेचर ऑफ मैथमेटिक्स* पर एक आलेख प्रस्तुत किया था जो प्रकाशित हुआ। वहीं शिवजीवन भट्टाचार्य, के० के० बनर्जी, प्रद्योत मुखोपाध्याय और डॉ० राजेन्द्र प्रसाद से परिचय हुआ।

इस सम्पर्क से अगले दशाधिक वर्षों में मैंने अपने चिन्तन को अनेक लेखों और पुस्तकों के रूप में प्रकाशित किया। 1964 में इण्टरनेशनल कांग्रेस ओरिएण्टलिस्ट में कविराज जी की प्रेरणा से महायान के आध्यात्मिक उद्‌गम पर मैंने आलेख पढ़ा। उसी वर्ष गोखले इन्स्टीट्यूट, पुणे में एक सेमिनार में मुख्य विवादी स्वर के रूप में, 'भारतीय समाज का स्वरूप', इस शीर्षक से आलेख पढ़ा, जो *रैडिकल ह्यूमनिस्ट* में छपा और प्रत्यालोचना का विषय बना। 1966 में दयाकृष्ण के निमंत्रण पर दर्शन विभाग में संस्कृति के स्वरूप पर मैंने चार व्याख्यान दिये, जो बाद में *मीनिंग एण्ड प्रोसेस ऑफ कल्चर* नाम से प्रकाशित हुए। संस्कृति आत्मचेतना की एक वृत्ति है, जिसे मूल्यान्वेषी कह सकते हैं। मूल्य आत्मसत्य का अवभास है जो कि नाना उपाधियों के माध्यम से नाना भूमियों में व्यक्त होता है। महापुरुषों के प्रातिभ दर्शन से मूल्योपलब्धि सांकेतिक रूप में परम्परा का अंग बनती हैं। मानव चेतना ही मूलतः ऐतिहासिक है, वही एकमात्र सत्ता है जो प्रतिक्षण अनुभव और क्रिया से बनती और बदलती है। समस्त सांस्कृतिक विश्व इतिहास में पिरोया हुआ है।

इस बीच विभाग के कुछ अध्यापकों के उत्साह को देखकर राजस्थान ग्रंथ अकादमी से शल्य जी के निमंत्रण पर *इतिहास : स्वरूप और सिद्धांत* नाम से एक ग्रंथ संपादित किया, जिसमें मैंने स्वंय इतिहास के स्वरूप और पद्धति पर अनेक निबंध जोड़े। इनमें एक ओर जहाँ मूल सामग्री के साक्ष्य के परीक्षण को रांके और सीनियोबो की कसौटियों के अनुसार निरूपित किया है, वहीं दूसरी ओर अर्थ-व्याख्या के स्तर पर हेगेल, क्रोचे और कालिंगवुड से मैं प्रभावित था।

अब तक यशदेव शल्य जयपुर आकर बस गये थे और उनकी प्रेरणा मुझे निरंतर दार्शनिक चिन्तन और लेखन में प्रवर्तित करती थी। उन्हीं के 'दर्शन प्रतिष्ठान' से *न्याय बिन्दु* और *अपोहसिद्धि* के अनुवाद प्रकाशित हुए। *अपोहसिद्धि* का एक अनुवाद अंग्रेजी में डॉ० धीरेन्द्र शर्मा ने प्रकाशित किया था किन्तु वह मुझे नहीं जँचा। मैंने मूल में गुंफित न्याय दर्शन की आपत्तियों को स्पष्ट करते हुए अनुवाद किया और शब्दार्थ-विषयक प्राचीन दार्शनिक विवाद के संदर्भ पर एक निबंध भी उसमें जोड़ दिया। *न्याय-बिन्दु* का सेरवास्की ने प्रमाणित अनुवाद किया था। किन्तु उन्होंने धर्मोत्तर का अनुसरण करते हुए धर्मकीर्ति की पूर्णतया सौत्रान्तिक व्याख्या की है। मैंने विनीतदेव की विज्ञानवादी व्याख्या को भी प्रामाणिक माना है। इस अन्तराल में एक वर्ष मैंने दर्शन विभाग में बौद्ध दर्शन पर एक विशेष प्रश्न-पत्र भी पढ़ाया। उस अध्यापन में एम० ए० में बौद्ध दर्शन के अध्येताओं की कठिनाइयों को देखकर मैं इन पुस्तकों के प्रणयन की ओर अभिमुख हुआ और शल्य जी के आग्रह से मैंने *मूल्य मीमांसा* नामक एक विस्तृत पुस्तक लिखी जिसमें मूल्य-विषयक प्रत्यक्षवादी-आदर्शवादी दोनों ही प्रकार की आधुनिक दृष्टियों का प्रत्याख्यान है। मूल्य विवेक-समस्त अभीष्ट विषय हैं, जिन्हें संक्षेप में पर्येषणीय अर्थ कह

सकते हैं। व्यावहारिक स्तर पर मूल्य उपयोगितात्मक होते हुए भी इच्छापूर्ति के ही किसी कल्पित और वस्तुतः असम्भव पैमाने से नहीं मापे जा सकते। आदर्श या पारमार्थिक मूल्य अनन्त साधना के लक्ष्य हैं। उनके विषय में औपनिषद् महावाक्य ही चरम सिद्धांत प्रतीत होते हैं–

'आत्मकृतिर्वै शिल्पं', 'आत्मनस्तु कामाय सर्वं प्रियं भवति', 'भूमा वै सुखम्'

मूल्य मीमांसा के अन्तिम अध्याय में एक प्रत्ययमीमांसा का सूत्रपात है जिसे पूरा करना मेरे लिए शेष है। इस ग्रन्थ पर मौलिक कृति के रूप में भारत सरकार से 10,000 रुपयों का नकद पुरस्कार भी दिया गया था।

इस बीच शल्य जी ने मेरा एक लेख 'सूत के दो पक्ष....', पर *समकालीन भारतीय दर्शन* में प्रकाशित किया। अखिल भारतीय दर्शन परिषद् के बड़ौदा अधिवेशन में मुझे अध्यक्ष चुना गया किन्तु अस्वस्थ होने के कारण मैं वहाँ जा नहीं सका। पूना के अधिवेशन के लिए मेरा अध्यक्षीय भाषण 'मानव-पर्येषणा और दार्शनिक विमर्श विषय' पर अवश्य प्रकाशित हुआ। पंजाब विश्वविद्यालय से प्रकाशित (*Buddhism*) नाम के संकलन में बौद्ध दर्शन पर मेरा एक लम्बा लेख प्रकाशित हुआ। ऐसे ही *डायोजिनस*, में 'Life and death of language' पर मेरा एक लेख छपा। जर्मनी से (*Yof-Heute*) नाम के संकलन में भी लेख प्रकाशित हुआ। प्रायः उसी समय *माउन्टेन पाथ* में पंतजलि के योग पर भी एक लेख छपा। *दार्शनिक* त्रैमासिक में मेरे अनेक लेख प्रकाशित हुए। *कान्सेप्ट ऑफ प्रमाण इन फिलॉसफी* विषय पर भी विश्वभारती से लेख इसी समय प्रकाशित हुआ। मेरा निष्कर्ष यह था कि प्रमाण ज्ञान-रूप ही होता है। ज्ञान स्वप्रकाश होता है और उसकी अन्तःसंगति ही उसे प्रामाण्य प्रदान करती है। विखण्डित ज्ञान, ज्ञान और अज्ञान का मिला-जुला रूप होने से पूर्णतया अप्रामाणिक होता है, यह सत्य नहीं हो सकता। अखण्ड ज्ञान ही सतत प्रमाण है।

अक्टूबर 1974 में मैंने राजस्थान विश्वविद्यालय के कुलपति के पद पर कार्य करना प्रारम्भ किया। प्रायः इसके बाद के तीन वर्ष एक झंझावात में गुजर गए। इस बीच मुझे उच्च शिक्षा व्यवस्था पर अनेक रिपोर्ट्स पढ़ने का अवसर मिला। लार्ड राबिन्स की रिपोर्ट और भारतीय रिपोर्ट का महान अन्तर देखकर मेरी आँखें खुलीं।

केन्द्रीय सरकार द्वारा नियुक्त एक उच्चस्तरीय समिति, जिसे विश्वविद्यालय अनुदान आयोग के कार्य की समीक्षा करनी थी, में मुझे श्रीमती इन्दिरा गाँधी ने मनोनीत किया। इस समिति के सदस्य के रूप में मुझे भारत के अधिकांश और शिक्षा संस्थानों को देखने का अवसर मिला। मैंने शिक्षा के विषय में अपने विचार कुछ लेखों में प्रकाशित किये जैसे–*सेक्यूलरिज्म एण्ड एजूकेशन* प्रकाशित इण्डियन लॉ इन्स्टीट्यूट, नयी दिल्ली।

इसी बीच एल० डी० इन्स्टीट्यूट, अहमदाबाद के निमंत्रण पर मैंने 'श्रमण परम्परा' पर कुछ व्याख्यान दिये जो उक्त संस्थान से प्रकाशित किये गये। *ओरिजिन्स ऑफ बुद्धिज्म* में मैंने इस बात का प्रतिपादन किया था कि वैदिक परम्परा के साथ-साथ उससे पृथक् श्रमण परम्परा भी थी। इसी परम्परा का इन व्याख्यानों में विवरण दिया गया है। 1977 में दिल्ली विश्वविद्यालय में मैंने आर० के० जैन मेमोरियल लेक्चर्स दिये जो कि *जैन एथिक्स एण्ड लॉजिक* शीर्षक से बाद में प्रकाशित हुए। इन व्याख्यानों पर कुछ दिगम्बर जैन विद्वानों ने बहुत आपत्ति उठायी, क्योंकि इनमें कहा गया था कि प्रारम्भिक युग में जैन भिक्षु भिक्षा में प्राप्त आमिष ग्रहण कर लेते थे।

1978 में मैं जयपुर छोड़कर इलाहाबाद आ गया। उसी वर्ष अक्टूबर में भारतीय पुरातत्त्व परिषद् के धारवाड़ के वार्षिक अधिवेशन में 'पुरातत्त्व की अवधारणा' विषयक अध्यक्षीय भाषण में अपने विचार प्रकट किये और यह कहा कि पुरावशेषों की वर्तमान व्याख्या समाजशास्त्रीय अभिकल्पनाओं और नृतत्त्वीय सामानान्तर दृष्टान्तों पर निर्भर करती है। इस प्रकार पुरातत्त्व अपने साक्ष्यों की एकांगिता के कारण ही समाज की भौतिकवादी व्याख्या में उपयुक्त बन जाता है।

धारवाड़ में ही संयोगवश मेरी भेंट कन्नड़ के प्रसिद्ध लेखक श्री बेन्द्रे से हुई। मैंने उसी दिन *ऋग्वेद संहिता* का आद्योपान्त अध्ययन पूरा किया था। श्री बेन्द्रे से लम्बे संवाद में मुझे इस बात का ध्यान आया कि **वेदों का अर्थ करने में** ज्योतिषशास्त्रीय और वैज्ञानिक तत्त्वों की एक प्रधान भूमिका है। मैंने इसी दृष्टि से वेद का अध्ययन नहीं किया था अतएव उनका पुनः अध्ययन आरम्भ किया। उसी वर्ष *इण्डियन हिस्ट्री एण्ड कल्चर सोसाइटी* के अधिवेशन के अपने अध्यक्षीय भाषण में मैंने *इण्डियन आइडेण्टिटी* के ऊपर विचार करते हुए कहा कि जैसे प्राकृतिक पदार्थों का ज्ञान प्रत्यक्ष से आरम्भ होता है ऐसे ही संस्कृति का ज्ञान भाषाप्रधान संकेतों और प्रतीकों के ज्ञान से आरम्भ होता है। अपने को समझने के प्रयास में हम अपनी संस्कृति को समझते हैं और इस प्रक्रिया में हमारा अन्तरालाप और आत्मविमर्श सांस्कृतिक भाषा और परम्परा में जुड़ जाता है। मैंने यह भी कहा कि संस्कृति जातिमूलक नहीं होती बल्कि सामाजिक समुदाय संस्कृति का वहन करने से अपनी पहचान प्राप्त करते हैं।

जयपुर में विश्वविद्यालय के जैन अध्ययन केन्द्र एवं प्राकृतभारती के संयुक्त तत्त्वावधान में मैंने 'जैन पोलिटिकल थॉट' पर व्याख्यान दिये जो बाद में प्राकृतभारती से प्रकाशित हुए। बहुत दिनों से जो मैं राज्य और धर्म के सम्बन्ध के विषय में सोचता रहता था उसे उस पुस्तक में कहने का अवसर मिला। आत्मानुशासन ही स्वराज्य और सभी राज्य-व्यवस्थाओं का आधार है। राज्य व्यवस्थाएँ नैतिक आदर्शों के अनुकूल दण्ड-विधान का प्रबन्ध करती हैं। आदर्श राज्य में धर्म, आदर्श और दण्ड उसका समर्थ अनुयायी होना चाहिए किन्तु यथार्थ में ये सभी कड़ियाँ कच्ची मिलती हैं।

प्रायः इन्ही दिनों हवाई की एक अन्तर्राष्ट्रीय संगोष्ठी में द *आइडिया ऑफ गॉड इन हिस्ट्री* पर मैंने एक आलेख पढ़ा और 1981 में मेक्सिको सिटी में यूनेस्को द्वारा यूनिवर्सिटी पर आमंत्रित एक गोष्ठी में द *आइडिया ऑफ ए फ्यूचर ऑफ* द *यूनिवर्सिटी* पर मैंने अपने शिक्षा-विषयक विचारों को व्यक्त किया। शिक्षा ही संस्कृति की मूल्यजनक प्रक्रिया है और भविष्य की शिक्षा तभी सार्थक होगी जब श्री अरविन्द का स्वप्न साकार होगा।

1982–83 में अज्ञेय जी के निमन्त्रण पर मैंने वत्सल-निधि व्याख्यानमाला में भारतीय परम्परा के मूल स्वर पर तीन व्याख्यान दिये। श्रोताओं में दिल्ली के अनेक विशिष्ट महानुभाव थे, जैसे–श्रीमती कपिला वात्स्यायन, श्री अटल बिहारी वाजपेयी, श्री लोकेश चन्द्र आदि। इस पुस्तक पर प्रथम के० के० बिड़ला फाउण्डेशन्स का प्रथम शंकर सम्मान दिया गया।

श्रीमती गाँधी के फिर से सत्ता में आने पर 1982 में मुझे राजस्थान विश्वविद्यालय, जयपुर में कुलपति पद के लिए पुनः निमंत्रण पत्र मिला किन्तु मैंने वह स्वीकार नहीं किया। 1983 में इलाहाबाद विश्वविद्यालय में कुलपति पद का कार्य तात्कालिक रूप से स्वीकार किया। 1984 में विश्वविद्यालय सेवा से अवकाश मिला और उसी समय काशी हिन्दू विश्वविद्यालय में सयाजीराव गायकवाड़ चेयर पर विजिटिंग प्रोफेसर के रूप में नियुक्ति हुई। 1984 में ही मेरी *फाउण्डेशन्स ऑफ इण्डियन कल्चर* दो जिल्दों में प्रकाशित हुई। श्रीमती इन्दिरा गाँधी ने उसका विमोचन किया और इस अवसर पर दिल्ली के कुछ प्रमुख विद्वानों और विचारकों की उनकी अध्यक्षता में गोष्ठी भी हुई।

इस ग्रन्थ में भारतीय संस्कृति को मात्र भौगोलिक और जातीय घटकों के आधार पर ऐतिहासिक संयोग से उत्पन्न सामग्री के रूप में नहीं लिया गया है बल्कि उसे सनातन सत्य की खोज की परम्परा के रूप में माना गया है। इस प्रकार संस्कृति इतिहास में अपूर्ण रूप से अभिव्यक्त सनातनविद्या से अभिन्न है। सनातनविद्या अखण्ड और अनन्त होते हुए भी अपनी व्यंजक ऐतिहासिक परम्परा के कारण नाना विभक्त रूपों में मिलती है। इसके अतिरिक्त सनातन और तात्कालिक, आध्यात्मिक और आधिभौतिक गवेषणाओं के सम्मिश्रण के कारण संस्कृति में भी नानास्तरीय सम्मिश्रण मिलता है। संस्कृति के मौलिक तत्त्व और स्थायी संरचना को उनकी ऐतिहासिक विकृतियों से अलग रखना आवश्यक है। संस्कृति का तात्त्विकबोध उसके ऐतिहासिक ज्ञान के असम्पृक्त न होते हुए भी उससे अभिन्न नहीं है। इस पुस्तक में भारतीय संस्कृति के ऐतिहासिक ताने-बाने और उसके ऐतिहासिक ढाँचे के पीछे सनातन तत्त्वों को देखने का प्रयास है। इस प्रकार यह पुस्तक वस्तुतः भारतीय संस्कृति में अन्तर्निहित एक शाश्वतदर्शन की खोज है। आध्यात्मिक साधना या योग ही संस्कृति की मौलिक जन्मभूमि है। श्री अरविन्द की *फाउण्डेशन्स ऑफ इण्डियन कल्चर,* गोपीनाथ कविराज एवं कुमारस्वामी की रचनाओं

से इसमें प्रेरणा मिली है। इसमें उनकी मौलिक दृष्टि को ऐतिहासिक साक्ष्यों के सन्दर्भ में प्रस्तुत करने का प्रयास किया गया है। भारतीय संस्कृति के दार्शनिक आधार और उसके भौतिक उपादान किस प्रकार संश्लिष्ट हैं, इस पर पुस्तक में निरन्तर विचार है। काशी हिन्दू विश्वविद्यालय से सयाजीराव गायकवाड़ व्याख्यानों के रूप में 1984 में प्रकाशित *Aspects of Indian Culture* में यह अनुसन्धान आगे बढ़ाया गया है। संस्कृति विचारप्रधान और आदर्शप्रधान होती है, किन्तु वह अपने आप में जीवन-दर्शन होती है, एक प्रकार की अपनी आदर्शोन्मुख चेतना जो आत्मकृतित्व की साधना की प्रेरणा होती है। किन्तु ऐतिहासिक रूप प्राप्त करने के लिए संस्कृति को एक जीवंत समाज में प्राणवत् प्रतिष्ठित होना चाहिए। संस्कृति-सम्पन्न समाज, जो कि भौतिक साधनों से भी सम्पन्न है, सभ्यता कही जा सकती है। भौगोलिक, जातीय, आर्थिक और राजनीतिक रचनाओं से समाज, सभ्यता का आधार बनता है। आदर्शों को ऐतिहासिक यथार्थ बनने के लिए यथोचित सभ्यता में अवतरित होना आवश्यक है। किन्तु यह एक भ्रान्ति है कि समाज की आर्थिक रचना ही उसके आदर्शों की जन्मदात्री है।

1984 से 88 तक मैंने भारतीय इतिहास अनुसंधान परिषद् के सर्वप्रथम राष्ट्रीय फैलो के रूप में कार्य किया। यही कार्य पीछे सारनाथ संस्थान से *Studies in Mahayana* के नाम से प्रकाशित हुआ। मैंने यह प्रतिपादित किया कि महायान मूल बुद्धदेशना की ही एक व्याख्या है, जो परवर्ती युग में अधिक प्रचारित हुई। प्रतीत्यसमुत्पाद के रूप में शून्यता बुद्धदेशना में ही प्रतिष्ठित है। उसे अभाववाद नहीं मानना चाहिए। विज्ञानवाद के अनुसार बाह्यार्थ निषेध को भी वैयक्तिक मनोवैज्ञानिक रूप में न समझकर उस पारमार्थिक रूप में समझना चाहिए जिसमें एक अतिवैयक्तिक अद्वैतविज्ञान ही ग्राह्यग्राहक भेद से विवर्तित होता है।

1988 के बाद के दशक में सम्पूर्णानन्द संस्कृत विश्वविद्यालय, वाराणसी, और संस्कृत परिषद्, लखनऊ के निमंत्रण पर तीन व्याख्यानमालाओं के रूप में मैंने अपने मौलिक दार्शनिक विचार प्रस्तुत किये। पं० बदरीनाथ शुक्ल स्मृति व्याख्यानों के रूप में *भक्तिदर्शनविमर्शः* रचा गया। प्रो० सुब्रह्मण्यम अय्यर स्मृति व्याख्यानों के रूप में *सौन्दर्यविमर्शः* रचा गया। ग्रिफिथ मेमोरियल लेक्चर्स के रूप में *एकं सद् विप्रा बहुधा वदन्ति* निबद्ध हुआ। पहले में दर्शन का स्वरूप, ईश्वर का प्रामाण्य एवं भक्ति की रसरूपता का प्रतिपादन किया गया है। दूसरे में भारतीय सौन्दर्यशास्त्र की कल्पना, रूप की विभिन्न युगों में अवधारणाएँ, रस की संविद् विश्रान्तिरूपता और भावों की समाज सापेक्षता का प्रतिपादन किया गया है। तीसरे में तुलनात्मक धर्म-दर्शन को भारतीय आध्यात्मिकता के आधार पर निरूपित किया गया है।

1993 में मैंने हिन्दुस्तानी एकेडेमी में *साहित्य सौन्दर्य और संस्कृति* विषयक तीन व्याख्यान दिये जो इसी शीर्षक से पुस्तक रूप में 1994 में प्रकाशित हुआ। इस पुस्तक

के माध्यम से मेरा अभिप्राय साहित्य, सौन्दर्यशास्त्र एवं संस्कृति की सापेक्षता का प्रतिपादन करना है।

1991 में गोविन्द बल्लभ पन्त सामाजिक विज्ञान संस्थान, इलाहाबाद द्वारा आयोजित पं० गोविन्द बल्लभ पन्त स्मृति व्याख्यानमाला के अन्तर्गत मैंने तीन व्याख्यान दिए जो 1994 में *भारतीय समाज : तात्त्विक और ऐतिहासिक विवेचन* के नाम से पुस्तक रूप में प्रकाशित हुआ। इसके माध्यम से मैंने आधुनिक सामाजिक चिन्तन और पारम्परिक सामाजिक चिन्तन को एक निष्पक्ष बौद्धिक मानदण्ड से जाँचने की चेष्टा की और इस बात का प्रयास किया कि समाजविषयक सनातनविद्या का अनुचिंतित सार संक्षेप में प्रस्तुत हो सके।

1988-89 में शंकराचार्य की जयन्ती महोत्सव राष्ट्रीय स्तर पर मनाया गया। इस अवसर पर शंकराचार्य के विषय में ऐतिहासिक, दार्शनिक और साहित्यिक जिज्ञासा से प्रेरित तीन व्याख्यान मैंने हीरानन्द शास्त्री व्याख्यानमाला के अन्तर्गत दिए जो पुस्तक रूप में 1992 में *शंकराचार्य: विचार और सन्दर्भ* नाम से प्रकाशित हुआ। इन व्याख्यानों में शंकर के इतिहास को उनकी आख्यायिका से अलग करने का और उनकी तात्त्विक विचारणा पद्धति, संगति, सन्दर्भ और सार्थकता के विश्लेषण का प्रयत्न पारम्परिक और नवीनतम ऐतिहासिक शोध दोनों की ही पृष्ठभूमि में प्रस्तुत है। 1994 में *Life and Thought of Śankarācārya* नामक अंग्रेजी में प्रकाशित पुस्तक इस विचारशृंखला की अगली कड़ी है, जिसमें शंकराचार्य के जीवन-वृत्त, दार्शनिक चिन्तन एवं विभिन्न दार्शनिक प्रस्थानों से उनके संवाद की गवेषणात्मक प्रस्तुति है।

इसी अन्तराल में मैंने *अस्ताचलीयम्* नाम से प्राय: चालीस अंग्रेजी के प्रसिद्ध कवियों की कुछ कविताओं का संस्कृत में काव्यानुवाद किया, जिन्हें वाराणसी में संस्कृत विश्वविद्यालय ने प्रकाशित किया। इसके कुछ समय बाद हिन्दी में *हंसिका* और *जया* नाम से दो कविता संग्रह प्रकाशित किये। इन दोनों संग्रहों की तरह ही इनमें एक प्रकार की आध्यान और प्रश्नाकुलता है जिसके विवादी स्वर के रूप में प्राकृतिक सुषमा की अनुभूति है। हिन्दी कविताओं के साथ ही मैं संस्कृत में भी कविताएँ लिखता रहा किन्तु उनका प्रकाशन बहुत बाद में *भागीरथी* के नाम से 2002 में हुआ।

लगभग 1993 से देवी प्रसाद चट्टोपाध्याय के निर्देशन में कार्यान्वित होती हुई भारतीय विज्ञान, दर्शन और संस्कृति के इतिहास की परियोजना में सम्पादक के रूप में सम्मिलित हुआ। पिछले नौ-दस वर्षों में मेरे सम्पादित दो बृहत्काय ग्रन्थ प्रकाशित हुए हैं–*Dawn of Indian Civilization, Life Thought and Culture in India* और इसका तीसरा भाग *India and South-East Asia* प्रकाशनाधीन है, चौथे का सम्पादन चल रहा है। ये ग्रन्थ, इतिहास, संस्कृति और दर्शन की एक नवीन समन्वित धारणा को चरितार्थ करते हैं। इतिहास का अंतरंग भाग ज्ञान-विज्ञान और मूल्य-साधना के ताने-बाने से बुना हुआ है। इस धारणा को ऐतिहासिक साक्ष्यों और कालानुक्रम के

अनुसार निरूपित करना कठिन होते हुए भी अत्यन्त वांछनीय है। भारतीय संस्कृति में वैज्ञानिक साधना का महत्त्व भी इनमें प्रकाशित होता है।

इस अन्तराल में मैंने लखनऊ विश्वविद्यालय में प्रो० राधाकमल मुकर्जी व्याख्यानमाला में तीन व्याख्यान *प्राचीन सामाजिक इतिहास* पर दिये। इनमें मैंने इस बात पर जोर दिया कि प्राचीन समाज का इतिहास धर्मशास्त्र और अर्थशास्त्र की परम्पराओं के गहन परिशीलन पर आधारित होना चाहिए, न कि आधुनिक चिन्तन में प्रचलित व्यवस्थापक प्रत्ययों और सूत्रों के आधार पर पुराने ग्रन्थों में बिखरे प्रकीर्ण तथ्यों की पुनर्योजना के द्वारा। 1998 में डॉ० कान्ति चन्द्र पाण्डे की जन्मशताब्दी के अवसर पर लखनऊ विश्वविद्यालय में मैंने तीन व्याख्यान *अभिनवगुप्त के दर्शन* पर दिये जिनमें प्रत्यभिज्ञा दर्शन के अन्य दर्शनों से संबंधों पर विचार किया। सन् 2000 में स्विट्जरलैण्ड में आयोजित एक अन्तर्राष्ट्रीय न्यूरोसाइंस सम्मेलन में भाग लिया और *चैतन्य के स्वरूप* पर एक व्याख्यान दिया जो बाद में भारतीय उच्च अध्ययन संस्थान, शिमला, से एक पृथक् निबन्ध के रूप में प्रकाशित हुआ। 2001 में मुझे विज्ञान-दर्शन सम्मान दिया गया।

वैदिक अनुशीलन का जो सूत्र मैंने 1978 में दुबारा आरम्भ किया था, उसको 2000 में पूरा किया और *वैदिक संस्कृति* नामक पुस्तक 2001 में प्रकाशित की। इसमें वेदों की रचना तिथि, आर्य जाति का प्रश्न, वेदों के अनुवाद की विधि, वैदिक देवताओं का स्वरूप, यज्ञ का वास्तविक अर्थ, उपनिषदों की एकवाक्यता, भौतिक और आध्यात्मिक पक्षों का सम्बन्ध और वैदिक युग में विज्ञान का विकास – इन सभी प्रश्नों पर विचार किया गया है। वेद के अनेक सूक्तों के अनुवाद विद्वान् पाठकों को बहुत पसन्द आये हैं। इस पुस्तक का विमोचन भारत के शिक्षा मंत्री प्रो० मुरली मनोहर जोशी ने किया था। भारतीय दार्शनिक अनुसंधान परिषद् के उद्घाटन भाषण के विषय में जिस धारणा का सूत्रपात *Meaning and Processes of Culture* में हुआ था और जिसका आगे विस्तार गोपीनाथ भट्टाचार्य स्मृति व्याख्यान के रूप में जादवपुर विश्वविद्यालय के तत्त्वावधान में *संस्कृति और संस्कृतियाँ* शीर्षक से किया गया था, उसी की यह तीसरी कड़ी कही जा सकती है।

गाहासत्तसई का हिन्दी दोहों में अनुवाद मैं बहुत दिनों से कर रहा था। यह *महिलाएँ* शीर्षक से प्रकाशित हो गयी है। इनको पूरा करने में *जया* की ही प्रेरणा रही है। *हंसिका* और *जया* की तरह यह भी यथार्थतः पत्नी को प्रथम पाठक के रूप में समर्पित है। मेरी यह धारणा बनी है कि इन गाथाओं का वास्तविक अर्थ अनेक बार टीकाकारों के द्वारा अनावश्यक रूप से घोर श्रृंगार के सन्दर्भ में किया गया है। वस्तुतः गाथाएँ टीकाकारों के मध्यकालीन समाज की न होकर प्राचीन सातवाहन युग की है। उन्हें समझने के लिए एक ओर प्रेम की पुरानी धारणाएँ याद रखना आवश्यक है तो दूसरी ओर यह बात कि कविता का दोहरा सन्दर्भ होता है—अंतरंग और बहिरंग। इन प्रश्नों पर विस्तृत व्याख्या भी इस पुनस्सर्जना के साथ जुड़ी हुई है।

इन्हीं वर्षों में अनेक दार्शनिक विषयों पर मैंने लेख प्रकाशित किये, जैसे *काल की बौद्ध परम्परा में अवधारणा* अथवा *कारणता की बौद्ध अवधारणा* अथवा *शून्यता की अवधारणा* अथवा *पुनर्जन्म* अथवा *धर्मतत्त्व* इत्यादि विषयों पर।

भारतीय दार्शनिक अनुसंधान परिषद् एवं महामहोपाध्याय बलदेव उपाध्याय की स्मृति में आयोजकों की प्रेरणा से अप्रैल 2002 में मैंने सारनाथ में *दर्शन विमर्श* शीर्षक से चार व्याख्यान दिये जो अभी प्रकाशनाधीन हैं। इधर मैं *ऋग्वेद* का हिन्दी अनुवाद करने में लगा हूँ।

2

Kashmir Śaivism

Navjivan Rastogi

Endowed with multifaceted intellectual equipment, Prof. G.C. Pande ranks among the foremost original Indological thinkers of this century. Almost all the branches of Indology, history, culture, art, philosophy, poetics, aesthetics, poetry and western philosophy, have become richer by the touch of his creative and sharp intellect. It is a privilege to participate in this collective enterprise dedicated to evaluate his enduring and vast contribution. This paper endeavours at critically structuring his insights pertaining to Kashmir Śaivism.[1]

We discern four broad directions in the thoughts of Pande on Kashmir Śaivism. First, pertaining to the foundational philosophical concerns; second, to the synthesis sought by Kashmir Śaivism with the Indian philosophical tradition; third, to the peculiarity brought about by its tantric origin; and fourth, to the constitutive features of Kashmir Śaivism. The comparative analysis contextualized by concurring and conflicting schools of thought, and appropriating metaphysical reductions to the non-philosophical areas, will fall under the fourth category. All these undercurrents have been enormously enriched by Pande's profound historical and ahistorical insight into the Oriental and Occidental thought which has proved invaluable towards refining our current understanding of Kashmir Śaivism.

FOUNDATION ISSUES

In Pande's evaluation, Kashmir Śaivism emerges as an excellent illustration of *monistic theism or, for that matter, theistic monism.*[2] In fact, this description in itself is a close resonance of Kashmir Śaivists' self-presentation in terms of Īśvarādvaitavāda, or Parameśvarādyavāda or Śivādvaitavāda. However, the question we are confronted with, is how do we look at Kashmir Śaivism as a branch of theology or as a type of philosophy. The question may be phrased differently also – whether it is a dogmatic system or a rational explanation of the scriptures, *āgamas* in this case. Many Western scholars treat it as a theology with descriptions varying from 'personal theology' to 'philosophical theology'. But Pande differs and this is what is important for us. He says that Christianity itself is not a theology in the original scripture. Reference to personal experience does occur, but nowhere it crystallizes into a system. The idea of theology gets formalized under the Church (Christianity) or the State (Islam). This has not happened in the context of Kashmir Śaivism. The explanation of scripture or the structural evolution of the revealed truths cannot be circumscribed into a rigorous theological frame. The āgamic hermeneutics comprised three stages – (i) scripture (*āgama*), (ii) analysis (*vyākhyā*) and (iii) rational/logical examination (*ānvikṣikī*). Same is the case with Vedānta – (i) scripture (*upaniṣad*), (ii) *Brahmasūtra* (*vyākhyā*) and (iii) *Bhāṣya* (*ānvīkṣikī*). In all fairness, therefore, a system based on scriptures such as Kashmir Śaivism is not a theology.[3] For Pande, Kashmir Śaivism is philosophy. In this, he is supported by tradition. Somānanda, the first proponent of the system, uses the word *dṛṣṭi*, a synonym of *darśana*, while naming his treatise as *Śivadṛṣṭi*. Madhavācārya in his famous compendium, *Sarvadarśanasaṁgraha*, calls it *Pratyabhijñādarśana*. Jayaratha, the illustrious commentator of the *Tantrāloka*, specifically refers to the scholars from Somānanda down to Abhinavagupta as 'rationalists and interpreters'.[4] The labelling of this system as philosophy seems to be quite in line with Pande's definition of philosophy.[5] In his perception, philosophy is dialectic. Philosophy is always a critique of opinions – whether contemporary or gathered over a period. The process involves three steps – (i) these opinions must be held, (ii) they must be accessed by the thinker in his personal experiences, and (iii) the facts on which they are grounded must be validated by examination. In other words, it constitutes an attempt towards investigation into the very foundation of those opinions and, therefore, moves beyond those pre-suppositions. The two aspects of dialectical reasoning are present in an equal measure in

Nāgārjuna, Śaṅkara and thinkers of Kashmir Śaivism, i.e., (i) determination of the opinion/hypotheses of the prima facie standpoint intended to be investigated and then (ii) unravelling of their inconsistencies. Whatever be the philosophical model, it unexpectedly begins with a hypothesis. Kashmir Śaivism is a sort of spiritual philosophy. The reality, which it seeks to attain, cannot be established by reasoning. It is *aprameya* in the sense that it is beyond the range of the intellect. This source of knowledge is called *āgama* (scripture).[6]

The reliance of Kashmir Śaivism on *āgama* draws us to another connected thesis of Pande. Behind every pre-supposition or fundamental thesis held by a philosophy, there is always a world-view or cultural perspective at work. In most traditional philosophies this world-view lies largely between two connected components – *anvīkṣkī* (= logic, which is described as *hetu* or *nyāya-vidyā* also depending on the context) and *adhyātmavidyā*. The former is marked by its emphasis on the reflective and rational aspect of philosophy, and the latter by its relation to human and transcendental subjectivity. In this sense – Sāṅkhya, Vedānta, Buddhism and Pratyāhijña – all these philosophies are at once spiritual and logical (*āgamānusārī* and *nyāyānusārī*). To quote Pande,

> On the one hand, their foundation derives from spiritual verities received traditionally but realizable personally, and on the other, they undertake a systematic logical analysis of their basic concepts. So the Śaiva Śāsana or Śāstra is designated as dṛṣṭi, darśana or dṛk as well as naya.[7]

Pande's orientation is clear. All these Indian varieties of idealism, though logically structured, are species of spiritual idealism and not of rational idealism because they do not regard human reasoning, on the basis of the empirical data, as the ultimate cognitive faculty. Their reliance on some tradition of spiritual insight drives them to discover their identity through traditional wisdom and personal realization by eradicating the doubts about its very possibility and chances of drifting astray (*asambhāvanā* and *viparītabhāvanā*).[8] Apparently, the concern about the philosophical identity of Kashmir Śaivism may look trivial but it has far-reaching consequences in the context of philosophical values.

SYNTHESIS WITH INDIAN PHILOSOPHICAL TRADITION

Viewed from the perspective of a synthesis of Kashmir Śaivism with the underlying spirit of Indian traditional thought in general, Indian tradition is distinguished from other religions and philosophical world-views in its spirituality. Its central focus has been inward reflection. The essence of spiritual pursuit lies in internalizing self-consciousness reflected in the flux of experiences, discovering the subject, the self, without getting lost into mental constructs and objects thereof.[9] Its realization constitutes knowledge in the primary sense. Vasugupta, the author of the *Śivasūtras*, begins his work identifying the Self with consciousness rather than with the substantive conscious subject.[10] Expatiating upon the purpose of Vasugupta, Utpala declares in the *Īśvarapratyabhijñā-kārikā* that man's ultimate accomplishment is to discover such knowledge as to obtain its meaningfulness in the self-referring activity of consciousness.[11] While Pande by drawing upon *Yogasūtra*[12] likens this state with the self-resting of the witnessing subject, Abhinavagupta[13] looks upon the same as realization of pure ideality by the witnessing self by invoking the same *Yogasūtra*.[14] This is that state which frees the individual from the cycle of desire-action-enjoyment, by establishing him within the self.

Although Pande's immediate concern, in the context, is to dilate upon 'spiritual science and Yoga', he repeatedly alludes to the thesis of Kashmir Śaivism by way of conceptual reductions. Whereas on the one hand, according to Pande, self-discovery is exploring knowledge, it is on the other hand, also trying to find out its permanent existence, i.e., the notion of consciousness is interwined with that of the being. The next stage in the pursuit of permanence is generally represented by the notion of the other world. Side by side with the belief that the other world is dependent upon action and worship (*upāsanā*), it was also widely conceded that the other worldly dispensation was solely action determined and was as transient as the worldly state. The direct fallout of this idea was that all religious practices harnessing the other world were deemed inferior to the search for self. It came to be generally accepted that the real import of immortality for a man is nothing but dwelling in the self (*svarūpāvasthāna*). This perhaps spells out the reason behind the terming of *mukti*, *kaivalya* and *nirvāṇa* as immortality or immortal abode (*amṛtapada*).[15] Man's journey to the other world and its causes, the divinity and its worship, death and immortality are subsumed within consciousness and are transformations or modes of consciousness. Pande relies on the first aphorism of the *Pratyabhijñā-hṛdaya*[16] to prove that in the world of free entities, consciousness is not a dependent attribute (*dharma*). Rather, it holds key to the entire order of being. Pande, therefore, holds spirituality, a quest for consciousness, as the essence of Indian culture.[17]

This leads to another, though unstated, conclusion. The non-duality as visualized in Kashmir Śaivism, is a sort of integral totality and in this it replicates tantrico-philosophically, Vedic integralism (*pūrṇatvavāda*).[18] Behind life and death, to be able to visualize an uninterrupted linkage between the manifest form and the formless unmanifest is what constitutes the foundation of Vedic integralism. The conflict between inner and outer is foreign to the consciousness of the seers. The propensity of all sciences towards *Brahmavidyā* appears natural.

Pande says feelingly, "आरम्भ में नाना रूपधारी देवताओं में परम तत्व की उपासना और अन्त में एक परम तत्व में सभी नामरूपों का मूल देख सकना यह एक ही प्रक्रिया के दो छोर हैं।"[19] According to this point of view, the world is not devalued, not denounced, for in all imperfections of this life, the absolute perfection alone seems to shine through.

By the time we reach early post-Vedic era, a lot of parallel traditions – both orthodox and heterodox – emerge and thanks to their interaction, several schools gradually come up seeking a synthesis of diverse traditional viewpoints. The most ancient Vedic seers are seen alive with a constant sense of divine presence and realization. This state bears close comparison with that of *anupāya* in Kashmir Śaivism or *sahaja* in the Mahāyanī Siddha school.[20] No doubt the resurgence of Vedic spirituality in the form of *anupāya* or *sahaja* was an outcome of the efforts towards elimination of duality between spiritual vision and worldly deeds brought about by Vedic *dhī* and *ṛta* or their Buddhist counterparts *prajña* and *dharma*. This was by all means a path of spontaneous vision and absolute integrality.

Pande's observation has a ring of far-reaching importance about it. Indian philosophical history had been struggling with the question whether the origin of the tantric stream is different from, and independent of, the origin of the Vedic stream. The Indological scholars have sharp disagreements as to its precise answer.

However, current analysis is indicative of Pande's unequivocal inclination in favour of the shared unity of origin between these two stands of thought. This is the reason the totalistic vision of Kashmir Śaivism is the tantric transfiguration of the Vedic integralism.[21]

Now this is easier for us to appreciate that the substantive Indian spiritual tradition is a product of give and take between Vedic and Śramaṇa cultures.[22] The efforts towards homogenizing the two are patently visible in *Gītā*, *Purāṇas* and tantras – the communicative media of spiritual current. Though Pande is intimately conversant with the vast tantric literature and, more than that, with its vaster categorial diversity, usual connotation of the term tantra for him gets confined to Kashmir Śaivism. The *Gītā* propounds real unity of *karma* and *akarma* and the liturgical/ritual action is deemed to culminate into *Karmayoga* and *Karmayoga* into *Jñānnyoga*. By conceiving knowledge as being attainable by worship (*upāsanā*), the *Purāṇas* have gone in for a new type of liturgical substitute of sacrifice (*yajña*). The tantras are votaries of unity between knowledge and action in the form of intrinsic freedom. In *bhakti*, as propounded in the tantras, action and renunciation get mutually reconciled, whereas in the tantras similar homology between worldly activity (*pravṛtti*) and withdrawal therefrom (*nivṛtti*) is effortlessly achieved through transfiguration of *pravṛtti*.[23] Cast in a different conceptual mould, this is what is conveyed by the myth of matrimony or conjugal union of Śiva and Śakti. Oblivious of this reality when energy is treated as insentient, the entire historical accomplishment is reduced to inanimatism (*jaḍavāda*). Pande's statement, "चेतना का अनुसंधान तब तक पूर्ण नहीं हो सकता, जब तक सृष्टि के कारण को उसकी इच्छा में न देखा जाए-स ऐक्षत बहु स्यां प्रजायेय।"[24] is a reiteration of precise Kashmir Śaivite position and is evidently based on the *Śivasūtra*.[25] Transcendent knowledge (*parāvidyā*) or spiritual science is a matter of self's realization but its path is ultimately revealed by *āgama* or scripture. If gnosis is perceptual and Yoga happens to be its innate instrumentality, then by virtue of their being a teaching or instruction (*upadeśa*) in nature, the scriptural science and Yoga become conductive to that yoga of realization. The *Upaniṣads* and *Mahāyāna-sūtra*, the *āgamas* of Pratyabhijñā and Tripura, the *Yogavāśiṣtha* – all these are repository of this tradition of knowledge.[26]

We now have a clear view, as is amply evident from the observations of Pande, that the trend that started with Aurobindo in interpreting Indian culture as spiritual tradition and which attained a high degree of order and sophistication in the works of Kaviraja who blended theory with experience, providing it with an academic context[27] reaches its height in Pande's subtle analysis representing its encyclopedic development marked by historical/philosophical/intercultural and axiological emphasis. Identifying the peak of synthesis attained by Kashmir Śaivism with the root fundamentals of Indian culture is the natural outcome of such an approach.

TANTRIC CONTEXT

With the study of the tantricism of Kashmir Śaivism we enter into the third phase of Pande's thoughts.[28] Though he unravels a broad spectrum of tantric notions and schools, it is Kashmir Śaivism that epitomizes tantric philosophy for him as we have noted earlier. One of the primary characteristics distinguishing Kashmir Śaivism from the main currents of Indian speculation – orthodox and non-orthodox both – lies in its tantricity. Defining tantra Pande says, "Tantricism is nothing except the ritualistic and symbolic aspect of worship considered as a means of communion with a deity."[29] Moving further he enlarges his definition by supplanting 'ritualistic and symbolic' with the 'science of word',[30] which we may also take as 'science of mantra'. Thus, the essence of tantra is mantra and its result is visualization of the deity. What he wants to emphasize is that while overtly the tantric mode of worship is common to that of Vedic and Puranic currents, "it goes beyond their overt form to their inner essence."[31] Drawing upon the *Śāradātilaka*, a work attributed to Lakṣmaṇagupta, Abhinavagupta's preceptor, he equates *nāda* (resonance), the first emanation of God, with mantra.[32] He endorses his contention with the aphorism of Vasugupta, *cittaṁ mantraḥ*.[33] Repetition (*Japa*) of mantra, a continuous flow of ideation, reveals itself in the form of adept's self-awareness by divesting it of its associated images and logical structures.[34]

The fundamental principle on which tantra is based is that human consciousness is permeated by the creative universal consciousness, which goes on manifesting itself in a natural rhythm of outgoing and influx as in an echo, reflected form or self-introspection. For deity-realization to actualize, it is imperative for the human consciousness to master this rhythm and follow it to its origin. The ultimate reality is defined as a source from where this world arises, whereby it is sustained and again wherein it merges. Thus, in the Absolute as supreme consciousness, there is an innate power or energy that keeps on expressing *itself* alternately swinging between expansion and contraction, rise and withdrawal. This rhythmic self-presentation is what has been named as *sphuratta* (vibration) or *spandana* (pulsation).[35] Cosmic totality and its each individual element is nothing but the vibration of that Supreme Energy, and all particularized energies and pulsations are multiple modes of that absolute, cosmic, universal energy and its self-expressive rhythm.[36] Will, knowledge and action constitute the three steps by which consciousness expresses its creativity.[37] This 'will' (*icchā*) in itself is simply an overflow of bliss (*ānanda*), which is what defines consciousness. Thus, the whole process of self-recognizing, self-expressing and self-affirming is essentially creative. Due to the voluntaristic emphasis of such a magnitude, Kashmir Śaivism is a class apart, separate from other gnostic systems such as Buddhism, Sāṁkhya and Vedānta. As a consequence, Tantric Sādhanā or praxis too does not limit itself to the quest of detached witnessing consciousness alone but seems to integrate itself with the rhythm of the universal mind, because it is within the supreme ideality that the witnessing has any meaning. It is within the fold of the absolute spirit that apperceiving and creating (*prakāśa* and *vimarśa*, Śiva and Śakti) are the moments of the indivisible reality. The aim of human aspiration is not the attainment of the fulcrum of pure subjectivity or I-ness; it is also realization of that divinity which constitutes inner source of his being.[38]

ESSENTIAL FEATURES

Conceiving Kashmir Śaivism as a spiritual philosophy naturally calls for an in-depth analysis of its essential characteristics, how it proposes to distinguish itself from other philosophies. In this context, Pande takes the benedictory verse of Abhinavagupta's *Vimarśinī* on Utpaladeva's *Kārikās* as embodying Kashmir Śaivism in full.[39] The benediction[40] runs as under:

> निराभासात् पूर्णादहमिति पुरा भासयति यत्
> द्विशाखामाशास्ते तदनु च विभङ्क्तुं निजकलाम्।
> स्वरूपादुन्मेषप्रसरणनिमेषस्थितिजुषस्
> तदद्वैतं वन्दे परमशिवशक्त्यात्मनिखिलम्।[41]

The entire reality, which is one, is identical with Parama Śiva and Śakti. Out of its own being it creates, sustains and withdraws the world within. He is devoid of manifestation, yet is not 'void' (*sūnya*). First of all, there emerges I-ness (*ahaṁbhāva*) and then from that the duality – subject/object, word/concept or meaning and Śiva/Śakti. It is difficult for a person unaware of Kashmir Śaivism to comprehend such a reality. For *nirābhāsāt* is acceptable to a nihilist and *pūṇāt* to a Vedātin, but *ahamiti purā bhāsayati* is anathema for both. Emergence of *aham* is in a peculiar situation; should it be construed as the rise of bondage or end thereof. In the absence of duality, there cannot be knowledge, nor could 'I-ness' characterize Śakti. Theoretically, duality arises in the state of Sadāśiva, Śiva and Śakti emanating beforehand. How then do we account for Anuttara or Nirābhāsa turning into a synthesis of Śiva and Śakti or Prakāśa and Vimarśa?[42]

In this system the ultimate reality, which is variously styled as Parama Śiva, Maheśvara or Anuttara, is essentially of the nature of consciousness (*saṁvit*). Its approach is radically idealistic in the sense that the objects of awareness are also essentially of the nature of consciousness. But it does not mean that they are illusory or unreal. They constitute imperfect or limited self-expression of consciousness and are, technically termed as *ābhāsa* (= *apūrṇa bhāsa*). The supreme consciousness, though plenary, universal and eternal by itself, is intrinsically ever creative and dynamic. It has two integral components – *Prakāśa* and *Vimarśa*. In the first aspect it is the shining or witnessing of its own content and in the second, it is self-reflection or self-affirmation. The term 'self-affirmation', Pande's rendering of *Vimarśa* into English, is meaningful. To explicate, in Pande's own words, "consciousness is both passive and active, registering a content and apperceiving it as self-expression."[43] This notion of consciousness is at variance with the same in Sāṁkhya where *Puruṣa* can only apperceive (*sākṣī*) and *Prakṛti* can only act. Extending the logic of Pande, this may also be contrasted with Vedānta where Brahman only witnesses (*sākṣī caitanya*) but has no content to witness, all appearances being superimposed on it (*adhiṣṭhāna-caitanya*). In Kashmir Śaivism, *saṁvit* is essentially self-awareness and is infinitely creative, creation being nothing but self-affirmation of the consciousness.[44]

Ātman, Brahman, Parama Śiva or *Cit* – they differ in name only. Ever since the Upaniṣadic declaration 'That thou art' proclaimed the unity of individual or human self with the ultimate universal reality, the concept of *ātman* has proved to be the most central and challenging notion of Indian philosophy. The controversy surrounding *ātman* has remained essentially metaphysical in approach. "Whether the self is a distinct real, whether its reality is substantial or transcendental, individual or cosmic,"[45] – these are three questions, according to Pande, over which the metaphysicians have been defining their stand. In answer to these questions, Kashmir Śaivism holds self to be real, universal, transcendental and yet because of its manifesting, the individual self within and from itself, remains one with the latter.

The question regarding *dharmin* and *dharma*, or substance and quality, etc., may either be regarded irrelevant or at the most, metaphysical because Self (substance/holder) and consciousness (state of being/quality/property) are indivisible and one. However, if there be any compulsion, it will have to be regarded as the cognizing subject or agent.[46] But it will be such agent as will not be substrate of agential activity or doership (*kartṛtva*) but will rather be identical with it. This, according to Pande, necessarily leads to another query. If the essence of human self is considerably cognitive or of the nature of consciousness, could that knowledge be treated as rational or logical.[47] In the entire Indian tradition, even those who hold self to be essentially cognitive, rule out its character as consisting of determination (*adhyavasāya*) or intellectual activity. For Saṅkaṛa this knowledge is non-attributive and undifferentiated. In Bhartṛhaṛi, though the whole thought is informed by the word, the word in its original form is identical with *Paśyantī vāk*, which in a way is equated with intuitive knowledge. In Kashmir Śaivism, *Vimarśa* constitutes the essence of *Prakāśa*,[48] yet *Vimarśa* and intellectual construct (*vikalpa*) are not deemed one. If *Prakāśa* is *saṁvit* or awareness, *Vimarśa* represents its dynamism or self-affirmative activity.[49] In every instance of consciousness, in every act, Śiva alone is revealed – knowing, willing, acting and remembering; what is not known is His knowledge, awareness, real nature. This mode of knowing makes for authentic recognition (*pratyabhijñā*) तमेव भान्तमनुभाति सर्वम् तस्य भासा सर्वमिदं विभाति।[50]

The spiritual *Sādhanā*[51] in Kashmir Śaivism does not brook any difference between the destination-stage (indeterminate consciousness-Maheśvara) and the instrument-stage (*upāya* stage representing refineable determinate, pure-determinate, indeterminate knowledge characterized respectively by sense of duality, duality-cum-unity and unity). Śiva is called Śaktimān only in the context of power – *cit, ānanda, icchā, jñāna* and *kriyā* are His powers. Instrumental or redemptive knowledge carries all these powers of Śiva. Thus, *Icchā-śakti* evolves in *Sāmbhava-upāya, Jñāna-śakti* in *Śākta* and *Kriyā-śakti* in *Āṇava*. Thus, *upāya* does not have a separate being from *upāya* – उपायजालं न शिवं प्रकाशयेत् घटेन किं भाति सहस्त्रदीधिति।[52] Pande firmly believes that "the reflection over what you are will definitely reveal more and more what you are."[53]

The system holds that Universal Self by rendering himself as the base unfolds the world, laying within, thereon.[54] The manifested world has the same relation with the ultimate reality as the reflected form with the reflecting medium, i.e., mirror. That is to say, the unity of the manifested world with the Universal Self is real, whereas the distinction a matter of subjective apprehension.[55] The absolute in its aspect as the ground of manifestation is called 'light' (*prakāśa*), and as the power of unfoldment 'judgement/consciousness' (*vimarśa*). What is the precise relation of emanation or the emanated world with the cosmic consciousness? The answer is relation of identity. For, this consciousness acts as the support of the reflected forms and also as recipient thereof. Thus, in this system, all categories ranging from Śiva to Earth figure in the supreme consciousness as do thoughts within our mind. Owing to its will the ultimate reality unfolds itself, as if externally, without any assistance from material cause whatsoever.[56] The objective world is technically designated as *ābhāsa*, because it is made to shrine (*ābhāsyate*) by the universal mind and also because it shines (*ābhāsate*).

In this context, the Śaiva thinkers, following the Pañcarātra school, subscribe to the doctrine of two strata of creation – pure and impure, transcendental and phenomenal. These two are popularly known as *suddha adhvā* and *aśuddha adhvā* (lit. pure route and impure route) respectively. Two justifications loaded with philosophical undertone are forthcoming to substantiate two levels of creation. If God is the creator with all desires fulfilled (*āptakāmasya kā spṛhā*), then in creation of role of *karma* and *nairghṛṇya* becomes defunct and if *karma*, anyhow, remains a factor which becomes a condition for the creation, what is then the need of God. To resolve, the Śaivas talk to pure, trans-sequential, timeless creation. The karmic creation is impure creation which directly pertains to deluded soul. The latter is not a direct creation; it is rather a creation by proxy managed by pure subjects duly appointed by the God in this behalf. The other justification is that whenever God wills, his idea is rooted within, is ventilated, yet it continues to retain its unitary link with the God, that is, consciousness. This is what constitutes pure order of creation – from Śiva to Śuddhā Vidyā (pure wisdom).[57] Parama Śiva, the absolute, is devoid of any appearance (*nirābhāsa*) but full and perfect. Creation begins with him. The first ever beginning is that of *aham* (*nirābhāsāt pūrṇād ahamiti purā bhāsayati yat*). In the ontic terminology, this state represents the Śiva and Śakti categories. As a result of bifurcation into subject and object, Sadāśiva comes into play, e.g. *aham idam*. The experience of this stage is comparable to the faint apprehension in determinate perception. This is simply voluntary indistinct perception (apperception). This is *Pratibhā* (intuition/genius);[58] this is what has been termed *Paśyantī* (seeing). By his sheer volition the object of desire (*idam*=this) is accomplished. It is perennial creation of God, who is consciousness. When he actualizes what has been pulsating within, *Iśvara* category comes into being, e.g. *idam aham*. Owing to the power of action, the next stage is characterized by equi-weightages of *ahaṁtā* and *idaṅtā*, though both elements remain hinged on the single subjective substrate. This is *Śuddhā Vidyā*, constituting the threshold between pure and impure creations. Whenever God wills to express himself as action, he chooses to come out of the pure order. The implication is obvious. Without the diminution of God into an individual subject, this familiar world of pragmatic discourse will not come into being, populated by the objects differentiated by *Apohana Śakti* (power of concealment). According to Pande, this is *Āṇavamala* (innate ignorance).[59] He remembers Kaviraja who says that without closing your eyes you cannot look within. तत्सृष्ट्वा तदेवानुप्राविशत्। This is what is described as immanent creation.

We concur with Pande's observation that it is through a stringent critique of non-dualistic philosophies such as Vedānta, Buddhism and Bhartṛhari that Kashmir Śaivism seeks to establish itself as a rationalist system.[60] It adopts the methodology and ontology of Sāṁkhya as an ingredient but discards its dualism. Thus, it follows the Vedāntic procedure to a great extent. Pande surmises that due to proximity of Śaiva monism with the ancient Vedānta as found in the Upaniṣads and *Brahmasūtra*, it has not attracted such exhaustive treatment as has Sāṁkhya. Approaching Kashmir Śaivism through the critique of Advaita Vedānta would have been a more viable strategy,[61] but since both the traditions are *āgamānusārī*, i.e., they derive from their spiritual or scriptural tradition, such a method loses much of its utility.[62] Interestingly, Pande's view finds endorsement in Abhinavagupta.[63] It of course needs to be said that the Vedānta too reaches non-duality or *Brahmādvaita* by dialectical reasoning. It is through the grasp of dialectical difficulties in the notion of reality as propounded by the Naiyāyikas who swear by common sense: संविदेव भगवती नः शरणम् (every *pratīti* corresponds to a real), the Vedāntins arrive at non-duality.[64] In these reductions they primarily depend upon Śruti and occasionally on logic as per necessity. Nevertheless, under the influence of Mahāyāna on the Vedāntic dialectic, both Gaudapāda and Śaṅkara leave behind the dynamic and creative absolute of the Upaniṣads and *Brahmasūtra* and instead resort to *Māyā*. For Pratyabhijñā, on the contrary, the essence of consciousness lies in its *Vimarśa* or activity. Both Śaṅkara and Mahāyāna regard all *kriyā* as *vikriyā* (distortion, appearance). Hence, its entry into eternal reality is barred. In the Pratyabhijñā, the eternal, the continuous, must express itself in created activity.[65] Abhinavagupta[66] and Kṣemarāja[67] specially underline this gap between the two lines of thought.

The Pratyabhijñā thinkers were rather hard-pressed to take recourse to logic and inference. Abhinavagupta regards the Buddhist as the principal opponent, because the latter has no faith in the existence of Soul.[68] Since there has been no direct disagreement of the Kashmir Śaivists with Buddhists, their contention with the Buddhists happens to be twofold. On the one hand, they critically examine the Buddhist doctrines, and on the other, they hunt for inconsistencies and weaknesses in the Buddhist attacks on the notion of the God and Self and the conceptual and rational arguments employed by the Nyāya in defence of them. In this, just as the Vedāntins find Bhāṭṭa view as compatible with their stand (व्यवहारे भाट्टनयः), the Śaiva too look upon Nyāya as suitable to common sense.[69] Viewed realistically, in structuring the reality the Buddhist logicians affirm centrality of mind or *citta* which brings them closer to the Pratyabhijñā philosophers as compared to the realism of the Naiyāyikas. Moreover, Somānanda and Utpaladeva do not show any leniency in assailing the Nyāya theories of causation, and efficient instrumentality of God. Hence, this apparent show of generosity by the Kashmir Śaivists towards Nyāya in a pragmatic realm seems to have subtler implication than meets the eye. The acceptance of five-tier syllogistic process, consequent projection of entire *Īśvara-pratyabhijñā-kārikā* (the seminal text of Śaiva logic) as constituting *parārthānumānā* and treatment of the notion of action, relation, universal, etc. as practically real and efficacious is tantamount to accepting finality of the Naiyāyika positions in ordinary life.[70] By implication, those reals (such as action, relation, universal, etc.) which fail the rigorous logical scrutiny of the Buddhists and yet are necessary for the worldly transaction, acquire acceptability in the Śaiva context after being incorporated into the Śaiva logical frame.[71]

Despite their initial fidelity to scripture, the Buddhists gradually move away from the authority of *āgama*. By the time of Dharmakīrti and Śāntarakṣita, who play the role of standard prima facie opponent (*purvapakṣin*) for Kashmir Śaivism, *āgamas* lose their relevance and we are left with only two sources of knowledge – perception and inference.[72]

Pande looks into the ideological clash between Buddhism and Kashmir Śaivism with great vision. Both the systems proceed with the dead conflicting presuppositions. On the one side is the world of changing impersonal *dharmas* and on the other, is the universe surcharged with the dynamicity of I-consciousness. On the one side are the God, the Self, and endurance/permanence of subject and object. As opposed to it, on the other side, there is God, no Self, no subjective or objective endurance. The Buddhist theory of reality is fundamentally dialectical and, for once, same is the case with Kashmir Śaivism. The Buddhist real is identified in terms of functionality or efficacy. There are no wholes, no substances, no underlying properties, nor properties except function.[73] The theory was developed as a criticism of the views of Sāṁkhya, Nyāya and Vedāntā. The Buddhist theory of change comes into being with the rejection of *satkāryavāda*, *asatkāryavāda* and *vivartavāda*. If at all there is causation, it can only be explained as *pratītya-samutpāda* ('law of dependent origination'), that is causation in an ordered succession of events. Neither a thing produces anything as a dynamic agent, nor is thing born or produced from anything. There is no mutual interaction, nor continuity between the events. Being relative, every event is dependent. Appearance or apprehension of motion or endurance in the flux of similar static moments is a sheer illusion. Pragmatic entities or continuity are mental constructs superimposed upon the real.[74]

The Śaiva critique, as already noticed, starts with common sense (Nyāya), but ends up with fundamentally different metaphysical conclusions.[75] In the first philosophical treatise of the system, *Śivadṛṣṭi*, Somānanda argues that cognitions such as 'I know this' and 'He knows me' (*ahamidam jānāmi/saḥmāṁ jānāti*) require more than one moment. In another argument, Somānanda points out that discontinuity in the subject caused by momentariness militates against the law of *marman*. This, however, reflects the standard argument from the orthodox side. But Somānanda's further argument is philosophically important. It is this, that cognition (*vijñāna*) as cognition (*vidyārūpa*) is 'timeless, not ephemeral'. A sizable section of Buddhists too regards ideal constructs (*prajñapti*) and transcendental objects (*asaṁskṛta dharma*) as devoid of temporality. But, generally, timelessness of empirical or pragmatic cognitions is a matter of practical convention (*samvṛti*).[76] In another argument, Somānanda notes that means of knowledge such as perception and recognition, etc. also negate momentariness. We can recognize only that object which lasts more than a moment and continue to perceive till that cognition is not contradicted or sublated. However, the Buddhist in his rejoinder declares recognition or determinate perception (*vikalpa*) to be an illusion resulting from similarity.[77]

According to Pande, arguments on both sides are based on their differing perceptions of reality. While the Śaiva arguments address empirical objects at the macro (*sthūla*) level, the Buddhist do the same at the micro (*sūkṣma*) level. For Buddhists, a reality consists of *svalakṣaṇa* corresponding to sense-datum and not the *sāmānyalakṣaṇa*, *samghāta* or *santāna*, which are empirical macro objects. Causation takes place at the micro level of *svalakṣaṇa*. The Buddhists state that a moment, a point instant, can act or function only by ceasing.

In the *Īśvarapratyābhijñā-vimarśinī*, Buddhism is taken to task at much deeper level. No insentient object can happen or act until it is prompted by a sentient subject or prompter. All activity, therefore, is ultimately expression of active impulse. Essence of being consists in its shining in the consciousness and not in its functionality or efficacy. The doctrine of dependent origination only highlights inter-dependence of cause and effect. Causation is necessarily an ordered succession. For the Śaiva, dependence only means a relationship between the sentiments. If causation were a necessary succession, then the Śaivists ask whether this succession is identical with relate or different from them. If it is the former, causation will be impossible and in the latter, the causative force will be 'will', nothing else, because notion of necessity can arise in will alone.[78]

Any discussion about causal relation or ordered succession leads to the wider question pertaining to the nature of relations. Here, again, the Buddhist reasoning is dialectical. On the one hand *svalakṣaṇa* is viewed as a causally efficient moment, while on the other relations too, like substance, quality, action, universal, etc. are conceived as logical construction. Thus causality, being action or relation, would be a beginningless ideation, *a priori* concept, which would be applicable to *sāmānya-lakṣaṇa*, but not to *svalakṣaṇa*. Attention may be drawn to the fact that the Śaiva defence of relation and other notions too is based on the dialectical assumption of unity that permeates multiplicity.[79] Creation means differentiation which cannot eradicate unitary character of the creator who is both immanent and transcendent. Kashmir Śaivism and Buddhism both agree on one point that whereas the conceptual synthesis is traced to the apperceiving mind or *citta*, differentiation is sourced to the phenomena. But they are radically different, points out Pande, in the sense "that the Śaiva regards the categories as articulating rather than distorting the nature of phenomena,"[80] as maintained by the Buddhist. This is so because the determining will of the empirical world is actually the will of that God who is one with I-consciousness immanent in all the experiences. This further implies that though the objects and subject are essentially divine, they do not shine so thanks to the divine concealing power called *māyā*. This once again highlights the Śaivists' similarity with the Buddhists that the phenomenal world produced by the transcendental illusion always comes up as a veiler of truth (*saṁvṛti*). But the difference is that whereas the Śaiva philosopher analyzes the experience for discovering essence of being in self-consciousness and the defining character of that self-consciousness to be universal, trans-temporal and infinite, the Buddhist does the same in quest of essencelessness of finite being, finitude wrought by delusive power of mind. The Śaiva philosopher seeks to expand his finite self-consciousness so as to touch his infinite divine consciousness. The Buddhist wants to withdraw from his delimited self-consciousness so as to reach the ineffable transcendental stuff.[81]

In some sense, both Pratyabhijña and Buddhism are idealist systems and both share certain fundamental common features. For the Kashmir Śaivists, matter and externality are regular phenomena within the world of *māyā*. Being concretization of Śiva's power, they are real, but their intrinsic beings are obscured due to *māyā*. For Yogācāra as well, reality is pure, infinite and eternal consciousness in essence[82] and may be compared to the Śiva category (*Śiva-tattva*).[83] Differentiation is not innate to *vijñāna* (consciousness); rather it is superimposed by *avidyā*. For both, the objects of empirical world grasped in perception and inference are real only practically, because they are veiled by transcendental illusion and it is absolutely imperative to pierce through this covering in order to attain our intrinsic nature. For both they are the objects of consciousness. The only difference is that in Kashmir Śaivism, the universal subject or self-consciousness is immanent in every finite entity and cognitive act whereby it steers clear of the difficulties posed by 'solipsism and psychologism'.[84] Otherwise, the principal of self-consciousness is as transcendental as that of *Vijñaptimātratā*. By extending this commonality further, one finds the Buddhist concepts of *āvaraṇa, avidyā* and *vāsanā* quite close to the Śaiva concept of *malas*.[85] We may add that notions of *avidyā, māyā* and *vikalpa* fall in the similar category as, in some sense, they are the extensions of the concept of *mala*.

It may not be out of place to go back to the respective definitions of reality in the two systems. Whereas the Pratyabhijñā defines reality as 'shining or figuring in consciousness' (*prakāśamānatā*),[86] the Buddhist defines it as 'functionality or causal efficiency' (*arthakriyākāritā*),[87] but this stand of Buddhist enjoys only pragmatic validity, since transcendental objects (*asaṁskṛtadharmas*) are said to be everlasting. On the other side, consciousness not only illumines objects, but also flows out as action due to which objects are what they are. The whole activity, including even that of the insentient objects, is a manifestation of that consciousness.[88]

It is precisely the point where the core difference between the two systems comes to the fore. In Pratyabhijñā, ultimate reality is not only conscious, but also consists of powers,[89] inter alia, such as *cit, ānanda, icchā, jñāna* and *kriyā*. Non-dual awareness is supreme, but it is at the same time creative and dynamic. As against this, the supreme reality in Vedānta and Yogācāra, though non-dual, goes beyond will or action. In their view, it is ineffable transcendence and they look out for the cause of this manifold and changing world in beginningless *vāsanā* or *māyā*, which does not negate the empirical reality; instead it constitutes it.

Attention should be drawn to the enormous potential that a comparative study of Kashmir Śaivism and Buddhist logic as well as philosophy holds. The living touch of ingenuity and equipment of scholars like Pande is earnestly awaited in this direction. At this point of time, it is difficult to quantify the exchange of thought between the two, but there is no doubt that the Buddhists' impact had been extremely deep on the Śaiva logic and metaphysics. It is instantly illustrated by the Pratyabhijñā adoption of the technical terminology of the Buddhist logic and the attempt to redefine them in a spirit consistent with the core thrust of system. *Svalakṣaṇa-ābhāsa, sāmānyalakṣaṇa* (*ābhāsa*), *arthakriyāsāmarthya, tādātmya, tadutpatti, svabhāvahetu, kāryahetu, vyavasthāpya-vyavasthāpakabhāva,* modes of *anupalabdhi,* etc. are some such concepts that buttress our approach. Wtih regard to even such concepts that have universal application in Indian philosophy as *anuamāna, arthakriyā,* it employs Buddhist technique and methodology.[90] In a similar strain Abhinavagupta defines *apoha* and in so doing follows the synthetic approach of Jñānaśrī and Ratnakīrti. According to Ratnakīrti, the primary meaning is of the nature of positing or injunction. But this injunction or positing is characterized by *apoha,* because words fail to convey any meaning without contra-distinguishing.[91] Defining *vikalpa,* in the *Īśvara-pratyabhijñā-vivṛti vimarśinī,* Abhinavagupta precisely endorses the above contention.[92] Like Dharmakīrti, Śaiva philosophers too reject the difference between *pramā* and *pramāṇa* and, instead, uphold *vyavasthāpaka-vyasvasthāpya-bhāva* between the two. In this connection, Abhinavagupta cites the *Pramāṇavārtika.*[93] But whereas in Pratyabhijñā function (*vyāpāra*) is the essence of valid knowledge, Buddhists altogether reject causal function due to their belief in the doctrine of flux (*kṣaṇikavāda*). The texts of Kashmir Śaivism serve as an indispensable source of information for the consequent reconstruction of several missing pages of the history of Buddhist philosophy. Abhinavagupta alludes to several philosophical sub-schools in his *Vivṛti-vimarśinī.* It will be immensely interesting to note[94] that Abhinavagupta highlights difference of opinions between Dignāga and Dharmakīrti, talks of the constraints of the latter and also why he remembers Dharmakīrti as authentic (*prāmāṇika*) with great reverence as compared to Dignāga.[95]

Both Buddhism and Nyāya do not regard language as the original source of truth by itself. If for Buddhists language is simultaneously a source of pragmatic knowledge and transcendental illusion, for Naiyāyakas it happens to be of the nature of communication[96] and its authenticity totally depends upon the reliability of the speaker or employer of language. On the contrary, Mīmāṁsakas find significative power of language inherent in the very nature of language. Word is eternal and has the innate capacity to reveal the truth. This is why the Vedas are considered eternally given.[97] This view was later refined and developed in the philosophy of Grammar and Śaivāgamas. Despite mutual divergence of opinion, the two systems converge on two points – one, words and meanings are bound by a necessary connection, and two, there are several subtler forms behind each uttered word. While words, according to Buddhists and Naiyāyikas, are transient and convey primary conventional meaning alone, they are considered a-temporal along with their inherent significative[98] power according to Mīmāṁsakas, Grammarians and Kashmir Śaivists.[99] *Varṇa* (phoneme) in Mīmāṁsā and *sphota* in Grammar, are eternal elements of word. The Grammarians posited *Śabda-brahman*, world-absolute, as a sole source of all words and meanings and identified it with *Paśyantī* (=perceiving word). Kashmir Śaivists advanced further by distinguishing *Parā Vāk* from *Paśyantī* and propounding the former's unity with consciousness-power (*citśakti*) or *vimarśa*.[100] The ultimate source of language is rooted within self-consciousness or self-affirmation. This *vāk* is reduced to self-referring gnostic agent-hood (*ātmavimarśanakartṛtā*).[101] Besides, *śabdana* (verbalizing/sounding) stands for *śabdana-kriyā* and not for *śabda* (word).[102] Abhinavagupta partly concedes grounds to the Buddhist in viewing 'sounding-function' (*śabdana-kriyā*) as inherently contra-distinguishing (*apohanātmaka*)[103] and partly advances Bhartṛhari's line of thinking in considering the wordly transactions as being effected due to 'superimposition' (*adhyāsa*) of the denoter on the denoted.[104] The sounding-function or 'signifying activity' (*abhilapana*) is integral to subjective autonomy and is represented by reflection (*vimarśana*) in its universal mode and by linguistic construct in its particular mode. The word and sounding function (the denoter and the denoting-function) are two different things. While word is an epistemic object, sounding function happens to be reflective activity which aims at conveying the former's meaning. It is from this angle that 'word-meaning' (*śabdārtha*) is depicted as 'word-function' (*śabda-kriyā*), reducing word and meaning both to be reflectional in nature.[105]

Against the background of the aforesaid discussion, one may be able to appreciate better the rationale behind the enormous importance accorded to *āgama* in Śaiva metaphysical scheme as presented by Pande. Revelation is possible because it is an expression of something, which is already contained in the supreme reality itself.[106] At the level of *Madhyamā*, self-expressiveness of consciousness gets mixed up with logic and conceptualization. Buddhists have convincingly demonstrated that imagination or intellectual constructing has no basis in the structure of reality.[107] The Śaiva distinguishes *vimarśa* from *vikalpa, cidrūpāpratyavimarśa* and *vikalparūpa-pratavimarśa* respectively in typical Śaiva parlance, yet unlike Buddhist, regards logical constructions as being grounded upon reality with the only difference that *vikalpa* presents reality in pragmatic form diverting attention from its intrinsic being. In such a scenario, if a philosophy is *āgama* based and *āgama* is construed as translation or descent of *Parā* into *Vaikharī*, the problem arises how to coherently resolve the gap between original revelation and the historically available revelation. The available philosophical doctrines obviously relate to the historically available *āgamas*. This makes revelation suspect. Śaiva, according to Pande, uses the instrumentality of *Sattarka* in order to obviate such a contingency.[108] Śaivas view *Sattarka* as part of process of self-affirmation of consciousness or that of the process of comprehending *āgamas*: अंगीकृतस्तु सत्तर्को योगांगेषु तथापि च।[109] In *Śāktopāya,* which is intimately connected with awakening of mind (*cittasaṁbodha*) or refinement of thought constructs (*vikalpa-saṁskāra*) or gnosis (*jñāna*), *Sattarka* assumes a lot of value. *Sattarka,* translated as right logic or logic proper, means visualization of truth through reality-oriented reflective thinking. It is somewhat akin to Vedānta which also hints at possibility of self-realization from hearing alone for the seekers at higher plane. This *Sattarka* is equated with *Suddhā Vidyā,* which signifies pure knowledge[110] and is God's will in essence. Now this *Sattarka* moves up to the Absolutic self-affirmation by eliminating the intervening gap between the original revelation and temporally available revelation.

Thus Pande, with reference to non-duality of word and sounding-function, word and meaning, concludes in his characteristic manner.

> "वैदिक साहित्य में जिसे वाक् और मन का, अथवा वाक्-प्राण का मिथुन कहा गया है, उसे वैयाकरण शब्द और प्रत्यय का अनुवेध, बौद्ध गण और विकल्प की अन्योन्यहेतुकता, एवं काश्मीरी शैव आचार्य प्रकाश और विमर्श का तादात्म्य बताते हैं। वाक् को चेतना की अर्थरूप में आत्मप्रकाश की शक्ति कहा जा सकता है।"[111]

Pande finds this thesis extending up to aesthetics. As he perceives it, the infinite universe of *rasa* (which in itself consists of the suggested meaning) proceeds from this unity of word and meaning exactly as the world of experience does from the union of Śiva and Śakti.[112] Moving further, Pande transcends beyond his immediate context when he envisions the potential road map for national reconstruction and cultural renaissance symbolized by the celestial union. In the words of Pande himself:

> राष्ट्रीय सफलता शिव और शक्ति के मिलन के बिना संभव नहीं है। आचार और व्यवहार में इसका अर्थ होता है प्रवृत्ति और निवृत्ति का कर्मयोग के रूप में समन्वय। अनुभूति के क्षेत्र में इसका अर्थ होता है विषयों का आत्मालोक के रूप में परावर्तन जो उनके रूप के असंश्लिष्ट दर्शन को संभव बनाता है।[113]

NOTES AND REFERENCES

1. We come across Prof. Pande's views on Kashmir Śaivism sporadically scattered over his writings with differing contexts. In this connection, the second part of his *Foundations of Indian Culture*; *भारतीय परम्परा के मूल स्वर; साहित्य, सौन्दर्य और संस्कृति* and *सौन्दर्यदर्शनविमर्शः* merit special mention. In these works we get access to the direct formulation of his views on, or contextually given particular thesis of, the Kashmir Śaivism and also to the indirect formulation during the course of his generalized treatment by appealing to or drawing upon the Kashmir Śaivist texts and sources in support of his opinions. These indirect formulations help us understand directions of his thoughts. For his structured thoughts, attention is drawn to two unpublished sources. The first is his paper titled "Reflection on Pratyabhijñā and Buddhism" henceforth cited as Reflection contributed to the *Perspectives on Abhinavagupta*, an anthology of essays in memory of Prof. K.C. Pandey. The second is my notes from the K.C. Pandey Memorial Lectures delivered by him at the Abhinavagupta Institute of Aesthetics and Śaiva Philosophy, University of Lucknow on Aug. 5-7, 1998.

2. "Kashmir Śaivism represents the most remarkable system of monistic theism." *Foundation of Indian Culture*, Vol. II; *Spiritual Vision and Symbolic Forms in Ancient India* (*FIC*), New Delhi, p. 140; also vide "Reflection on Pratyabhijñā and Buddhism", in *Perspectives on Abhinavagupta*, ed. by the present author and M. Rastogi (under publication).
3. Vide "Essential Features of Kashmir Śaivism" (EFKS), K.C. Pandey Memorial Lecture on 5.8.1998.
4. तकस्य कर्तारो व्याख्यातारश्च ......। -*Viveka* on *Tantraloka*, 1.10, ed. R.C. Dwivedi and Navjivan Rastogi, Delhi, 1987, p. 30.
5. लोकशास्त्रप्रसिद्धानां मतानां यद्विवेचनम्। आत्मप्रतीतिसिद्धानामथवा यद्विमर्शनम्।। सर्वविद्याद्यतत्ववानां न्यायतत्वविमर्शनम्। -EFKS.
6. किंचिदागम्यते तत्त्वमुभयत्रापि सिद्धवत्।
शैवादिदर्शने तद्धि मुख्येनागम इष्यते।। -*ibid.*
7. Reflection; also vide किं तावत् दर्शनं नाम विद्यायाः शैक्सूरिभिः दृग्दृष्टिनयसिद्धान्तव्यपदे शैर्विवक्षिता।। -EFKS.
8. Reflection.
9. *भारतीय परम्परा के मूल स्वर* (*BPMS*), G.C. Pande, Delhi, 1981, p. 30.
10. चैतन्यमात्मा। -*Śiva-sūtra* (*Ś.Sū*), KSTS, 1.1 (cited by Pande, *ibid*).
11. Cf. आत्मात् एव चैतन्यं चित्क्रियाचितिकतृता–
तात्पर्येणोदितस्तेन जडात्स हि विलक्षणः।। -*Īśvarapratyābhijñā-kārikā* (*IPK*), KSTS, 1.5.12.
12. तदा द्रष्टुः स्वरूपेऽवस्थानम्। -*Yogasūtras* (*YS*) 1.3 (cited by Pande, *BPMS*, p. 30).
13. Vide, *Īśvarapratyābhijñāvimarśinī* (*IPV*), ed. K.C. Pandey and K.A.S. Iyer, Delhi, 1986, I, p. 245.
14. द्रष्टा दृशिमात्रः। *YS*. 2/20 (cited, *ibid.*)
15. *BPMS*. p. 30.
16. चितिः स्वतन्त्रा विश्वसिद्धिहेतुः। - *Pr. Hr.* 1, cited by Pande, *ibid.*, pp. 30, 58.
17. चितिरेव चेतनपदादवरूढा चेत्यसंकोचिनी चित्तम्। -*ibid*. 5, cited by Pande, *BPMS*, pp. 30, 58. Pande is quite fond of this aphorism from *Pr. Hr.* and alludes to it quite often. Cf. EFKS: also cp: *Dhammapada* 1.1: "मनोपुब्बंगमा धम्मा मनोसेट्टा मनोमया।".
18. *BPMS*, p. 41.
19. *Ibid.*, pp. 47-48.
20. *FIC*, p. 144.
21. *Ibid.*, p. 146.
22. *BPMS*, p. 56.
23. *BPMS*, p. 57.
24. *Ibid.*, p. 57; also cp: स ऐक्षत इति। ....ईक्षणं ह्यत्र तावद् द्वितीयाभावात् स्वविषयमेवेष्टम्, स एव चाहं, परामर्शः। ....अस्य तु जडत्वेन परामर्श शक्तत्वं नास्ति। -*Bhāskarī* on *IPV*., I, p. 14.

25. इच्छाशक्तिरुमा कुमारी। -*Ś.Sū.* 1.13 (cited by Pande, *ibid.*, p. 57).
26. *Ibid.*, p. 125.
27. *Ibid.*, p. 21.
28. Vide *FIC*, pp. 153-159: sub-essay entitled "Tantric Alchemy" under the chapter – 'Smṛtis, Purāṇas and Tantras'.
29. *Ibid.*, p. 154.
30. "Tantra is the science of Word applied to gain communication with the Divine."-*ibid.*
31. *Ibid.*
32. The verse he refers to (pp. 155, 159) is *Śāradātilaka* (*Śā.T.*) 1.7: सच्चिदानन्दविभवात् सकलात् परमेश्वरात्। आसीच्छक्तिस्ततो नादो बिन्दुसमुदभ्वः।। The colophon and the *Padārthādarśa* commentary of Rāghavabhaṭṭa regard the *Śa.T.* as a work of Lakṣmaṇagupta. But quite a few scholars do not agree. See present author's *The Krama Tantricism of Kashmir*, Vol. I, Delhi, pp. 147-149. Lakṣmaṇagupta was Utpaladeva's disciple and Abhinavagupta's preceptor in Pratyabhijñā and Karma schools.
33. *Ś.Sū.* KSTS, 2.1.
34. Vide *FIC.*, p. 156 (end note 8). Pande's treatment is an exact echo of Kṣemarāja, the commentator: विमृश्यते अनेन परं तत्तव इति चितं ... तदेव मन्त्र्यते ... इति कृत्वा मन्त्रः। अथ च मन्त्रदेवताविमर्श -*Śiva-sūtra-vimarśinī* (*Ś.S.ū Vi.*), KSTS, p. 23.
35. Pande draws our attention to the *Spandakārikā* (*Sp.K.*) vide *FIC*, pp. 156, 15, statement of Kṣemarāja in mind: "स्फुरत्तासारस्पन्दशक्तिमयशंकरात्मकस्वस्वभावप्रतिपाद महागुरुभिर्निबद्धम्। .... वस्तुतस्तु न किंचिदुदेति व्ययते वा, केवलं स्पन्दशक्तिरेव स्फुरत्युदेतीव व्ययत इव चेति।" -*Nirṇaya* commentary by Kṣemarāja on *Sp.K.*, ed. and tr. Jaidev Singh, Delhi, 1980, pp. 6-7.
36. एकैव सा महाशक्तिस्तया सर्वमिदंततम्। Cited by Pande, EFKS (source unidentified). Cp. *Sp.K.* 1.19: गुणादिस्पन्दनिष्यन्दाः सामान्यस्पन्दसंश्रयात्। लब्धात्मलाभाः सततं स्युर्ज्ञस्यापरिपन्थिनः।।
37. "In fact, desire, knowledge and will represent three stages..." *FIC*, p. 156. Here 'will' seems to be a printing error in place of 'action'.
38. *Ibid.*, p. 157.
39. EFKS.
40. *IPV*, ed. K.A.S Iyer and K.C. Pandey, Delhi, 1987, Vol. 1, p. 1.
41. "I bow to that Absolute, which is unity of Paramaśiva and Śakti; the unity, which from its ultimate state, first of all manifests the Pure Ego 'I' and through its will, divides its power into two; the ultimate state, which being without any manifestation, is self-contained and is responsible for creation and dissolution through the play and suspension respectively of its Power": Tr. K.C. Pandey, *IPV*, Vol. 3, p. 1.

42. Vide EFKS. Here a clarification will be in place, Śiva, Śakti, Sadāśiva, etc., as 'categories' (*tattva*) are deemed different from Śiva, Śakti, as constitutive principles of the ultimate reality. As will be seen later, Śiva and Śakti corresponding to *prakāśa* and *vimarśa*, happen to be more pivotal concepts.
43. *FIC*, p. 140.
44. *Ibid.*, p. 141.
45. *Ibid.*, p. 160.
46. Cf. तदेवं परत्वेन प्रधानतया अभिसंधाय आत्मा चेतन इति वक्तव्ये धर्मान्तराधरीकरणाय विमर्शधर्मोद्धुरीकरणाय च 'आत्मा चैतन्यम्' इति उक्तम्। -*IPV*, I, pp. 248-49.
47. Vide *साहित्य, सौन्दर्य और संस्कृति* (*Sā. Śau. Sa*), G.C. Pande, Allahabad, 1994, p. 25.
48. Cf. स्वभावमवभासस्य विमर्श विदुरन्यथा। -*IPK* 1.5.11.
49. *Sā. Śau. Sa.*, p. 26.
50. Vide EFKS. Pande's treatment seems to imbibe the spirit of Abhinavagupta's following observation: "इति यद्यपि विषयोपश्लिष्टमेव प्रतिभानं भाति तथापि न तद्विषयस्य स्वकं वपुः, अपितु संवेदनमेव तत् तथा चकास्ति 'मां प्रति भाति' इति प्रमातृलग्नत्वात्। तथा च वेदः तमेव भान्तमनुभाति सर्वं तस्य भासा सर्वमिदं विभाति।" -*IPV*, I, pp. 349-50.
51. In other words, this may be described as tantric pursuit of 'intellectual knowledge' (*bauddhajñāna*), as against/innate/knowledge' (*pauruṣajñāna*).
52. Cited, EFKS; Bhāskarakaṇṭha also cites this verse. Vide *IPV*, I, p. 48.
53. EFKS.
54. स्वेच्छया स्वभित्तौ विश्वमुन्मीलयति। -*P. Hr.* 2.
55. निर्मले मुकुरे यद्वत् भान्ति भूमिलतादयः।
    अमिश्रास्तद्वदेकस्मिंश्चित्राथे विश्ववृत्तयः।। -*T.A.* 2.4.
56. चिदात्मैव हि देवोऽन्तःस्थितमिच्छावशाद्बहिः।
    योगीव निरुपादानमर्थजातं प्रकाशयेत्।। -*IPK* 1.5.7.
57. K.C. Pandey Memorial lectures on 7.8.98 relating to aesthetics.
58. A note seems necessary here. In the philosophy of Grammar, Pratibha may be viewed as one with Paśyantī, but in the Śaiva monism, Pratibha is identical with Parā (supreme/ultimate), and not with Paśyantī. We come across two Pratibhā-related equations. Seemed as the root cause of poetry, Pratibhā corresponds to Śakti category, the stage above Sadāśiva. Mammaṭa does call it Śakti (शक्तिव्युत्पत्तिरभ्यास इति हेतुस्तदखवे). The *Tantrāloka* and *Parātriṁśikā* describe it as *pratibhācamatkṛti*. In his *Locana*, in the concluding verse of the first chapter, Abhinavagupta hails Parā Vāk as Pratibhā:
    यदुन्मीलनशक्त्यैव विश्वमुन्मीलति क्षणात्।
    स्वात्मायतनविश्रान्तां वन्दे तां प्रतिभां पराम्।।

In the other formulation, Pratibhā is identified with the Supreme Subject, Maheśvara, in his immanent aspect. This implies entire creation and its foundational grounding intranscedental awareness: या चैषा प्रतिभा तत्पदार्थक्रमरूषिता।
अकमानन्तचिद्रुप: प्रमाता स महेश्वरः । - *IPK* 1.7.1.

59. Technically, *āṇava mala* is viewed slightly differently. The innate ignorance becomes imperative ever since the pure creation comes into being. Even in the emergence of Śiva category, *Tirodhāna Śakti* remains active – Śiva category consists in negation of Vimarśa and rise of *Prakāśa* or, in other words, rise of I-consciousness and denial of this consciousness. Apparently though, *Tirodhāna Śakti* and *Apohana Śakti* convey the same meaning, but they do so with reference to deferring contexts. As against *Tirodhāna Śakti* which is ontological, *Apohana* is essentially congnitive. The ontic diminution of the universal being may be traced to *Tirodhāna*, whereas the cognitive or epistemic to *Apohana*. However, the basic spirit of Pande's observation is not impacted.
60. Reflection.
61. EFKS.
62. Reflection.
63. Vide पारमेश्वरेषु तावदागमेषु शैववैष्णवरहस्येषु वेदान्तेषु च स्पष्टमेवोक्तोऽयमस्मदुक्तोऽर्थः। *-IPV*, Vol. 3, p. 405.
64. EFKS.
65. Reflection.
66. .... ब्रह्मवादे मायां शक्तीकृत्य .... सिध्यत्येष जनः। *-IPV*, Vol. 3, p. 405.
67. स्वतन्त्रशब्दो ब्रह्मवादवैलक्षण्यमाचक्षाणश्चितो माहेश्वर्यसारतां ब्रूते। *-Pr. Hr.*, KSTS, p. 5.
68. आत्मन एव सखये विप्रतिपत्राः .... त एव इह मूलविपक्षः। *IPV*, KSTS, Vol. I, p. 112.
69. Reflection.
70. इत्येव पंचायवात्मकमिंद शास्त्रं परव्युत्पत्तिफलम्। नैयायिकक्रमस्यैव मायापदे पारमर्थिकत्वम् इति ग्रन्थकाराभिप्राय: 'क्रियासंबंधसामान्य' (ई.प्र.का. 2.2.1) इत्यादि उद्देशेषु प्रकटीभविष्यति। *-IPV*, I, p. 43; also see, *IPV*, II, p. 140.
71. एकानेकरूपस्य कियादे; बाह्यादे: विरुद्धधर्माध्यासादूषणेन अनुपपद्यमानस्याप्यवश्यं समर्थनीयं वपुः। *-IPV*, II., p. 32; also see R. Torella, 'The Pratyabhijñā and the Logical-Epistemological School of Buddhism' (PLSB), in *Ritual and Speculation*, ed. T. Goudrian, Albany, 1992, p. 339.
72. Pande seems to have a veiled hint by drawing attention to this issue, though he does not develop it, that subscribing to the authority of *āgama* itself constitutes an extremely cogent distinctive feature of the Kashmir Śaivism. We will see somewhat more of it in the sequel.

73. Vide Reflection.
74. Vide Reflection.
75. *Ibid.*
76. *Ibid.*
77. ....इति सादृश्यात् भवन्ती प्रत्यभिज्ञा न ऐक्यं वास्तवं गमयितुमलम्। -*IPV*, I, p. 115.
78. Vide Reflection.
79. Reflection. Cp. *IPK.* 2. 2.1.
क्रियासंबंधसामान्यद्रव्यदिक्कालबुद्धयः। सत्याः स्थैर्योपयोगाभ्यामेकानेकाश्रयाः मता।।
80. Reflection.
81. Reflection.
82. *Ibid.*
83. Śiva and Śiva category are two different concepts. Originally Śiva and Parama Śiva were not distinguished. In fact, the notion of Parama Śiva, standing for the absolute reality, come into vogue when Śiva was conceived as a category (*tattva/padārtha*) with particular emphasis on *prakāśa* aspect. Thus, *Śivatattva* is the first emanation in the categorial scheme of the system. But the way ultimate reality is conceived in Yogācāra as *Vijñāna,* it is akin to Śiva or Parama Śiva and not *Śivatatta.*
84. Reflection.
85. *Ibid.*
86. Cp. अर्थस्य स्वरूपं प्रकाशमानता प्रकाशाभिन्नत्वम्। -*IPV*, I, 203.
87. Cp. अर्थक्रियासामर्थ्यलक्षणत्वाद्वस्तुनः। -*Nyāya-bindu* 1. 15.
88. प्रत्यभिज्ञादशने हि विज्ञानवादवत् प्रकाशाभिन्ना आभासा एव गम्यन्ते। – *सौन्दर्यदर्शनमीमांसा,* G.C. Pande, Varanasi, 1995, p. 100.
89. Śiva is defined as *Śaktimān* (now who is possessed *Śakti*). *Śakti* here means *vimarśa* or its various formulations such as *visarga, kaulikī,* etc. *Śakti* also stands for its innumerable articulations. The cluster of five powers (*śakti-pañcaka*) is foremost among them, which is being discussed above.
90. See PLSB, pp. 329-330. Mark Abhinavagupta's definition of inference: अनुमानजा तु प्रतीतिः आभासान्तरात् कार्यरूपात् स्वभावरूपाद्वा आभासान्तरे प्रतिपत्तिः -*IPV*, II, p. 84.
91. Cp. नास्माभिरपोहशब्देन विधिरेव केवलोऽभिप्रेतः। नान्यव्यावृत्तिमात्रम्। किन्तु अन्यापोहविशिष्टो विधिः। -*Apohasiddhi,* ed. A.L. Thakur, Patna, 1957, pp. 59-64.
92. निषेधमानस्य हि अतद्रूपं विषयो, विधिभागस्य तु तद्रूपम्, विविध हि कल्पनं विधीयमाननिषिध्यमानतयेति विकल्पनम्। -*IPV*, KSTS, II, p. 281.
93. एवं यतो नीलप्रकाशः ततो 'नीलमिदम्' इति परामर्श इति एकरूपेऽपि हेतुफलभावः, यथोक्तं 'तद्वशात्तद्व्यवस्थानात्....।' Pra. Va 3.308 इति। किंच इह व्यापाररूपमेव फलं व्यापारश्च व्याप्रियमाणात् व्यापार्यमाणाद्धा अनन्याकार एव सिद्धः इति अभेदः प्रमाणफलयोः विमर्शवलेन च। -*IPV*, II, pp. 74-75.

94. "By restoring the historical resonances between Helārāja's text and the text of the two Buddhist philosophers, I hope to illuminate some of the more elliptical aspects of the *Prakīrṇaprakāśa* and perhaps account, in some measure, for the respect in which Dharmakirti, and not Dignāga, was held by the Kashmir Śaiva Schools to which both Helarāja and the great Abhinavagupta belonged."-*Bhartṛhari and the Buddhists*, Radhika Herzberger, Holland, 1986, p. 12.
95. प्रामाणिकोऽप्यार्यधर्मकीर्तिरार्यदिग्नागग्रन्थानुरोधात् तत्पक्षपातादेवम् अभिधत्ते, न पुनरस्य स्वरुचिरेषेति। -quoted, *ibid.*, p. 3.
96. *FIC*, p. 180.
97. अतएव च नित्यत्वम्। -*Brahma-sūtra* 1.3.29, cited by Pande, *ibid*.
98. सांकेतिक शक्ति के स्थान पर अभिव्यंजक शक्ति कहना परम्परा के अधिक अनुकूल और कम भ्रामक होगा। -*BPMS*, p. 95.
99. *FIC*, pp. 180-181.
100. केचित पारमेश्वरी विमर्शशक्तिमेव शब्दमूलं वदन्ति। –भक्तिदर्शनविमर्शः, G.C. Pande, Varanasi, 1991, p. 30.
101. वक्ति विश्वम् अभिलपति प्रत्यवमर्शेन इति च वाक् अतएव चिद्रूपतया स्वात्मविश्रान्तिवपुषा उदिता सदानस्तमिता नित्या अहमित्येव। *IPV*, I, pp. 193-194.
102. वचनं हि शब्दनं न वागिन्द्रियजन्यः शब्द इत्यर्थः। ....श्रुतिगोचरीकार्या या शब्दनक्रिया शब्दोत्थापिका क्रिया ब्रूते जल्पति वक्ति इत्येवं। -*IPV*, II, p. 275.
103. सर्वा प्रमेयेषु प्रतिपत्तिरपोह्याभासारोपनिषेधव्यापारान्तः कारिणी निश्चयप्रतीतिरूपत्वात्। -*ibid.*, p. 29.
104. तदयं वाचकस्वरूपाध्यास एव वाच्यत्वं तदध्यासश्च वाचकत्वमुत्थापयति। -*ibid.*, p. 267.
105. वाच्यं शब्दलक्षणं कर्म। निर्वर्त्यमर्थलक्षणं च प्राप्यं येषां, तथाविद्या अपि शब्दार्थाः शब्दक्रियाश्च उक्ताः। ....श्वेतगुणसत्ताशब्दाश्च प्रमातृभूमिपतिताः प्रमात्रा विमृश्यमाना विमर्शे लोलीभूताः पूर्वापरीभूतेन विमर्शरूपेण उपबृंहिताः श्वेतत–भवति–ब्रूते इत्यादिक्रियारूपभाजः। -*ibid.*, p. 278; also see *काश्मीर शिवाद्वयवाद की मूल अवधारणाएँ,* Navjivan Rastogi, Delhi, 2003, pp. 78ff.
106. आगमस्तु नाम आन्तरशब्दनरूपो दृढीयस्तविमर्शात्मा चित्स्वभावस्य ईश्वरस्य अंतरङ्ग एव व्यापारः प्रत्यक्षादेरपि जीवितकल्पः। *IPV*, II, pp. 84-85: also, आगमस्त्वपरिच्छिन्नप्रकाशात्मकमाहेश्वविमर्शपरमार्थः किं न पश्येत्। -*ibid.*, p. 213.
107. EFKS.
108. *Ibid*.
109. This citation by Pande from an anonymous source could not be traced to the *Tantrāloka* and other texts.
110. सत्तर्कः शुद्धविद्यैव सा चेच्छा परमेशितुः। -*T.A.* 4.34.
111. *BPMS*, p. 95.
112. *FIC*, p. 275.
113. *BPMS*, p. 118.

3

Some Salient Features of G.C. Pande

With Special Reference to Neo-integralism in the Context of Śūnyatā, Tattva and Ekaṁ Sat

G.C. Nayak

Prof. G.C. Pande, with his encyclopedic knowledge and versatility is a renowned scholar who is an eminent Indologist, Historian, and a Philosopher of repute – all in one. But I do not think that this is all that is there to Prof. Pande, possessing as he does a wonderfully multifaceted personality reflected in many ways in his scholarly works too of multidimensional nature. He and his works cannot, I am afraid, be treated with satisfaction by a mere discussion of his attainments and a critical analysis of his numerous works. There will always remain a feeling of inadequacy, of having left something out which is of great importance, as there is a depth in him which is inexhaustible and unfathomable, even if to all outward purposes, he is so very straight-forward and unassuming. There is a spiritual depth, to which both his personality and thought point and to which his works and even his daily life draw our attention – a depth, I must admit, that is beyond the scope of our limited understanding. An element of depth in feeling, therefore, is needed on one's part, if at all one is interested in understanding the man and his thoughts, in this particular case, along with one's intellectual acumen of course, if any. There is a definite call here to transcend the ordinary limits of our intellect, although intellectual approach in itself is never undermined or over-looked at any stage by Prof. Pande himself.

Could a mere evoking of an element of depth in feeling by itself be capable of giving us some additional knowledge ? I do not think so. But it appears to me that this can give us some insight into, and an empathetic understanding perhaps of, the man and his works, which would be otherwise denied to us if we were to concentrate only on an analysis on the intellectual plane. Hence at the outset, I make this plea deliberately so that at least some semblance of justice could be done to that transcendental aspect of Prof. G.C. Pande, which is very likely to be ignored or undermined on account of what I would consider to be our intellectualist bias.

Because of a unique combination of spiritual depth with great intellectual acumen confronting us here and because of the inexhaustibility of the multidimensional and multifarious aspects of the man, his works, and his thought, I have no other alternative but to concentrate here only on certain limited aspects for discussion. Such a choice, while limiting my scope quite evidently of course, is expected to give me a little foothold to go ahead.

What strikes me as the most significant feature of Pandeji's personality is his apparent indifference to honour, name and fame, etc. which are well known to be the last infirmity of the noble mind which is otherwise indifferent to all worldly enjoyments and prosperity. This makes him much more attractive and charming, from my point of view at least, for it makes him really extraordinary. In the Vaiṣṇava *śāstras*, a true Vaiṣṇava is supposed to be one who does not care for recognition, for whom *pratiṣṭha* is *śūkarī viṣṭha* and from this point of view, Pandeji can be regarded as a true Vaiṣṇava, of course. Only recently, however, I was somewhat astonished to find Garth Pearce[1] pointing out in one of his articles, how Al Pacino was "learning to live with fame at last" while Pacino himself admitted that he was "tired just about everything to escape from being burnt by fame" and that he had "never liked the recognition, the questions, the publicity". Sounding as it does to be so very genuine, I can only hope that it is not a sheer publicity stunt.

With due apology, and without meaning any comparison, I must say that I find at present Pandeji "learning to live with fame at last" – fame that has come to him uncalled for and is simply unavoidable, mainly because of his monumental works. The article of Garth Pearce, in any case I must admit, has given me *some* understanding (I may be wrong, of course) of the significance of Pandeji's evident humility (one would not be able to recognize him, I swear, in a crowd or even in a group of scholars, unless one is out to search for and find him). It is perhaps this variety of genuine humility that was regarded "as the most difficult of all virtues to achieve" by T.S. Eliot,[2] and the Vaiṣṇava tradition makes the most of this particular virtue in man, highlighted in the *Śikṣāṣṭakaṃ* as 'Tṛṇādapi sunīcena', etc. And this typical humility seems to be naturally in Pandeji's character; he is a great scholar no doubt, but his greatness as a scholar does not lie heavy on his shoulders.

Now coming to his contributions, we find that they are multifaceted and numerous; in any case, it would be of very little use, I think, if we start counting them, referring to his works one by one. I would rather concentrate here only on some points, and in order to understand the importance of Prof. Pande's contributions to these seminal ideas in Indian thought, I will be dealing first of all with the Buddhist anātma and *śūnyatā* and then consider if, at all, it can be integrated with the *Ātman* of Vedānta, at least on the experiential level – a significant point made by him promising to give a fresh direction in the field.

When we deal the *anātmavāda* or no-self doctrine of Buddhism, we need to be cautious, rather a little extra cautious, in our understanding of it as a form of nihilism. If there is no self, there will be simply an end to all our transactions (*jagadāndhya prasaṅgāt*, as it has been aptly pointed out by the Vedāntins), not to speak of philosophical transaction of any sort for that matter. It is therefore obvious that the Buddhist theory of *anātma* could not be a non-self theory in a crude sense nor should it be construed as such in any case. It is rather a denial of a permanent unchanging self-substance, over and above the five *skandhas*, at least in one of its characteristic aspects,[3] while the *vyāvahārika*, practical, view of and the ordinary transaction with, the self remains unaffected as usual. It is evident from the usage of *ātma dīpo bhava* (*attadīpa, attasarana*, etc.) in the early Buddhist literature available to us, in *Mahāparinbbāna sutta* for example, and also from the usage of *Ātmā hi ātmano nāthaḥ* in the *Dhammapada*. There is, however, no implication here of a permanent unchanging self or of a separate ego-entity, as is popularly understood.

Hume's observations on the nature of self easily and naturally comes prominently to one's mind in this connection, especially where Hume observes,

> For my part, when I enter most intimately into what I call myself, I always stumble on some particular perception or other, of heat or cold, light or shade, love or hatred, pain or pleasure. I never can catch myself at any time without a perception, and never can observe anything but the perception....I may venture to affirm of the rest of mankind, that they are nothing but a bundle or collection of different perceptions, which succeed each other with an inconceivable rapidity and are in a perpetual flux and movement.

> It has been stressed that, all the remaining Buddhist doctrines may, more or less, be found in other philosophic systems and religions, but the *anātta* doctrine has been clearly and unreservedly taught only by the Buddha. Whoever has not comprehended that in reality, there exists only this continually self-consuming process of arising and passing bodily and mental phenomena, and that there is no separate Ego-entity within or without this process, he will not be able to understand Buddhism.[4]

For a further sophisticated understanding of the no-self doctrine of Buddhism, we have to go deep into a proper assessment of the doctrine of *Pratītya samutpāda*, which constitutes the cornerstone of the entire Buddhist edifice, and in the light of which alone the Buddhist *anātma* would make sense. In view of the subsequent development of Buddhism into different schools with various ramifications, the same *anātma* of Buddhism has assumed different forms in different schools like *vijñānavāda* and *śūnyavāda*, where again concepts such as *ālayavijñāna*, *śūnya*, etc. have given rise to a lot of misinterpretations and misunderstandings. Nowhere, it is worth noting, there is an implication of a permanent unchanging self (*a kūtasthanitya ātman*, as it is regarded in Vedānta) in any of these schools,[5] while at the same time it will be a gross misunderstanding, rather sheer injustice, to label any of them as nihilism and to look for an absurd annihilation or denial of our practical life (*vyavahāra*) in any of them.

Prof. Pande, however, draws our attention to an important aspect which is easily ignored by those who make too much of Buddhist theory of impermanence. There are sayings of the Buddha himself, Pandeji points out to us, from which it becomes clear that,

> the Vijñāna or consciousness was not regarded simply as a particular and transient empirical phenomenon, but also as the

> original and pure conciousness which would be eternal and infinite on liberation. It is the empirical and finite Vijñāna that is impermanent, not the Vijñana in its original or ultimate condition. As the doctrine of Vijñānavāda developed, many varieties and tiers of Vijñāna were discovered.[6]

He points out further at another place that,

> *Vijñāptimātratā* is non-empirical, non-dual consciousness beyond the scope of particularities or conceptual thought, and since the *Vijñāptimātratā* is identified with *Tathatā* and the *Dharmakāya* it must be deemed timeless.[7]

This is noteworthy and revealing, and it only confirms the multidimensional aspects of the Buddha and Buddhavacana, as well as of the further developments of the same into different schools with multiple ramifications and staggering varieties. Hiriyana[8] was right in pointing out that within the fold of Buddhism itself, diverse philosophical schools had developed at different times. Pandeji has referred to a theory of pure consciousness within the Buddhist framework transcending the dualism of the subject and the object and also the phenomenal plurality. The *Tathāgatagarbha* is declared as *ādi-viśuddha, śāśvata, śiva, sarva sattva-dehāntargata* and *nirvikalpa-nirābhāsa,* which brings it very near to the *Ātman*/Brahman of the *Upaniṣads* and, as has been pointed out by Pandeji, "it is clearly reminiscent of *Ātmavāda*".[9] The *Lankāvatāra Sūtra* distinguishes it, of course, from the *Ātman* of the Tirthikas or non-Buddhists, as *Ātman* leads to eternalism, because of its clinging to affirmation; this is a typically Buddhist approach to the doctrine of *Ātman* (*Ātmavāda*).

Now coming to the *Śūnyavāda* or the Mādhyamika school of thought, it is important to bear in mind that here *śūnyatā* is identified with *pratītya samutpāda* itself, and consequently with essencelessness or *niḥsvabhāvatā*. For the Mādhyamikas, *śūnyatā* as *niḥsvabhāvatā* is the ultimate reality, just as *vijñāna* is the ultimate reality for the Vijñānavādins, and *śūnyatā* itself is regarded here as the *summumbonum,* the highest good or the *paramārtha. Pratītyasamutapāda*, taught by the Buddha, is described in negative terminology by Nāgārjuna as *anirodhamanutpādamanucchedamaś-āśvatam, anekārthamanānārthamanāgamamanirgamaṃ*. And this is the *tattva*, that is, the exact or the real nature of the case, according to him. *Pratītyasamutapāda,* which is the same as *śūnyatā*, being thus the *tattva* or the true significance of the concepts as also of the things, one cannot meaningfully talk of its origination, destruction, etc. And when this is reailzed, there is freedom from essentialist thought-construction and craving of the mind, and that is why *tattva* is said to be '*aparapratyayaṃ śāntaṃ prapancairaprapncitaṃ*' in Nāgārjuna's *Kārikā* under '*Ātmaparīkṣā*' *prakaraṇa.*

One important consequence of viewing *Pratītyasamutapāda* as a logical theory of interdependence (*parasparāpekṣā*) of concepts, as is done in Candrakīrti's *Prasannapadā*, is that it is identified with *śūnyata* which, in its turn, is identified with *niḥsvabhāvatā* (essencelessness) and also with the *Madhymāpratipad* (middle path), thus making the entire Buddhist thought appear as one systematic and harmonious whole with a central message of its own, which, to be precise enough, is not a message but a paradigm of philosophical activity. Buddhist *anātma* is to be understood in this light, at least in one of its most characteristic aspect of *śūnyatā* as *niḥsvabhāvatā* or essencelessness. Both *ātmā* and *anātma* are to be understood in terms of *Pratītyasamutapāda*, as referring to the essencelessness of these concepts, and that is why Nāgārjuna in his '*Ātmaparīkṣā*' *prakaraṇa* of *Mūla Madhyama Kārikā* (Chapter 18.6) clearly points out, "*Ātmetyapi prajñapitaṃ anātmetyapi deśitaṃ, Buddhairnātmā na cānātmā kaścidityapi deśitaṃ*". The Buddha's affirmation or denial of self, as the case may be, needs to be understood in different contexts as avoiding the extremes of metaphysical commitments and the dogmatic views of *śāśvatavāda* (eternalism) on the one hand and *ucchedavāda* (nihilism) on the other.[10]

The attainment of *paramārtha*, the *summum bonum*, in this specific sense only constitutes an important feature of *nirvāṇa*. It is only when one realizes the *śūnyatā* or essencelessness of the concepts and things, when one understands how concepts do not have any fixed immutable essence or *svabhāva* of their own, that one comes to realise *nirvāṇa* in the Mādhyamika framework, *nirvāṇa* that is characterized as *sarvakalpanā-kṣaya rūpa* and *prapancopaśama.*

What then are the various implications of this *nirvāṇa* which is free from all thought-constructions? Freedom from all sorts of metaphysical vagaries is the ideal set before us by the Mādhyamikas. One concept leads us to another, one idea leads to the other. But metaphysicians make an illegitimate use of, and a rigidly exclusive demand on, these concepts, thereby falling into the trap of confusion and inconsistency. Philosophical insight consists in evoiding these extreme metaphysical positions through an understanding of these concepts as *śūnya* or *niḥsvabhāva*. The philosopher, like a good shepherd, checks the metaphysical vagaries from taking the upper hand. The fact that all sorts of metaphysical speculations are to be consistently avoided is clear from the following statement of the Buddha – *'Astīti nāstīti ca kalpanāvatāmevaṃ carantāna na duḥkha śāmyati'*, i.e., those who speculate in terms of existence and non-existence will never realize the cessation of suffering. Prof. G.C. Pande has very rightly observed, "Buddha declared his position to be different from both eternalism and annihilationism."[11] Similarly, D.P. Chattopadhyaya also pointed out, "Both affirmation and denial of any position are two equally distorted ways of theorisation. Buddha's is not a theory, not a position."[12] Candrakīrti points to the contending metaphysical theories available in his time, e.g. those of Jaimini, Kaṇāda, Kapila, the Vaibhāṣikas, the Sautrāntikas and the Yogācāras, etc. which, according to him, are not conducive to the cessation of misery. This shows that freedom from contending metaphysical theories is one of the significant features of *nirvāṇa* or philosophical enlightenment here. But this is possible through a realization that there is no essence to hang upon or to cling to in our ordinary discourse which is merely conventionally useful.

Mādhyamika thinking presents a model of philosophical analysis resulting in an enlightenment regarding the nature of concepts as also of things as essenceless (*niḥsvabhāva*). It is neither nihilism nor is it absolutism, as popularly understood, and one who falls into the trap of any such 'ism' is incurable, according to Nāgārjuna. *"Śūnyatā sarvadṛṣṭinām proktā niḥsaraṇaṃ jinaih, Yēṣāṃ tu śūnyatā dṛṣṭistānasādhyān vabhāṣire"*, says Nāgārjuna very explicitly in one of his *Kārikās*. The difference with regard to such ontological commitments is at the root of all other differences between Vedānta and Mādhyamika Śūnyatā philosophy, and the corresponding differences between *nirvāṇa* and *mokṣa* too. However, the difference here is more at the conceptual level rather than being at any *tāttvika* level, according to Prof. Pande. There is no difference in the ultimate realization. The difference, wherever there is any, could be on account of contextual dissimilarities and differences in the historical background as well as development, on this view; little fundamental difference is expected to be confronted at the experiential plane. This is a significant contribution of Prof. Pande not only to Buddhism and Vedānta in particular, but Indian thought as a whole and to the world-culture in general.

The idea is developed fully in his later treatises like *Ekaṁ Sad Viprā Bahudhā Vadanti,* but has always been there as the main theme of his typically integral approach to the world of thought in general and Indian thought in particular. The fundamental reality being the same, the difference lies only in different ways of articulation by great teachers, necessitated by the demands of circumstances, according to Pandeji. *"Tattad yuga pravṛttibhedād upadeśyānāṃ vāsanābhedācca mahapuruṣadeśanā api bhejire nānātvaṃ". "Maulikāni tattvāni sarvatra tuetāni vikalpitāni rūdḥāni ca bhinnāni".*[13] This is not only the typically Indian way of looking at the reality, the fundamental experience, and the way any such experience is articulated, which has come down to us from the hoary past when the Ṛg Vedic seer declared from his experience that the one and the same reality is called by different names (*Ekaṁ Sad viprā bahudhā vadanti*) but has been more or less corroborated by the subsequent seers and scholars of different generation, barring a few exceptions of course. But even these exceptions have also been taken into the manifold by an integral approach which is so very characteristic of our cultural heritage. Prof. Pande's philosophical position, which I would regard as a typical variety of Neo-Integralism, is a veritably mature and a ripe fruit belonging to that heritage; it is *"nigama kalpatarorgalitaṃ phalaṃ"* so to say, if I may be permitted to take a line from the *Srīmad Bhāgavata,* that great text supposed to be the *akṛtrīma Bhāsya* (natural commentary) on the *Brahmasūtra.*

It is in this background that one can appreciate what Pandeji has to say about both Buddhism and Vedāntic tradition. He admits that "Brāhmaṇical authors have often failed to appreciate the true meaning of śūnyatā", but

> it is equally true that the Buddhists have in general not taken Ātman in that absolutist or idealistic sense which belongs to it in some Upaniṣadic texts, Gauḍapāda and Śaṅkara. The differences in this case relate not so much to the conception of ultimate reality as to the correct description of the phenomenal. It is in actuality more a controversy about the nature than the existence of the self.[14]

Pandeji with his deep insight further points out that the *Anātmavāda* developed mainly with the practical motive to "deal a death blow to the source of the deepest worldly attachment",[15] i.e., the reality of the Ego. It is the false idea of the ultimate reality of the Ego that is the cause of desire. Thus, it is that the realization of *nirātmya* or the insubstantiality of the Ego which leads to *vāsanākṣaya* or the destruction of *vāsanā*, as is pointed out by Dharmakīrti. Candrakīrti declares that the purpose of *śūnyatā* is emancipation from *Karma* and *Kleśa*.[16]

The middle doctrine beyond *Ātman* and *Anātman*, is, however, emphasized by the Mādhyamikas, which, according to Prof. Pande, is the correct interpretation of Buddha's silence. "The correct interpretation of the silence," according to him, "appears to be that Buddha regarded the true state of affairs as falling beyond word and thought. In ultimate reality distinctions disappear; hence prediction is impossible with respect to it."[17] Here Pandeji, as is expected, finds a parallel in the dialogue between Bādhva and Bāṣkali referred to by Śaṅkara in his commentary on *Brahmasūtra*, 3. 2. 17. This points to the typically integral approach of Pande to our tradition to which Vedānta and Buddhism both equally belong.

This is so very true and presents before us such an appropriate picture of the multifaceted Indian thought and culture. The integral approach seems to be inbuilt in the very structure of theorising here to such an extent that despite vehement criticisms advanced against each other, it is the same time candidly acknowledged that ultimately it is an exercise in search of the ultimate reality which really matters, not mere criticism of other's views or position. Here, one would be reminded of another serious philosopher-scholar of the recent days, Acarya Pattabhirama Sastri, who points out that even the Mīmāṁsakas had taken resort to this integral approach which needs to be highlighted in our search for the nature of reality that ultimately matters, even if we may be engaged in criticising the opposite stand-point from time to time in order to explain our position. He goes to the extent of pointing out that even if one position gets refuted by forceful logical arguments, it need not be assumed that position is wrong or the critic himself is an omniscient being. What is important, according to him, is what he calls *"Tattad dārśanika vastuttattva parijñāna"*, knowledge of the respective philosophical truths of different systems of philosophy, for which one should aspire, through an integrated approach (*samanvayātmaka pantha*).[18]

Pandeji is of the firm conviction that what divides two different philosophical traditions like Advaita and Mādhyamika is "the fact that they being to two different streams of spiritual culture appealing to historically revelatory tradition or Āgama" but "all such traditions are the historical variations of the one and eternal Revelation which must be universal in its superhuman essence".[19] This points to what I would regard as a typical form of Neo-Integralism in Prof. Pande's approach to reality as well as systems of thought. One may wonder if the concept of 'superhuman essence' would be applicable everywhere, for example the Mādhyamika *Śūnyatā* and the *Ātman* of Śaṅkara would equally point to some such 'superhuman essence'. In any case, at the innermost, the deepest, and the highest plane, all differences vanish, according to Prof. Pande. To quote his own words, "*Maulikāni tattvāni sarvatra tulyāni*". In that case, there would be no difference at the fundamental level, between the realization of *śūnyatā* and that of the Advaita *tattva,* except only on a verbal plane of course. *Śūnyatā* would in that case point to that *ekaṁ sat,* one ultimate reality, which is regarded as the non-dual *Ātman* in the Advaita framework. The *Ātman* in the context of Advaita is certainly not the empirical self or ego; it is beyond *jñātā-jñeya, pramātā-prameya,* dichotomy while being immanent everywhere and *śūnyatā* is not the same as void or a mere transcendent Absolute transcending our empirical world in which we live, move and have our being. (That is why Nāgārjunna pointed out that there is no distinction between *saṁsāra* and *nirvāṇa.*) In that case, *Ātman* and *Śūnyatā* may be seen to have little fundamental difference, in spite of the fact that belonging, as they do, to two different streams or traditions with their respective variations, one may smack of eternalism of some sort while the other tends to steer clear of the extremes of both eternalism (*śāśvatavāda*) and annihilationism (*uccheda vāda*). "Buddha," we are told by Pandeji, "did affirm a reality which is infinite, eternal and beyond thought and speech. It is this reality attainment of which constitutes the *summum bonum* of life and the end of *saṁsāra*".[20] This is highly illuminating as it is thought-provoking, standing in need of further corroboration through an understanding of one's own and a mutual understanding of each other's experience at the higher level. The ingenuity and rare insight with which Śaṅkara and Buddhism are brought together in the integral and all-encompassing vision of Prof. Pande are noteworthy, and once one gets acquainted with this vision, one cannot but be goaded to rethink and reorient his ideas, in order to see if something very important and significant has not been missing all the while in one's conceptual framework with a normal tendency to emphasize the difference between these two great systems and traditions of Indian thought. "For both Śaṅkara and Buddhism," says Prof. Pande,

> the emancipating vision of infinite reality is obscured by egoistic attachment. The Buddhists do not call this reality the self because they look upon the self as the egoistic principle. Śaṅkara calls it the self but divests it of all individuality and limitation. For both the end of journey is liberation from individuality and absorption in eternity through knowledge.[21]

Pandeji admits that "all the systems agree in seeking detachment from egoistic life," but at the same time points out that "it is only Śaṅkara and Buddhism who regard the very individuality of the empirical self as ultimately unreal".[22] It is because of this that Śaṅkara's *Ātmavāda* and Buddhist *Anātmavāda* are brought close to each other in his conceptual framework and their relationship, according to him, "can hardly be regarded as one of total opposition".[23]

It gives a fresh impetus to rethink Śaṅkara's philosophy and Buddhism with an integral vision instead of taking them as opposite systems of thought clashing with each other under the fixed labels of *Ātmavāda* and *Anātmavāda*, and this undoubtedly is an important contribution to our philosophic understanding. It seems to open for us a new vista also for further exploration into the exact nature and implication of what is known as Revelation.

This by itself points to the inexhaustive richness of human experience and of the numerous interpretations put on those very experiences. And this is what the concept of Bhūmā in the *Upaniṣads* stands for, *"Yo vai Bhūmā tat sukham, nālpesukhamasti"*, which is highlighted in Prof. Pande's typically integral approach to the different philosophical theories like *Ātmavāda, Anātmavāda, Vijñānavāda, Śūnyavāda*, etc. culminating in the ultimate realization of the *'Ekaṁ Sat'* of the Vedic seer. The problem no doubt is how to get to the ultimate without any interpretation whatsoever and whether the historical variations in traditions do not enter into the very structure of our experience,[24] even at the deepest level. At the level, however, where *'Ekaṁ Sat'* is realized, it is to be admitted that the human intellect with all its dissecting apparatus is already transcended with "the emancipating vision of infinite reality" in Prof. Pande's terminology. In the words of the *Upaniṣads*, *"Tamātmasthaṃ yēnupaśyanti dhīrā steṣām sukhaṃ śāśvataṃ netareṣāṃ."*[25]

The following observations of Prof. Pande are specially worth mentioning at the end and need our serious consideration, as they are very much characteristic of his neo-integral approach. "Different philosophical schools," says Pandeji,

> are different traditions of learning, interpretation and criticism, they have no strict connection with spiritual or revealed truth; or, rather, that they represent different logically possible interpretations. Attempts have been made to schematise them also, to see the deeper unity of transcendental reference in them. Buddha's *Upāya-kauśalya,* Jaina *Syādvāda,* Vedantic *prasthānabheda,* illustrate such attitudes. Gauḍapāda boldly cut across the difference of Vedānta and Mahāyāna.[26]

This approach is indeed a bold one, to say the least, in the history of intellectual as well as spiritual enterprises, an approach that certainly deserves to be explored further in depth.

NOTES AND REFERENCES

1. Cf. Garth Pearce, 'To Hell and Back', *The Sunday Times,* Oct. 20, 2002.
2. Cf. T.S. Eliot, *Selected Essays* (London, 1932, 1969), chapter on 'Shakespeare and the Stoicism of Seneca', p. 130, "Humility is the most difficult of all virtues to achieve, nothing dies harder than the desire to think/well of oneself." This could be the reason why Acarya Śaṅkara at the very outset of his *Ṣaṭbadī Stotram* prays for the eradication of conceit or *avinaya,* as he calls it.
3. Cf. *Millinda Panha – The Questions of King Millinda.*
4. Cf. Nyantiloka, *Buddhist Dictionary.*
5. Cf. T.R.V. Murti, *The Central Philosophy of Buddhism* (London, 1955), p. 26, "The entire development of Buddhist philosophy and religion is proof of the correctness of our nairātmya interpretation of Buddhism. There is no Buddhist school of thought which did not deny the ātman."
6. G.C. Pande, *Studies in Mahāyāna* (Sarnath, 1993), pp. 103-104.
7. G.C. Pande, *Life and Thought of Śaṅkarācārya* (Delhi, 1994), p. 267.
8. Cf. M. Hiriyana, *Outlines of Indian Philosophy* (Delhi, 1983), p. 198, "All the different shades of philosophical theory – realistic and idealistic – are found within Buddhism itself; and we have, so to speak, philosophy repeated twice over in India – once in the several Hindu systems and again in the different schools of Buddhism."
9. Pande, *Studies in Mahāyāna,* p. 105.
10. Cf. *Samādhirāja Sūtra,* 9.27, "*Astīti nāstīti ubhepi antā, śuddhi aśuddhīti imepīantā, tasmādubhe anta vivarjayitvā madhyepi sthānam na karoti paṇḍitaḥ.*" Also Cf. Nāgārjuna, *Mūla Madhyama Kārikā,* 15.10, "*Astīti sāśvatagraho nāstīyuceheda darśanaṃ, tasmādastitva nāstitve nāśtīyeta vicakānah*".
11. Cf. G.C. Pande, *Life and Thought of Śaṅkarācārya* (Delhi, 1994), p. 264.

12. D.P. Chattopadhyaya, *Knowledge, Freedom and Language* (Delhi, 1989), p. 271.
13. G.C. Pande, *Ekaṁ Sad Viprā Bahudhā Vadanti* (Varanasi, 1997), p. 40.
14. Cf. G.C. Pande, *Studies in the Origins of Buddhism* (Delhi, 1971), p. 500.
15. *Ibid.*, p. 503.
16. *Mādhyamika Kārikā Vṛiti* of Candrakīrti, "*Atha kim punaḥ śuñyatāyaṃ prayojanaṃ taduktameva ... Karmakeśaksaye mokṣaḥ*", as quoted in *Ibid.* p. 504.
17. Pande, *Ibid*, p. 505.
18. Cf. The Editorial Introduction in *Shabara Bhāṣya*, (ed.) Āchārya Pattabhirama Sastri 'Padmabhushan' (N. Delhi, 1984), p. 41 "*Sarvōpidārśanikaḥ svīyaparaṁparāprāpta panthānamāśritya gacchan paramatakhaṇḍanēpi vyāpṛto bhavati. Tadidaṃ khaṇḍanaṃ na bhedabuddhi jananāya kintu sva pratipādya viṣayagata prāsastya pratipādanāya iti nahi nindānyāyōvabodhayati. Pravalaistarkaiḥ pramānaiśca khaṇḍane kṛtēpi taddar śanam khaṇḍitamiti na pariganyate. Ataḥ khaṇḍane matiṃ parityajya tattad dārśanikavastutattvaparijñane yatitavyaṃ mānavaiḥ sudhibhiḥ. Vādavivādagoṣṭhyāṃ vāvadūkena kenacana anyasmin parajitēpi na tena darśanasya nyūnatā siddyati, nāpi svasya sarvajñatvaṃ sādhitam bhavati. Ayameva samanvayātmakaḥ panthā mīmāṁsakairāsritaḥ*".
19. Pande, *Studies in Mahāyāna*, p. 160.
20. G.C. Pande, *Life and Thought of Śaṅkarācārya* (Delhi, 1994), p. 264.
21. *Ibid.*
22. *Ibid.*
23. *Ibid.*, p. 265.
24. Cf. J.N. Mohanty, *Essays on Indian Philosophy, Tradition and Modern* (Oxford University Press, 1993), p. 2, "In the texture of philosophy, as in the texture of all experience, the historical and the supra-historical are inextricably woven together."
25. *Śvetāśvatara Upaniṣad*. 6. 12.
26. Prof. G.C. Pande, *Studies in Mahāyāna* (Sarnath, 1993), p. 161. It is interesting to note, how Pandeji refers in this context to Dara Shikoh who "discovered a basic unity behind technicalities and convention in Hinduism and Islam", and also to Ramakrishna Paramahamsa who "Personally attested to the truth of the systems of worship in different religions".

4

Jaina Ethics as Enunciated by Prof. Pande

Mukul Raj Mehta

Prof. G.C. Pande has written on almost all Indian philosophical schools. Jainism, being an important part of Indian history, culture and philosophy, has also attracted Prof. G.C. Pande's attention. His first work related to Jainism appeared in April 1963 in the form of an article titled "The Life of the Upper Classes in the Earliest Jain Literature". It was published by Rajasthan Jain Sabha in *Mahavir Jayanti Smarika*, which was edited by Pt. Chain Sukhdas Nyayatirth. Prof. Pande noted that the earliest Jainist texts are so exclusively occupied with the life of the ascetic that it is impossible to glean from them any considerable information regarding secular culture. There is also the additional difficulty that information about secular society is larger in those parts of the canon which abound in myths and legends of a very uncertain chronological position.

Consequently, to build a composite picture of society by utilizing all the information scattered in the Jainist canon[1] would hardly be feasible; it may give us a picture that would not be true of any particular time or place. It must be remembered that the Jainist canon took its present shape in the period from *c*. 300 BC to the fifth century AD, a period of much political, and hence probably of much social change.[2]

A lecture on "Role of the Idea of Kriyavada in Jain Logic" was delivered by Prof. Pande in the Rajasthan University in 1974. Prof. Pande also delivered two lectures on Jainism, which were held under the auspices of Shri Raj Krishen Jain Memorial Lectures Committee, University of Delhi, on 3rd and 4th February 1977. The lectures entitled "Jain Ethical Tradition and its Relevance" and "The Jain Conception of Knowledge and Reality and its Relevance to Scientific Thought" were well attended and highly appreciated.[3] These lectures were published by the University of Delhi in 1977 in a book form entitled *R.K. Jain Memorial Lectures on Jainism*, which is a rare book nowadays.

In the same month and same year (i.e., February 1977), Prof. Pande delivered three lectures in the L.D. lecture series at L.D. Institute of Indology, Ahmedabad. These lectures were published by the institute in 1978 in a book form entitled *Sramana Tradition: Its History and Contribution to Indian Culture*. The first lecture deals with the *Sramanic* outlook on life and its impact on Vedic thought as developed in the Upaniṣads. The second lecture brings out clearly the salient features of moral and social outlook of *Sramanism*. The learned scholar maintains that the Dharma which Aśoka sought to preach in his edicts represents the quintessence of the *Sramanic* ethos of ordinary life. He concludes the lecture by declaring that *Sramanism* constitutes a system of universal, rational and ethical religion which is wholly non-sectarian, as applicable and relevant today as it was 2500 years ago. The third lecture is devoted to the *Sramanic* critique of Brahmanism. The author acquaints us with the rational *Sramanic* criticism of casteism, validity of the Vedas and idea of God. His concluding words are memorable. He says:

> Sramanic atheism is not a variety of irreligion. It faces the evil and suffering of life squarely and attributes it to human failings than to the mysterious design of an unknown being. It stresses the inexorableness of the moral law. No prayers and worship are of any avail against the force of karman. It emphasises self reliance in the quest of salvation. Man needs to improve himself by a patient training of the will and the purification of feelings. Such purification leads to an inward illumination of which the power is innate in the soul or mind. This is quite different from the Vedic view where illumination comes from outside, either from an eternally revealed word or from the grace of God.

His introduction to the three lectures is thought-provoking and illuminating. There he brings out the distinction between culture and civilization, and shows how they are inextricably intertwined in the historical process. And, he lucidly brings out the origin, development and dialectical interweaving of the two attitudes of *Pravṛtti* and *Nivṛtti* in Indian culture.[4]

Prof. Pande discusses the form of culture and says that while culture as the spiritual search for values must be distinguished from the search for social security and power, it cannot be denied that the two are inextricably intertwined in the historical process. Spiritual symbolism and emphasis tend to vary according to the mood of the age and civilizations. While the long history of Indian culture and civilization stretching back to proto-historic times shows a remarkable continuity, it is nevertheless true that it has passed through many phases and cycles, interacting with civilizational vicissitudes and to new influences and challenges presented from outside or arising dialectically from within. In particular one can discern in the course of Indian history a dialectical interweaving of two types of spiritual attitudes which are apparently contradictory. In later times, these were called *Pravṛtti-dharma* and *Nivṛtti-dharma.* Classical Brahmanical tradition as well as the common run of modern historians tend to attribute both the spiritual outlooks to the Vedic tradition. Classical tradition attributes the *Pravṛtti-dharma* to the ritualistic side of Vedic religion and the *Nvṛtti-dharma* to the gnostic side of the same tradition, to *Jnana-kanda* as apposed to *Karma-kanda.* Modern scholars like Jacobi and Oldenberg basically accept this thesis and attribute the gnostic and ascetic traditions of Indian spirituality to a reformist school within the Vedic tradition evidenced by the Upaniṣadic literature as also by the *Dharmasutras*. Buddhist and Jaina ascetics are then believed to continue this reformist and anti-ritualistic trend. Against this there has been a hypothesis which attributes these two streams to other sources. Some scholars had attributed them to different ethnic traditions, Aryan and non-Aryan, the ascetic tradition being attributed to the latter. Some other scholars attribute the rise of the ascetic movements to the social changes implicit in the break-up of tribal society, rise of classes and castes and the various changes ushered in by the Second Urban Revolution. There is still another view which attributes the great ascetic movements to an ancient tradition independent of the Vedic Aryan tradition.

Regarding distinction between *Pravṛtti* and *Nivṛtti,* Prof. Pande says that whatever may be the origin of the distinction between *Pravṛtti* and *Nivṛtti,* there can hardly be any doubt that this distinction itself is of vital importance in the understanding of Indian culture. If Indian civilization is 'composite' in the sense that many ethnic and cultural communities have contributed to its development, Indian culture continues as an original tradition developing by its own inner dialectic. While no culture can afford to be composite or synthetic without being spurious, no civilization can grow without constantly absorbing the results of scientific, technological and economic developments occurring elsewhere. Civilization is essentially a matter of means and exchanges between societies at that level. Thus, like race 'no civilization' is, or can afford to be, pure or unalloyed except at the pain of being stagnant. The very first civilization which arose in India was already the product of far-flung exchanges.

There is hardly any doubt that earlier Near Eastern civilizations played a part in its growth, and yet the characteristic Indianness of the civilization is equally indubitable.

> It has a particular character which differentiates it from other civilizations of ancient world, and in this particularity one can trace the roots of some of later Indian civilization. The Harappan civilization is unity made cohesive by a common theme, an ethos universally understood.

> This inner ethos which gives unity, vitality and character to the civilization, may be described as its cultural or spiritual core. Civilization is the repertoire of means whereby a society adjusts itself to its external environment in the search of security and higher material standards. The structure of means, however, as an operative and controlling fact of social life is not wholly value-neutral and is in this sense not wholly separable from the cultural ethos or style of the civilization. The interplay of continuing inner spirituality with a ready responsiveness in civilizational contacts has given to Indian history a distinctive pattern: the diffusion and acceptance of new ideas and techniques from outside but with an apparent slowness of pace and an integration which changes their style so that we can recognize them as fully subcontinental whatever their origin.

While discussing *Pravṛtti* and *Nivṛtti* of Indian culture, Prof. Pande says that the Harappan civilization already gives evidence of both the moments of Indian culture. In the worship of the Great Mother, one can discern the worship of the creative principle, of Mother Earth, of Nature in its ferility. All over the ancient Near East as well as in the later Tantric tradition, the worship of the Mother belonged to the religion of *Pravṛtti.* At the same time the worship of

Pasupati seated in the midst of wild and tamed beasts clearly reminds one of the Yogic tradition of *Nivṛtti.* Other evidence of Yoga may also be discerned from the Harappan civilization. It would not thus be correct to think of *Pravṛtti* and *Nivṛtti* as belonging to different ethnic and historic strata. Mountain caves and forest hermitages have been as much a part of the Indian cultural scene as hamlets, villages and towns. Nevertheless, it cannot be gainsaid that early Vedic literature is clearly marked by the belief that divinity is, above all, creativity. Nature is indwelt by divine power and man is surrounded by it in diverse forms. Man must act and live rightly in accordance with *Rta* and hope to win the grace of gods. While life after death is shadowy, life is a blessing when the gods are favourable. The Vedic seers felt the aspects of Nature to be sweet and described the world to be the best of all possible worlds: *Madhu vata rtayate madhu ksaranti sindhavah, Visvamidam varistham.* Man owes sacrificial worship to them. The creator instituted the sacrifice at the same time as he created beings. The sacrifice was to be the means of obtaining all good. The sacrifice was to be the perpetual link between men and gods, men fulfilling their obligation and gods responding graciously. *Sahayajnah prajah srstva purovaca prajapathih anena prasavisyadhvam esa vostvistakamadhuk... Devanbhavayatanena to deva bgavayantu vah.*

Further, Prof. Pande says that when the Upaniṣads refined the idea of Brahman, they did not abandon the idea of the reality or of creation. Brahma was, in fact, defined as the creator – *Tato va imani bhutani jayante. Sa aiksata aliksata bahu syam prajayeya.* The *Brahmasutra* in systematizing the Upanisadic ideas, thus, define *Brahman* as *Janmadyasya yatah.* Although the later Advaitic tradition interprets this as the *tatastha-laksana* of *Brahman,* there can be no doubt that the obvious meaning represents the original tradition. Since the universe is the genuine manifestation of the highest spiritual reality, *Ananda* or *bliss* is the deepest feature of experience – *kohyevanyat kah pranyat yadesa akasa anando na syat. Anandaddhyeva khalvimani bhutani jayante.* It is true that perpetual vision of the truth is covered by a veil of untruth and men are harassed by false desires. What they need is the knowledge of what they really are. The knowledge of Truth will make men the heirs of eternal bliss. Life and nature are not basically evil or painful. They are the expressions of the inherent bliss of spiritual reality. Early Vedic *Devavada* as well as the later Vedic *Brahmavada,* both have a distinctly positive attitude towards life, activistic and optimistic.

According to Prof. Pande, as against this positive outlook of Vedic tradition, one notices the powerful current of *Nivṛtti* which was popularized by Buddhism and Jainism and which was in course of time accepted by the Brahmanical tradition. The *Dharmasutras* and *Smritis* included the renunciation within the Vedic scheme of life as the fourth *Asrama.* The second *Asrama* continued to be held as the most important, since on it depended the performance of Vedic religious duties as also the continuance of the social tradition. The challenge of the *Nivṛtti dharma* led to a transformation of the Vedic tradition through a new synthesis. The ubiquity of suffering was recognized and it was traced to the desire for transitory things arisings from the ignorance of spiritual reality. Reality is eternal and blissful while the hallmark of ignorance is suffering. Positive and negative attitudes in spirituality are thus combined by the distinction of reality from appearance. We must shun the illusions of egoistic life appearance and strive for the bliss of spiritual life. Meanwhile, so long as the veils of illusion have not been destroyed, and we must not neglect the duties of social and religious life. The *Gita*, indeed, held that duties must be not be abandoned at all. With this synthesis Manu could say that *Vaidike karma-yoge tu sarvany etany asesatah antarbhavanti kramasah tasmin tasmin kriyavidhau.*

This interactive synthesis was, however, not confined simply to the Vedic tradition; it affected the Buddhist, Jaina and other traditions of ascetic and other worldly spirituality. They developed elaborate forms of monastic life where educational, literary and artistic activities found ample scope. Not merely this, these ascetic sects had to create adequate attraction for the laity. They had to develop large systems of plastic and ritual symbols. Images, temples and monastaries, Puranic myths and legends, devotional cults with holy names and mystic charms became the common repertoire of all sects, orthodox and heterodox.[5]

Prof. Pande in his lecture entitled "*Sramanism* as a weltanschauung and its relationship to the Vedic tradition" says that *Sramana* sects did not believe in the authority of the Vedas, nor did they believe in the existence of God in the sense of a personal creator or determiner of destiny. For this reason *Sramana* philosophies were described in later times as *Nastika* or *Nihilist.* Originally, however, *Nastika* could properly apply only to the materialists. In a well known *sutra* Panini says, *"Astinastidistam maith".* As Patanjali explains, the words *Astika, Nastika* and *Daistika* should be understood to mean 'one who believes that it exists', 'one who believes that is does not exist', and 'one who believes that it is fated' respectively. *Pradipa* and *Kasika* both explain that the issue here is the existence of the other world or life after death. *Paralokostiti matir yasya sa astikah tadviparito nastikah.* Although the *Mahabhasya* and the *Kasika* analyze the world *Astika*, etc. differently, the net result is the same. The *Padamanjari* identifies *Nastika* with *Laukayatika. Dista* has been explained as *daiva* or fate and *Daistika* thus becomes a fatalist such as the founder of the *Ajivikas,* Maskari Gosala was. Panini has the *sutra "Maskara-maskarinau venuparivrajakayoh"*. The *Kasika* following the *Mahabhasya* explains, *Makaranasilo maskar, karmapavaditvat parivrajaka ucyata/sa tv evam aha ma kuruta karmani santir vah sreyasi iti. Maskari* denotes a wandering ascetic who denies the freedom of action or will and declares that one should not engage in actions since quiescence constitutes the greater good. The denial of free will or action did not, however, mean the denial of the power of *Karman* as the determinant of destiny. Since the belief in the other world also rested on belief in *Karman,* it follows that the real issue on which the *Astikas, Natikas* and *Daistikas* were divided was the issue of *Karman.* The doctrine of *Karman* constituted the essential doctrine of the *Sramanas* and its impact created an unprecedented ferment in the thought-world of the sixth century BC in India.[6]

In his other lecture entitled "Moral and Social Outlook of *Sramanism,*" Prof. Pande says that the Buddhists and the Jainas condemmed *Akriyavada* as being morally subversive in its consequence. The *Ayaramga* defines the *Nigganth*a as *Kiriyavayi.* The *Suyagadamga,* criticizing the rival doctrines of *Akriyavada, Vinayavada* and *Ajnanavada,* explains "misery is produced by one's own works, not by those of somebody else, but right knowledge and conduct lead to liberation". *Silanka* explains that action becomes sufficient for liberation only when it is combined with knowledge. The wise man avoids injury to living beings and restrain their actions. Only he "who knows the influx of sin and its stoppage; who knows misery and its annihilation is entitled to expound the *Kriyavada*". This doctrine is criticized by the Buddhists who said – *"abhavva ditthisampanno puggalo sayamkatam sukhadukkham paccagantum abhavvo ditthisampanno puggalo paramkatam sukhadukkham paccagantum"*. Prof. Barua has shown on the basis of the *Devadatta suttanta* of the *Majjhima* that the Buddhist view differed from the Nigantha view in as much as the latter held that a man's experiences depend not only on his present actions but also on circumstances determined by fate on the basis of his past life. However, one must remember that there are Buddhist canonical texts which place other factors by the side of *Karman* and also that the role of past deed is certainly acceptable to the Buddhist. The *Jatakas* popularly illustrate this. The real difference between the Jaina and Buddhist views of *Karman* must be formulated in terms of the character of the dialectic accepted by them rather than simply in terms of the fact that Mahavira accepted a dialectical point of view. The Buddhist dialectic seeks a 'middle way' between *Asti* and *Nasti* by rejecting the exclusive claims of each. The Jaina dialectic is positive and synthetic. It holds that *Karman* may be looked upon from different points of view since the soul is identical as *dravya* but different as *paryana*. Hence, *Karman* may be described as belonging to the agent as well as not belonging to it. The two alternatives are here sought to be combined into a more flexible point of view. The Jainas seek to reach the state of the purity of the soul, the Buddhists to renounce the very notion of the soul. But both believe in the efficacy of action and the reality of moral responsibility.

The Buddhist theory of ethics rests on a psychological as well as an axiological theory. Buddhist psychology is analytical – *vibhajyavada*. It explains psychological phenomena by regarding them as composed of various combinations of 'atomic' factors and processes. Of these factors, *cetana* or will is one and it is influenced by right or wrong motives called *Kusala* or *Akusala hetus*. The wrong motives are desire, aversion and insensibility or ignorance (*moha*); the right motive itself depends on the previous habits as well as the state of spiritual enlightenment of the subject. Right action, thus, depends on the cultivation of a spiritually enlightened point of view on life, the assiduous cultivation of good habits and immediately, on action under the impulse of higher emotions. The Buddhist theory of value considers inward peace of greater value than sensuous enjoyments which being ephemeral quickly turn into their own opposites. Desire is a snare, which promises happiness but only brings unhappiness and bondage. Desire rests on the mistaken belief in the permanence of things and selves, a mistake under which men seek to recapture and ensure fleeting pleasures in the future. Imagination under this mistaken belief is the foremost instrument of human bondage. It is the wind which pushes the sails of desires. So the Buddha is said to have exclaimed: *'kama janami te mulam/samkalpat kila jayase'* "Desire, I know your origin. You arise from imagination." The Buddhist morality, thus, is essentially a spiritual morality which seeks eternal peace and quiescence and countenances action only as occasions for the cultivation of purer feelings which would liberate man from his own egoism and extroversion.

The Jainas define *Vrata* as *Virati* or desisting from violence, falsehood, theft, sex and possession. *"Himsanrtasteyabrahmacarya parigrahebhyo viratirvratam."* It is a rule deliberately adopted (*adhisandhikrto niyamah*). The adoption of such rule is distinct from *Samvara* but is a preparation for it. If the application of these rules is unlimited, they are called *Mahavratas.* Otherwise, they form the *Anuvratas.* Five *bhavanas* have been prescribed for each of the five *Vratas* so that they could be stabilized. For making the *Ahimsa-vrata* firm, one must exercise care in speech and thought, in walking and other movements, in accepting and placing things and in inspecting food and drink before taking them. For practising truth, one must abandon anger, greed, fear and ridicule, and at the same time avoid speaking contrarily. For practising the avoidance of theft, one should dwell in lonely or abandoned places, not obstruct others, take only pure alms and cease disputing proprietory rights with one's companions. For chastity one should abandon attending to tales of passion or to feminine beauty, nor should one recall previous love or partake of aphrodisiacs or tasty food nor should one decorate oneself. For non-possessiveness, one should cultivate equanimity towards the pleasant and the unpleasant objects of the five senses. Apart from these particular *bhavanas,* one should meditate on the fact that violence, etc. are in reality of the nature of suffering. Just as they cause suffering to oneself, they cause suffering to another. It is worth noting that this way of explaining why violence, etc. are of nature of suffering, is different from the Buddhist approach which insists on describing everything as suffering which undergoes change and is impermanent.

Prof. Pande says that it is the corpus of monastic rules which seeks to give a concrete form and shape to the ideal of asceticism. These rules which regulated the food, drink, clothes, dwelling, begging of alms and religious practice of the monks, varied from sect to sect. The *Ajivaka* monks, as already mentioned, adopted complete nudity and were called *acelakas.* They did not carry any begging bowl and ate directly from the hand and were for this reason called *hatthapalekhanas.* They were permitted the use of cold water, unboiled seeds and specially prepared food. They practised extreme mortification and finally committed suicide by not drinking water. The Niganthas have been described as nude, or having few clothes or having one piece of cloth (*ekasataka*). It is generally believed that nudity was not pracised by all the Niganthas. Removal of hair from the roots was one of the distinguishing features of the Nigantha community. Whatever clothes were used, they were not allowed to be washed or dyed in any case. Apart from the clothes or *vattha,* the *Ayaramga* permits the Jaina monk the use of a bowl or *paya*, a blanket or *kambala* and a cloth for dusting the feet, *payapunchana*. The blanket was permitted as a covering against cold or during sleep. The *payapunchana* or *rajoharana* was a kind of broom with bristles. A piece of cloth for being tied over the mouth and nose was permitted just as the use of a stick was also permitted. For use as a bed, grass, stone or a wooden plank could be used. The monk could also borrow a bedding or matting from the householder but was expected to return it back – "*padihariyam pidha-phalaga-sejja-santharagam*". On the subject of begging for alms, numerous restrictions existed. Umbrellas and shoes were not allowed for the Jaina monks.

Prof. Pande says that the position of the Buddhist monks was much more favourable. In the beginning, perhaps, the monks were merely allowed the Four Nisrayas. The 'four *Nisrayas*' were (a) food obtained in the alms, (b) robes made out of rags, (c) dwelling under the tree, and (d) cow's urine as medicine. Gradually with each one of these were permitted extra acquisitions or *atirekalabhas*. The monk was allowed to have three pieces of clothes – *antarvasaka, sanghati* and *uttarasanga,* a girdle for the loins, an alms-bowl, a razor, a needle and a water-strainer. He could use a variety of materials for his clothes such as cotton or wool. Although the monks were not allowed to eat after midday, they could accept invitation from householders. As medicine they could use butter, oil, honey or ghee. Several types of dwellings were also permitted to them. In the beginning, the ideal of the Buddhist monks was also hermetical but gradually, with the growth of lay patronage, an increasing monasticism was the result. The practice of the rain retreat aided this process.

Thus both the Jainas and the Buddhists, thanks to lay patronage, came to live in monasteries where they formed a new society standing over and against the mad rush of the world moved by desire and fears. These monasteries became in course of time noble monuments of art and architecture, places of pilgrimage and centres of education and learning. Beginning with the isolation of the monk from society, the movement ultimately placed him in the midst of a new society.

Further, Prof. Pande says that all the *Sramana* sects were organized under a leader as a *gana*. The leader – *gani, satha* – directed the followers in their conduct and instructed them in doctrine and also appointed his own successor. The Buddha made a great departure in this respect. He organized the *Sangha* as an impersonal, democratically organized body and instead of nominating a successor declared that the *Dharma* itself should govern the *Sangha*. The entry to the *Sangha* was governed by *Pravrajya* which made the novice a *Sramana* when he received the *Upasampada* or confirmation. The novice to be ordained was required to fulfil the conditions of eligibility such as being at least fifteen years old, having the permission of the parents and having the requisite articles like the alms bowl, the three robes, etc. He was ordained by the *Trisarana* formula and placed under an *Upadhyaya* or *Acarya*. The relationship between the *Acarya* and the *Antevasika* or *Saddhaviharika* was patterned on that of the Brahmanical school and this state of pupilage or training itself was called *Brahmacarya*. The monks in each locality met periodically to recite the *Pratimoksa* and confess any transgression of which they might be guilty. Such assemblies were called *Uposatha*, a custom widely prevalent among the *Sramana* sects. The rain-retreat or *Varsavasa* was another common custom.

Among Buddhists the *Varsavasa* ended with the ceremony of the distribution of robes or *Kathina* and a general confessional called *Pravarana*. In course of time, the Buddhist monks were allowed the use of a variety of goods in the monasteries. They were thus permitted robes (*pavara*), blankets (*kambala*), bathing clothes (*udaka-satika*), towels and bags (*Parikkha-racolaka*). They were permitted to accept not only inviation from the laity but also a wide variety of alms. They could use medicines also. Beginning with the meagre four *Nisrayas*, Buddhist monasteries developed into elaborate setups which had considerable property and several officials.[7]

In his third lecture, "Sramanic Critique of Brahmanism," Prof. Pande says that the *Sramanic* opposition of the idea of God as creator arises essentially from their belief in the autonomy and centrality of the doctrine of *Karman*. That there is some order and structure in the world and some purposiveness in the adaptation of life to environment does not need to be questioned. It may prove that the organization and happenings in the world have some relation to mental purposes and volition but it does not prove that a single, perfect and eternal mind is the cause of such partial order. In face, if we see structures like a city, we have to conclude that they owe their origin not to one but to many and fallible minds. There are even accidental structures.

At best we can only be justified in thinking of the working of human minds, directly or through the unseen force of *Karman,* to understand whatever order we do find in the world. In the Vedic tradition, the universe is the expression of a personal will. In the *Sramanic* tradition it is determined by an impersonal natural law. This view is distinguished from simple naturalism by its belief that the moral law is not merely a human idea but a causally operative law in nature.

Sramanic atheism is not a variety of irreligions but of religion. It faces the evil and suffering of life squarely and attributes it to human failings rather than to the mysterious design of an unknown being. It stresses the inexorableness of the moral law. No prayers and worship are of any avail against the force of *Karman.* It emphasizes self-reliance in the quest for salvation. Man needs to improve himself by a patient training of the will and the purification of feelings. Such purification leads to an inward illumination of which the power is innate in the soul or the mind. This is quite different from the Vedic view where illumination comes from outside, either from an eternally revealed word or from the grace of God. *Sramanism* represents a sterner variety of religion where the consolidation of a personal God is replaced by the guidance of a spiritual teacher which must be practised by the individual himself on the basis of his own resources.[8]

On the invitation by Prakrit Bharati Sansthan, Prof. Pande delivered six lectures in the Centre for Jaina Studies, University of Rajasthan, Jaipur, in 1984. These lectures covered the following topics: 1. The Vedic Hierarchical Theory and Jaina Critique, 2. Political Ideas and the Ethos, 3. The Jaina Puranic Tradition, 4. The Tradition of Niti, 5. The Jaina Niti Tradition: Hemachandra, and 6. Concluding Reflections. These lectures were published in a book form entitled *Jaina Political Thought* from Prakrit Bharati Sansthan and Centre for Jaina Studies jointly in 1984. This book of rare merit was well appreciated by scholars. Regarding his approach Prof. Pande says that,

> By Jaina political thought I mean political thought consistent with the basic principal of Jaina religion and philosophy. The

> political ideas expressed in avowedly political works by Jaina authors claim to belong to this category but do not exhaust it. Reflection on political reality and ideals in the light of the Jaina tradition indeed constitutes and inexhaustible vein because it includes within itself creative possibilities.
>
> It may be objected that my definition of Jaina political thought is too wide. A good ideal of political thought being purely secular and technical would be consistent with Jainism or for that matter with that of any religion.[9]

Here I would mention some thoughts of Prof. G.C. Pande regarding Jainism on the basis of his comprehensive article entitled "The Jaina Ethical Tradition and Relievance". The origin of the Jaina tradition has been generally attributed in critical scholarship to a reforming or protestant movement from within the earliest Vedic tradition. He had argued nearly 55 years ago (at the age of 24) that we ought to accept the existence of an ascetic tradition in India prior to the sixth century BC, a tradition which was contemporary but independent of the Vedic tradition.[10] Since then several scholars have tended to identify this hypothetical non-Vedic ascetic tradition with the Jaina tradition prior to Mahavira and Parsava.[11] The resultant is only a reaffirmation of Jaina traditional views under the aegis of supposedly historical scholarship. Prof. Pande says:

> Personally I would like to sound a note of caution from the point of view of critical history. I have no doubt that the Jaina tradition goes beyond Parsva but how far and in what shape, remains wholly speculative. Vedic texts do refer to ascetics who appear to have been different from the usual seers and sages but we cannot identify them furhter. The important thing to note in this context is that the Vedic tradition accepted asceticism only gradually and with some reluctance.

Prof. Pande says that it is thus fair to assume that while the older Vedic tradition emphasized the values of social obligations and their fulfilment, through ritual and sacrament, preparing man for wisdom ultimately, there existed by its side another tradition, less known and fugitive, the tradition of *Sramanism* which was characterized by its doctrine of *Samsara* and its attendant attitudes of pessimism and mendicancy. Now, an analysis of the earliest portion of the Jaina canon reveals that *Sramanism* thus characterized could well summarize the original Nigantha doctrine. In this sense, it would be correct to say that the Jaina tradition gives us the earliest and most authentic version of an ancient *Sramanic* stream of thought which can be distinguished from the well known orthodox Vedic tradition. How challenging the situation was, we must seek to realize through an effort of the imagination in view of the habit acquired by our later experience of treating such contradiction as part of a syncretic harmony where the orthodox and the heterodox, Vedic and non-Vedic tradition cooperate as elements of a larger and catholic Indian tradition. Theory and practice of Jaina ethics would be intelligible unless it is placed in this socio-historical milieu. The Niganthas challenged the obsoleteness of social obligations, relating them to the lower, egotistical nature and passions of man. Against these social obligations they placed the obligation of man to follow his own spiritual nature.

The Jainas, however, strongly held that action has reality and relative freedom and that it needs to be regulated by principle which can be discovered through spiritual intuition and through the tradition of wisdom in which such intuition has found expression.

Regarding the analysis of action, Prof. Pande believes that the Jaina view is said to be the affirmation of the soul, affirmation of action, affirmation of the world.[12] Action or *Kriya* has its source in the innate spontaneity or power (*virya*) of the soul. This purely spiritual power of the soul provides the appreciative focus (*upayoga*) to the mental activity which includes diverse conative states and impulses and their resultant disposition and effects. Mental activity in turn induces physical motion and the result is the inflow of material particles, in particular, of the infinite and ubiquitous subtle particles of *Karman* which contact the soul and cover up its parts in diverse ways.[13] This is the process of Yoga and Bandha.[14] From the innate freedom of the spiritual will to its getting helplessly caught in the meshes of *Karman*, this is the process of action which generates *Samsara*. Right conduct is the reversal of this process, leading from bondage to freedom. It follows, thus, that action is a real complex of spiritual, psychological and physical elements with a variable degree of freedom so that the complex may be tending towards its erosion or enhancement.[15] As long as the soul forgets its true nature and follows the directive of desires and passion, it moves downwards and outwards into the vortex of matter and into greater ignorance, bondage and suffering. At every level, action remains the expression of the soul's energy and its power to cause a real change (*parinama*) to itself and its environments.[16] When the soul acts through a passion-tainted mind, it gets involved in the obstructive accumulations of matter but it can start shedding this burden and move inwards and upwards.

Action is conceived as twofold, as motion *Parispanda* and change of state (*parinama*).[17] The soul in its state of freedom has an innate upward motion[18] and a pure change of state in terms of the operation of its infinite qualities of power, knowledge and bliss. In the state of bondage, the soul is the cause of its own good and evil mental transformations and the motions of the physical body are appropriated by it. The basic activity of the soul is its casual functioning in relation to its own states, the making of the soul itself through its own functioning.[19] In all its psychic activity through which the soul determines itself, it functions through its own power and remains within a process of self-determination, though its resultant accumulation of matter functions as a concomitant causal factor.[20]

At the same time, action affects a real change in the world. Although action simultaneously connects the soul and the world, it does not require that the soul should abandon its autonomy wholly. The reality of action and autonomy of the soul in this regard, are thus fundamental Jaina tenets and form the basis of Jaina ethics. Although common sense does not doubt the everyday experience of the reality of free will and of human action affecting the environment, a number of schools and sects in the days of Mahavira and of later date questioned the truth of such assumptions and advocated naturalistic, deterministic and illusionistic views. The Jainas vigorously contested these.

Regarding the doctine of *Karman,* Prof. Pande says that the general answer to the moral question accepted by all the non-materialistic schools was in terms of the law of *Karman.* The doctrine of *Karman* extended the causal law of the moral realm. It held that good and evil deeds have a necessary causal connection with the experience of happiness and unhappiness. Since this is intended in a more than psychological sense, there was obviously a need for a mediating agency which would connect *Karman* with its result which might be separated from it widely in time and space. Brahmanical systems tended to postulate God as the agency which rewards or punishes good and evil deeds. Jainism, like Buddhism, however, attributed an unseen power to *Karman* itself which brought about its results at the appropriate time.

One implication of this doctrine is that the distinction of good and evil must be held to be objective and independent of subjective relativity. Another implication is that action must be held to create an unconscious and persistent force which remains connected with the psyche of the agent and has the capacity of directing it into situations appropriate to its own fruition and decontrolling the affective reactions of the experience arising from such situations. Beginning as a state of the mind or *Bhavakarman*, action generates a bodily resultant, *Dravyakarman* or *Pudgalakarman*.[21] That good and evil are originally distinct states of the mind, is commonly accepted by the Jainas and the Buddhists.[22] The distinction is not one of obedience or disobedience to a divinely proclaimed law but one of innate quality which may be subjectively perceived in terms of emotional direction. The Jainas and the Buddhists, however, differ in relation to the nature of the force generated by action. The Buddhists think of it as an unconscious psychic force, a latent disposition – *Vasana* or *Samskara* – which is responsible for the projection of the world which is appropriate to the psyche. It is in the idealistic school of Buddhist that this doctrine becomes fully consistent and reaches its highest effectiveness. The Jainas, however, think of the resultant of psychic action in terms of an accumulation of matter which is obsorbed by the soul. This matter is subtle and invisible, consisting of extremely minute particles which form infinite aggregate (*Vargana*). These attach themselves to different points on the location of the soul.[23] These Karmic material aggregates are of eight basic types (*mula-prakrti*) and mature on different occasions.[24] Their maturing obsures or distorts the faculties of soul.

This materialistic interpretation of *Karman* is quite distinctive of the Jaina tradition. It has been condemned as primitive and, then again, admired as scientific. The infinite will or *Virya* of the pure spirit is reduced and transformed in the state of bondage of the threefold Yoga, viz., psychical, mental and vocal activity, and constantly depends on the operation of material factors. There can be no doubt that this way of looking at *Karman* is involving an unconscious force arising out of the soul's willingness but limiting its freedom, linking together the psychic and physical processes, and determining the course of experience in terms of its affective dimension; it is a plausible hypothesis seeking to explain the facts of moral life.[25]

Free will and determinism are, however, so interlinked that the total rejection of either involves the other in difficulties. The Jaina answer to the paradox of action is itself dialectical. To be is to change and yet persist[26] and the soul is as much subject to this law as the matter. The soul and matter are directly the cause of their own changes and are in this sense free from heterogamous determination or interaction with something absolutely distinct.[27] Nevertheless, they have a beginningless association and their changes provide occasions for the changes of each other. In this sense just as reality involves change as well as persistence, similarly action involves change as well as persistence; similarly action involves autonomy as well as heteronomy. The distinction of two levels, *Vyavahara-naya* and *Niscaya-naya,* is accepted as real. The soul's association with matter is as real as its dissociation in liberation. While wrong action strengthens this bondage, right action tends towards liberation. In the state of liberation, this duality of right and wrong action is ended and replaced by a kind of action which does not produce any Karmic results.

The efforts at withdrawal from *Samṣara* constitute the next level. This effort, as is well known, is twofold. It involves restraint or *Samvara* and rejection or *Nirjara.* This process, again, may be practised in a whole time and whole-hearted manner, or under the constraint of ordinary wordly life, thus giving rise to the two streams of morality, that of the householder and that of the ascetic. Above these two lies the level of *Paramartha* or *Niscayanaya.* To this level belongs the life of the perfected ones where the soul shines forth in the glory of its innate omniscience and a wholly passionless and selfless spontaneity. If the soul is externally entangled at the first level, functioning as *Bahiratman,* and seeks to withdraw into itself as an *Antaratman* at the second level, it can only be described as functioning spiritually and yet cosmically at the third level, the level of *Paramatman.* The meaning and relevance of ethics varies at these levels of the soul.

According to Prof. Pande, the Jainas formulate quite clearly that desire and aversion, pleasure and pain, are not pure psychic elements; on the contrary, they depend on bodily structures and object and their presence misdirects the psyche into the ways of spiritual evil. Since sensuous desire and pleasures are radically evil, the moral quest becomes a negative spiritual quest. To understand the evil implied in psychophysical activity and experience and seek to abandon it, becomes the objective of the wise man. But the Jainas go beyond mere askesis and consider bodily life as an ultimate evil which must be shed through the destruction of *Karman* or *Nirjara*. *Nirjara* is attained by external asceticism including the mortification of the flesh and practice of virtues, study, renunciation and meditation.

Speaking about the spiritual development, Prof. Pande says that moral life in the usual sense is only a prelude to spiritual transcendence. Training in the practice of virtues, the strenuous abandonment of all natural life, total transcendence into the pure perfection of the spirit – these are the three stages of ethic-spiritual development. The Jainas have mapped out this whole development into fourteen stages called the *Gunasthanas*. *Gunas* stand for specific characteristics of the Jivas as constituted by faith, knowledge and conduct while *Sthana* indicates a stage of purity. *Gunasthanas*, thus, stand for particular stages of purity through which the character of the soul evolves. False belief is rejected in the second stage, while self-control becomes habitual from the sixth. Passions are left behind, beginning from the eleventh stage and activity finally in the last stage. The four causes of bondage – lack of right belief, lack of self-control, passion and activity are gradually shed in this process. These factors not necessarily are to be abandoned in this order since the order of *Gunasthanas* need not be chronological.

In the ultimate analysis, the concept of the good is the concept of what ought to be attained while the concept of evil is the concept of what ought to be abandoned or avoided. This knowing and avoiding are together termed 'comprehension' or *Parijna*. The good ultimately is the spirit, and the evil, the contact of the spirit with matter. Out of this contact arise desires and passions, delusion, egoism, activities motivated by them and violence. All these constitute and generate evil. On the other hand, non-violence, restraint and self-control, equanimity between the self and others, rational discrimination, dispassion, etc. constitute virtues. All these could be descibed as the subjugation of the body, senses and the mind and the detachment from their bondage.

Further, Prof. Pande says that such a notion of morality does not distinguish it from spirituality. It is often assumed that morality characterizes social behaviour while spirituality relates to man's inner personal life. Alternatively, one could say that morality regulates man's relations with other men and is an essential stand of the social order. Spirituality, on the other hand, characterizes man's relation with himself or God. Jainism conceives the operation of moral rules to extend to man's relations with subhuman and superhuman living beings as well as to his dealings with himself at different levels.

Regarding *Caritra* and *Jnana,* Prof. Pande says that Jainism rejects the notion of revelation as the source of moral knowledge just as it rejects sensation and calculation as the means of discovering what is good for man. The source of morality or *Caritra* is in knowledge and faith which are the natural powers of the soul. The source of evil is the Karmic obscuration of these powers. The utlimate form of this knowledge is *Kevala-jnana* and from that arises the tradition of scriptural knowledge or *Sruta-jnana.* Of these, *Sruta-jnana* is verbal knowledge, conceptual and indirect. On this view right action depends on right knowledge, i.e., what we ought to do becomes indirectly a function of what there is. In fact, the function of knowledge is only to remove the obstruction in the way of action taking place in accordance with the nature of its subject as well as its direct and indirect subjects. *Dharma* or moral law is nothing but the natural form of action or *Caritra. Caritra* is action and being in accordance with nature.

From the Jaina *Tattva* point of view, Prof. Pande's vision is that of the nine *Padarthas,* sin and virtue are held to be reducible to *Asrava* and *Bandha,* which are psychospiritual relations and processes. *Asrava* and *Bandha* are only the *Vaibhavika paryayas* of the Jiva while *Samvara, Nirjara* and *Moksa* are its *Svabhava paryaya.* Soul and matter are the only two substantial reals. All the other categories, *Padarthas* or *Tattvas* are only their relations and changes produced by such relations. One might go further and say that the soul is the only moral and spiritual category. When the soul acts independently according to its own nature, it acts rightly. When it acts under the influence of matter, it acts wrongly and dependently and enters that self-perpetuating cycle of evil which is called *Samsara.*

Jaina ethics, thus, is squarely grounded on Jaina metaphysics. It rejects the inevitability and ultimacy of sensuous values and does not accept ordinary common sense or social opinion as the basis of moral judgement. Jaina ethics is not the abstraction of an actual social ethics. Nor does it have a theological basis as in the case of the Vedic tradition. The contrast with Buddhism is worth mentioning. For the Buddhists, right and wrong are dispositions of the will and are discoverable by anyone in terms of the emotional tone which accompanies the acts of the will. Ethics here has purely psychological basis. The *Akusala hetus* or wong motives are parallel to the *Kasayas* of the Jainas but whereas the Jainas look forward to the soul realizing its true nature, the Buddhists deny the soul itself and are left with a classification of psychic states on the basis of their intrinsic nature as good and evil.

Explaining the concept of *Himsa,* Prof. Pande says that the forcible and distorting impact of the activity of one substance upon another is the basic meaning of violence. Matter does violence to the soul by obscuring its faculties and leading it in time to participate in a similar species of causal activity in relation to other souls. This activity being an activity of the soul, has a necessary moral character while being of the nature of forcible intervention in the being of other souls, regardless of their feelings or becomes ethically evil. This is *Himsa,* an activity of the soul induced by matter and heedless of the true nature of the soul and of the sameness of this nature for all the souls.

Prof. Pande justifies the Jaina rejection of God by describing the Jaina point of view. He mentions that freedom, immortality and God represent the three necessary presuppositions of morality. Freedom and immortality are obviously well preserved in Jainism. God, however, is rejected. His place being taken up, partly by *Karma* and partly by the perfected soul in the state of omniscience and functioning as a moral teacher. The theory of *Karma* postulates a sufficient causal connection between present good and evil actions and their distant consequences in terms of happiness and unhappiness. This connection in the absence of an all powerful divine agency remains mysterious to the understanding. Of the two functions of God for the moral life, viz., ensuring a just order where men get their deserts and presenting a realized moral ideal of perfection, while the first function is thus reserved for *Karma* in Jaina theory, the second is performed by the soul itself in its ideal of perfect state, exemplified objectively in the lives of the saints. The normal danger of the acceptance of God in theistic religion is that it slackens the moral will and effort on account of the sense of sin or difference or the desire to rely on God and place one's burden on him. This danger is altogether avoided by Jainism which makes a clarion call for total self-reliance. "You are your own friend. Why do you seek a friend from outside?"

Regarding *Anuvrata* and *Mahavrata*, Prof. Pande says that if the Jaina monk seeks to live by a total denial of property, sex, egoistic family relationships and violence, the Jaina laity has always been a prosperous and powerful community where rulers, ministers and merchants have lived a full and successful life. The doctrine of *Anuvratas* is consistent with the bodily and social needs of men and also serves to train them towards the *Mahavratas* in due course of time. Of all the *Mahavratas*, the first and the greatest is *Ahimsa*. It has been called the ultimate essence of *Dharma* or righteousness by the Hindus, the Buddhists and the Jainas alike. And yet it remains undisputed that the Jainas have laid the greatest stress on it.

Regarding *Ahimsa* and *Vrata*, Prof. Pande believes that the Jaina doctrine of *Ahimsa* is distinguished by its apparent extremism arising from the peculiar Jaina doctrines of the soul and *Karman*. *Ahimsa* has been described as the chief of the *Vratas*. *Vrata* again has been defined as a deliberately adopted rule laying down what is to be done and how it is to be done, thus excluding what is not to be done. The *Vrata* thus becomes in effect an avoidance or a *Virati*. It has been described as a psychic state consisting of withdrawal or *Nivrttiparinama*. It is not, however, wholly a negative concept. Deliberately engaging in good action in accordance with a rule also falls within the scope of *Vrata*. Thus, *Vratas* are not subsumed within *Samvara*. *Vratas* include positive actions (*Parispandatmaka*). From the standpoint of *Niscayanava*, *Vrata* is really a withdrawal of the will from alien objects and willing the self and dwelling within it. Externally, it implies compassion on beings while subjectively it means the abandonment of the passions. In this sense, *Vrata* is the same as the purification of conduct – *Caritra*. It is divided into two categories on the basis of the range of objects to which it is applied – *Mahavrata* and *Anuvrata*. Thus, *Ahimsa* as an *Anuvrata* implies withdrawal from gross violence and behaviour, whereas as a *Mahavrata* it implies withdrawal from all evil of the nature of violence at any level – mental, vocal or physical whether done personally or caused to be done by another or approved.

Himsa had been defined as destruction of life through *pramada*. The emergence of *pramada*, of *raga, dvesa*, etc. itself has also been called *Himsa*. Such psychic states are truly suicidal and with this violence to one's own nature, we have the starting point of all violence to others. The excessive attention given by the Jainas to details of bodily behaviour is due to their doctrine that souls are to be encountered almost anywhere. This has even been ridiculed and it has been asked, "There are living beings in water, on land, in the sky; the whole world is agitated by the waves of living beings, how can be monks be free from *Himsa?*" This has been answered by drawing a distinction between gross and microscopic living beings. The microscopic beings are not easily injured and it is the other kind of living beings which need to be protected.

Regarding Jaina vegetarianism, Prof. Pande says that apart from the control of violent emotions or actions towards other human beings, the principle of *Ahimsa* in Jainism implies vegetarianism. There can, however, be no doubt that the use of meat for the sake of pleasure or habit or normally, is clearly contrary to the teachings of Buddha as well as Mahavira. It is also clear that the Jaina monks strenously avoided the use of meat on principle.[28] Nor can there be any doubt that Jainism has been a principal factor in the spread of vegetarianism in India.

Prof. Pande concludes his article by giving his view on Jaina *Ahimsa* from social point of view. He says that it is obvious that the practice of *Ahimsa* presupposes a person and a context where the loss of material things, social position or even life would be acceptable in view of a superior consciousness and its ideals. This is a context where the egoistic and acquisitive attitudes are subordinated to the attitudes of transcendence, acceptance and giving up. Now the political context is inherently different. The state is not a person but an impersonal machinery charged with the duty of maintaining order and security and authorized to use violence as an ultimate resort. The spread of pacifism can become effective only if human nature is sufficiently educated morally and spiritually not to seek the settlement of disputes even at the expense of others. In other words, unless the Jaina ideal or equality between oneself and another is distributively realized in a society, the ideal of non-violence cannot be effectively adopted collectively. *Dharmasya tattvam nihitam guhayan.*[29]

NOTES AND REFERENCES

1. As for example in Dr. J.C. Jain, *Life in Ancient India as Depicted in the Jain Canons* (Bombay, 1947).
2. *Mahavir Jayanti Smarika*, p. 22.
3. Sadhasen Singh, *Buddhist Studies*, University of Delhi.

4. *Sramana Tradition: Its History and Contribution to Indian Culture,* Preface by Nagin J. Shah, Director.
5. Introduction of *Sramana Tradition: Its History and Contribution to Indian Culture.* Prof. G.C. Pande, pp. 4-9.
6. Lecture One, *ibid.*, pp. 1-2.
7. Lecture Two, *ibid.*, pp. 36-37 and 41-47.
8. Lecture Three, *ibid.*, pp. 72-73.
9. *Jaina Political Thought*, Approach, p. 1.
10. *Studies in the Origins of Buddhism.*
11. E.g., Dr. H.L. Jain, *Bharatiya Samskrti Mein Jaina Dharma ka Yogadana* (1962).
12. *Ayaranga* 1.1.5 – "Se ayavai logavai, Kammavai, Kiriyavai" Cf. Silanka's comment on this – *"Tatha ya eva karmavai sa eva Kryavadi, yatah Karma, Yoganimittaim badhyatic, yogasca vyaparah, sa ca Kryarupah....Kryam atmaparinati-rupam"* (p. 20, Bombay, 1935).
13. Cf. *"Ogadha-gadha-nicido puggala-Kayehim savvado logo suhumehi badarehiya Appaoggehim joggehim"* (*Pravacanasara*, II. 76).
   The question has been raised – how can 'amurta' soul be bound by 'murta' *karmapudgalas*? In answer, the contact of soul and matter in experience is adduced by Kundakunda. Amrtacandra goes to the heart of the matter and says that the bondage is really in terms of psychological identity – आत्मनो नीरुपत्वेन स्पर्शशून्यवान्न कर्मपुद्गलैः सहास्ति संबंधः एकावगाह भावावस्थितिकर्मपुद्गलनिमित्तोपयोगाधिरुढरागद्वेपादिभावसंबंधः कर्म-पदुगल-बन्ध-व्यवहार-साधकस्त्वस्त्येव। (*Pravacanasara*, p. 216).
   The tainting (*uparaga*) of the soul by the passions is *bhava-bandha;* the attachment of more material particles to the pre-existing ones in the soul on this account is dravya-bandha; *Pudgala-jiva-bandha* is the 'copervasion' (*anyonyyagaha*) of spirit and matter – यस्तु जीवस्ययौपाधिको मोहरागद्वेषपर्यायैरेकत्वपरिणामः स केवलजीवबन्ध चः पुनः जीव-कर्म-पुद्गलयोः परस्पर-परिणाम-निमित्तत्वेन विशिष्टतरः परस्परमवगाहः स तदुभयबन्धः। (*Ibid.*, p. 291).
14. Akalanka on *Tattvarthasutra* (6. 1-2 : *Kayavanmanah-karma-yogah, sa asravah*)-'*Viryantaraya-jnanavarana-ksya Ksayopasmapeksena atmanamparinamah pudgalenaca svaparinamah vyatvayenaca iscayavyavahara-nayapeksaya kryata it karma. Kriyaparinaminah atmanah trividha-vargana-lambanapek pradesa-sarispandah*'. (*Tattvarthavartika*, Vol. II, pp. 504-505); Bhagavati, 3.3 – Names of types of *Kriya Kayiki, Adhikaraniki, Pradvesiki, Paritapaniki* and *Pranatipatiki*. It adds that *Kriya* arises – पमायपच्चया जोगमितित्तं च।
15. *Atmaparinamena yoga-bhava-laksabena kriyata iti karma. Tadatmanosvatantrikarane mulakaranam. Tadudayapaditah pudgala-paribamah atmanah sukhadukhabaladhanahetuh audarikasairadih Isatkarma nokarmetyucyate"* (Akalanka, *op. cit.*, Vol. II, p. 488).

16. "परिणामादो बंधो परिणामो रागदोसमोहजुदौ" (*Pravacanasara*, 2.88).
17. Sometimes *Kriya* is identified with *Parispanda* and contrasted with *Parinama*, which is called the alternative modality (*Bhava*) of substance (*dravya*) – Akalanka, *op. cit.* II, p. 481; Kundakunda identifies *Karma, Parinama, Kriya* (*Pravacanasara*, 2.29-39).
18. "*Siddhyatamurdhva-gatireva*"... (Akalanka, *op. cit.*, Vol. II, p. 490).
19. *Pravacanasara*, II. 92-99.
20. *Samayasara* (3.96). Later (3. 122) it goes so far as to say – "तम्हा जीवोऽकत्तागुणाय कुव्वन्ति कम्माणि"।
21. Cf. *Samayasara*, 3.88-91; Cf. Amrtacandra and *Pravacanasara*, 2.30.
22. The Buddhist use the word *cetana*, while the Jainas speak of *Bhava*.
23. E.g. *Pravacanasara*, 2.86: सपदेसो सो अप्पा तेसु पदेसेसु पुग्गला काया। पविसंति जहायोग्गं चिट्ठंति हि जंति बज्झंति ॥
24. These are *Jnanavarana, Darsanavarana Vedaniva, Mohaniya, Ayus Nama, Gotra*, and *Anaraya*. These are subdivided into 148 Uttara *prakrtis* – See Glasenapp, *The Doctrine of Karman in Jaina Philosophy*, pp. 5ff, (Bombay, 1942).
25. Cf. "...we can say that the Sankhya-Yoga (the Vedantin also included) admit only material Karman and not its spiritual counterpart as well while the Buddhist admits only the spiritual counterpart and not the material Karman. Karman, in the ultimate analysis, is a link between spirit and matter and lasts as long the wordly existence lasts" (Nathmal Tatia, *Studies in Jaina Philosophy*, p. 208).
26. 'Utpada-vyaya-dhrauya-yuktam sat' (*Tattvartha*, 5.30).
27. Cf. *Samayasara*, 3.81-83.
28. Prof. S.B., *History of Jaina Monachism*, p. 173, agrees with the commentators.
29. This paper is based on the article "The Jaina Ethical Tradition and its Relevance" by Prof. G.C. Pande.

5

The Historiography of Religion and the Verity of Religious Experience

Susmita Pande

Dr. G.C. Pande's views on religion deal not only with the philosophical and historical study of Indian religions but also with the historiography of religion.

The historiography of religion involves the science of religion, comparative religion and the history of religion. The academic study of the science of religion follows objective methods aimed at internationalizing the study of religion but in the process it loses contact with the traditional study, experience of religions and the different areas of faith. The study of religion from the agonistic and rational point of view, the Marxist and sociological points of view, logical-positivistic historiography, anti-essentialist historiography and evolutionary point of view treats religion either as an accidental product of natural and social circumstances or as evidence of irrational belief and a state of low intellectual and cultural development. Dr. Pande avers that the history of religion cannot be understood without taking cognizance of the spiritual dimension in human nature and this spiritual dimension presupposes the idea of a supreme spirit. Whether such an idea is true or not is a metaphyiscal question and perhaps beyond the ken of the historian. Even so, the issue related to this question lies within the history of idea. The historian should avoid imposing his personal choice in such matters though he must take care to avoid dogmatism. The various current historiographies of religion undermine the religious faith or belief. Comte, Marx and Freud regard religion as a prescientific illusion. Comte in his law of stages declared that while primitive thought was mythological and attempted to explain all phenomena in terms of God, in the second stage everything was explained by metaphysical principles which virtually replaced the Gods. Modern thought is scientific or positivistic which seeks explanation through observation. Durkheim had declared that man pictures god in the image of society. For Marx, all religions and philosophy are superstructural entities which are determined by a substructure of the forces of production. Religion for him becomes a strategy calculated to help the ruling class in exploiting the common people. Much of the recent historiography of India tended to follow this approach. Hence, Kosambi explains the *Gītā* as a product of confusion and contradictions to make people reconcile to the suffering of this world by devotion to god, *'anityam asukhmlokam imam prapya bhajasva mama'*. According to him, *bhakti* was intended to reconcile the downtrodden to their lot. R.S. Sharma connected *bhakti* with the feudal system. Loyalty and love towards one's social superior was sanctified by a religious overtone. Mira uses the typical feudal word *cakara.* Sumanto Banerji interprets the episodes of Rāsa and Rādhā in the light of the theory of social connivance of the old social order by imposing Rādhā as a religious symbol of *dāsī* in the times of Gaudiya Goswamis in the mediaeval times. However, they also believed that the social explanation of *bhakti* also led to progressive social reforms of Kabir, Nanak, Dadu, etc.

Logical positivism believes that religions cannot be regarded as cognitive. Verifiability and falsifiability are the criterion of cognitive meaning and value, and whatever is not positive knowledge is not knowledge. The object of religious knowledge is strictly beyond verification or falsification, and therefore is not knowledge.

The agnostic view of religions describes religion in its own terms as a social tradition of beliefs and practices with pronounced symbolic intention.

The antiessentialist view regards *bhakti* as a cultural phenomenon in which certain psychological attitudes, beliefs and modes of behaviour are invested with value. As a particular complex of images of sentiments and beliefs, what goes under the name of *bhakti* is highly variable in its details and socio-historical causation.

The evolutionary theory believes that religions have developed from a primitive stage to a higher stage. In contrast to primitive religions, semetic higher religions show an uncompromising monotheism where God is a transcendent being who created the universe and reveals the moral law through his prophets. Man's duty is to obey, serve and love God which leads to salvation after some time.

All the above approaches have been examined by Prof. Pande and have been found to be historically erroneous and hypothetical.

As far as the positivistic sociological approach is concerned, it presupposes that man and society are to be studied in the same manner in which the natural world has to be studied. It believes that external world is the model of reality and that sense experience is the primary mode of knowledge. The appeal to empirical verifications is the most important touchstone in this theory. But a careful consideration of this theory shows that all these assertions are of the nature of presuppositions. The distinction between human and natural reality has been shown by the existentialists as a distinction between being in itself and being for itself. The identity of a conscious human being cannot be determined by the observation of his behaviour. Similarly, the Marxists reduction of the life of consciousness to the class struggle is a gross simplification, as man is neither a species being nor an economic being. His is essentially a free consciousness whose creativity produces culture. Marxism regards technology as belonging to substructure but technology arises from sciences and science itself rests on what Collingwood called absolute presuppositions. If religion has truth, it would not be distinguishable from the general weltanschauung which is presupposed by Science. Hence, religious beliefs would not be ideological but veridical and scientific. The particular explanations offered by Marxist historians on Indian life are too speculative to be acceptable to history. Thus, the connection between pastoral nomadism and Vedic religion and the connection between Buddhist protest against animal sacrifices and the needs of agriculture are entirely speculative.

Some scholars have seen a wide gulf between the religions of sacrifice and *bhakti.* This perception is misguided as all sacrifice is really self-sacrifice which involves *antarayāga.* Hence, sacrifice is not mere action.

The allgeged connection between *bhakti* and feudalism is also unwarranted as the practice of *bhakti* did not depend on one's social condition. In fact, it could transfigure social psyche which could create further social change on its own.

Turning to liberal agonistic explanations, it is really insufficient and half-baked in the understanding of religions.

Another trend in the historiography of *bhakti* is the anti-essentialist historiography. This view does not appreciate the real nature of *bhakti* or devotion as *bhakti* is "not merely a cultural phenomenon or a social movement but an eternal spiritual verity which underlies them". Man is a spiritual being engaged in the toils of overcoming finititude and mortality. This spiritual longing is fulfilled by the grace of the supreme spirit and *bhakti* is the willingness of man to surrender to this grace.

Dr. Pande believes that *bhakti* is the universal core of all religions.

The evolutionary view is also criticized by Dr. Pande who points out that spiritual intuition can be seen to be highly developed in the so-called primitive religions also. The development or evolution is actually the development of philosophical idea, the intuitive awareness of which can be present from hoary antiquity. The Vedic religion has been criticized by scholars as polytheistic, ritualistic and animistic. Dr. Pande has argued that the different Vedic gods were regarded as the *adhiṣṭhātrī śaktis* of the different human activities. Brahman was the source of power behind them. This was the reason why there was an imperfect anthropomorphization of all the gods. Besides, the spiritual truth was regarded as beyond the numerical concept.

He quotes Yaska in favour of this view: *एकं सद् विप्रा बहुधा वदंति* and *महामाग्याद देवताया एक आत्मा बहुधा रूतूयते।* The concept of monism is supreme in Indian religions which can be seen even in the religions where there are many gods, e.g. Vedic relgions. The concept of monotheism does not prove the other gods false but they are regarded as manifestations of one Supreme God as in the *Gītā*.

THE VERITY OF RELIGIOUS EXPERIENCE

The verity of religions and the assumption of a spiritual dimension in human nature and the defence of *bhakti* is a question in answer to which it is usual to appeal to the authority of the scriptures or *śabda pramāṇa*. The scriptures are either believed to be the words of God or the intuitive experience of the seers. The authority, thus, for establishing the reality of the object of devotion or *bhakti* lies in itself and not in the power of the human senses or reason which are plainly limited.

The *Bhagavat* had distinguished between *Brahman Paramātman* and *Bhagavan*, which are the objects of the experience of *jñāni, yogi* and the *bhakta* respectively. *Bhagavan* or personal god can thus be "apprehended only by the intuitive experience of devotional nature" and not by only *jñāna* or only yoga. It follows therefore that the ultimate validation of the personal god rests on *bhakti*.

Now *bhakti* has been described as an emotive state of the mind and a flow of feeling, the ultimate development of which is the beatific communion with deity, i.e., a direct apprehension or cognition of the deity in a felt or moving experience. In ordinary life, the object of feeling does not have to be necessarily real. We may be frightened by a real or delusive snake. We may be fascinated by the beauty of a great painting or by what is really of an indifferent quality. To avoid these difficulties arising from a non-cognitive nature of feeling, it is usual among the *ācāryas* to distinguish between the moment of *jñāna* and *bhakti*. *Bhakti* as service or work leads to *jñāna* through the grace of God and that in turn to *bhakti* as the felt or loving communion and the enjoyment of the divine person. Even then, connecting *jñāna* with *bhakti* remains a problem. Śaṅkara identified *bhakti* and *karman*, कर्मलक्षणा भक्ति or *jñāna* ज्ञानलक्षणा भक्ति. Ramanuja too identifies *bhakti* as *jñāna* with the distinction of *Viśeṣa*. Madhusudana Saraswati identified *bhāva* with the mental reflection of the real object of devotion.

This approach, however, not only identifies the object of *jñāna* and *bhakti* but also underplays their distinction as modes of apprehension. In *jñāna* the mind is characterized by passive receptivity (*vastu paratantrya*), neutrality (*tatasthya*) and unmovedness (*kathinya*) towards its object. In *bhāva*, on the other hand, the object is constructed or coloured by imagination working under the force of feeling. That is why the immediate object of feeling, its *alambana* is not as such the same as any real or external object. The felt object is imaginative or mental, *manomaya, vikalpita,* while the perceived object is natural and external.

In fact, if imagination adds nothing to the perceived object, there would be no occasion for any feeling to arise. Different subjects perceiving the same object may entertain different feelings or none.

Without the interference of personal memories, conscious or unconscious feelings do not appear to be raised by the perceived object. To become the immediate content of feeling, the object of perception needs to be appropriated within a personal appropriated attitude. Unlike the content of perception, the content of feeling includes not only an object but also a subject relation and a conative attitude characteristic of it. Whereas objectivity is the core of perception, the inclusion of subjectivity is essential to felt experience. This being so even when the two modes of apprehension are perfected as *jñāna* and *bhakti*, they would not be identifiable. Their contents too would be different. The content of *bhakti* being coloured by subjectivity would not be validated by *jñāna*.

Objective knowledge and felt experience are thus quite distinct. Objective knowledge provides no justification for feeling nor does feeling provide any justification for objective knowledge. What kind of validation can we find for the reality of personal god experienced in *bhakti?* Underlying this, however, is a deeper question as to how do we realize the knowledge of a person at all? Perceptual knowledge reveals only natural bodies in space and time. The perceived movement of these bodies can in no way be distinguised as sentient behaviour and sentient notions unless such notion as of purpose, freedom, obligation, sentience, self or person are brought in. Now such notions are not part of the scheme of concepts which theoretical or scientific knowledge uses as the determinants of its object. They belong to the apprehension of the subject, self or person. Without starting from such self-awareness, we cannot become aware of otherselves or persons. Now self-awareness is mediated by the awareness of an image of the self or what the self seeks or seeks to avoid. This image mediated attitudinal apprehension of the self is the matrix of all felt experience or experience of person or value. Feeling, thus, is the proper mode of experiencing the self, person or value. If one excludes feeling, the reality of these entities can never be validated. If perception and inference are the sole means of cognition, persons would be nothing but constructs and images superimposed on natural phenomenon.

Feeling reveals the subject in a conative and valuational relationship to a content which images the self or what belongs to them. We not only cognize ourselves in feeling but also others in a felt relationship. We recognize the character of a person through the content of his feeling which constitutes the innermost revelation. There is no way we can understand ourselves except through the content of our feelings. This can be done through reflective scrutiny or creative imagination which seeks to create a felt object appropriate to the subject. Such a felt imaginative experience would constitute a moment of subjective self-realization, a unique source of knowledge which is corrigible but self-validating on account of its immediacy.

In so far as God is the inner self of selves, the immanent as well as universal and transcendent truths the visualized by the ideal person, feeling would obviously be the way to knowing Him; at first darkly as through an unpolished mirror. The knowledge of another person will pose a problem only if a real monadic plurality of person is accepted in which case their knowledge would be an instructive deciphering of signs or cues in the light of felt self-experience.

The *Kaṭhopaniṣad* says *दृश्यते तु अग्रया बुद्ध्या*, i.e., He is seen by one-pointed intelligence. In Buddhism *प्रज्ञा* on *संबोधि* is the means of knowing *परमार्थ* or *समाधि ज्ञान।* In Vedānta, it is said that besides *श्रवण* and *मनन, निदिध्यासनए* or the practice of *ध्यान* leads to truth.

आत्मा वाडरे श्रोतव्यः दृष्टव्यः निदिध्यासितव्यः a *ṛṣi* is one who sees the truth directly *ऋषयः साक्षात्कृत धर्माणः* Yask's interpretation of a *ṛṣi* is that a *ṛṣi* is one who sees the descent of God in his vision.

Dr. Pande argues with Dr. Radhakrishnan, Vivekanand, Ram Mohan Roy, Shri Aurobindo – all of whom have emphasized personal intuition as the source of truth.

The Indian traditions of *प्रस्थान भेद* believe that different systems are variations of the same essential truth in diverse ways. Kaviraj ji has called it the synthetic gradation of truth. But the modern agonistic scholars and those who hold to the evolutionary theory of religions do not accept this multiple character of truth. They also object to intuition and faith as sources of truth because of the fear that it would lead to contradictory views.

Thus, Dr. G.C. Pande's view of religions is like a kaleidoscopic view which accepts the different levels of spiritual realizations.

NOTES AND REFERENCES

1. *भारतीय परम्परा के मूल स्वर*, 1982, 2nd edn., New Delhi.
2. *Foundations of Indian Culture*, 2 vols., 1984, Books and Books, New Delhi, 2nd edn., Motilal Banarsidass.
3. *An Approach to Indian Culture and Civilization*, 1985, Pub. B.H.U.
4. *भारतीय समाज, ऐतिहासिक और दार्शनिक विमर्श*, 1994, Delhi.
5. *Meaning and Process Culture*, 1972, Agra, 2nd edn., Allahabad.
6. *मूल्य मीमांसा*, 1971, Rajasthan Hindi Granth Akademi, Jaipur.
7. *भक्तिदर्शनविमर्शः*, 1996, Sampurna Sanskrit Viśwavidyalaya, Varanasi.

8. शंकराचार्य, विचार और संदर्भ, Vatsalya Nidhi.
9. एकम् सद् विप्रा बहुदा वदन्ति, 1977, Sampurna Sanskrit Viśwavidyalaya, Varanasi.
10. *Bharatiya Sanskriti*, Dr. Susmita Pande, Dr. G.C. Pande.
11. *Bhakti dhārā aur Tulsidas*, Lectures of Prof. G.C. Pande, Tulsi Akademi, Bhopal.
12. *Durkhiem: Elementary forms of religious life.*
13. Karl Marx, *Das Capital* (Hindi trans. Moscow).
    Marx and Engle, *Selected works.*
14. R.S. Sharma, *Indian Fedualism, Social Changes in Early Medieval India.*
15. D.D. Kosambi, *The Cultural and Civilization of Ancient India.*
16. V.K. Thakur, *The History of Indian Feudalism.*
17. Joachim Wasch, *Sociology of Religion.*
18. Gibbon, *Decline and Fall of Roman Empire.*
19. Dange, *India from Primitive Communism to slavery.*
20. B.N.S. Yada, *Society and Culture in India in Twelfth Century.*
21. Om Prakash, *Conceptualisation and History.*
22. G.C. Pande, *Bharatiya Samaj.*
23. Nimian Smart, *The Science of Religion and the Sociology of Knowledge.*
24. Ved Prakash Sharma, *Samakalina Vislesanatmaka Dharmadarsana.*
25. Radhakrishanan, *The Idealist View of Life.*

6

प्रोफेसर गोविन्द चन्द्र पाण्डे की तत्त्व-दृष्टि

यशदेव शल्य

पाण्डे जी का सृजन-कर्म अनेक आयामात्मक है – वे कवि हैं, दार्शनिक हैं और इतिहासकार हैं, और तीनों आयामों में उनका सृजन-कर्म अनेक सारणियों में प्रवर्तित हुआ है। उदाहरण के लिए उन्होंने काव्य-सृजन ही नहीं किया है, अंग्रेजी से कविताओं का संस्कृत में और प्राकृत भाषा की कविताओं का हिन्दी में काव्यात्मक अनुवाद भी किया है। इसी प्रकार, दर्शन में केवल मौलिक चिंतन ही नहीं किया है, बहुत से प्राचीन भारतीय दर्शन-सम्प्रदायों और दार्शनिकों पर व्याख्यात्मक लेखन भी किया है और अनेक ग्रंथों के संस्कृत से हिन्दी में अनुवाद भी किए हैं। इतिहासकार के रूप में उन्होंने इतिहास-लेखन में राजाओं की विजय-पराजय कथाओं के रूप में नहीं कर वैचारिक विकास परम्परा के रूप में किया है। इस क्रम में उनका नवीनतम बृहद् ग्रंथ *वैदिक संस्कृति* है जिसमें उन्होंने वैदिक जीवन और चिन्तन का विस्तार और गहराई से अवगाहन किया है। 1963 में प्रकाशित उनका बृहद् ग्रंथ *बौद्ध धर्म के विकास का इतिहास* एक अद्भुत रचना है। अद्भुत इस अर्थ में भी कि उसमें अत्यन्त विशाल बौद्ध साहित्य का अत्यन्त गहन और सार-ग्राही विवरण दिया गया है और इस अर्थ में भी कि उसमें अनेक महत्वपूर्ण बौद्ध दार्शनिक कृतियों का हिन्दी में जैसा प्रामाणिक और सम्यक् अनुवाद प्रस्तुत किया गया है, वैसा अन्यत्र अलभ्य है।

इतिहास-लेखन के सम्बन्ध में यह एक सर्वस्वीकृत बात है कि यह जितना वस्तुपरक होता है उससे कहीं अधिक कल्पना-परक होता है। इतिहास-लेखन में वास्तव में तथ्य लेखक की अर्थ-गवेषी कल्पना के लिए संकेत बनते हैं। किन्तु विचार का इतिहास लिखने में तो तथ्य भी विचार ही होते हैं। उनका इतिहासकार उतना ही सफल कहा जा सकता है जितना वह उस सत्य को गहराई और व्यापकता में देख पाता है जिसे अतीत विचारकों ने काल-क्रम में देखने का प्रयत्न किया होता है। इस प्रकार

वैचारिक इतिहास-लेखन और कुछ नहीं होता सिवाय विशाल विचार-परम्परा में सहभाग लेने और उसका अवगाहन करने के। पाण्डे जी की पुस्तकें–*बौद्ध धर्म के विकास का इतिहास, ऑरिजन्स् ऑफ बुद्धिज्म, भारतीय परम्परा के मूल स्वर, फाउण्डेशन्स् ऑफ इण्डियन कल्चर, भारतीय समाज, लाइफ एण्ड थॉट ऑफ शंकराचार्य, स्टडीज़ इन महायान, जैन पॉलिटी, वैदिक संस्कृति* आदि ग्रन्थ और अनेक लेख इसी प्रकार की रचनायें हैं।

किन्तु पाण्डे जी की सृजनात्मक प्रतिभा इतने मात्र से सन्तुष्ट होने वाली नहीं है, यद्यपि वैचारिक इतिहास के इस अवगाहन में सृजनात्मक कल्पना के लिए कम अवकाश नहीं होता। *भारतीय परम्परा* के *मूल स्वर* और *भारतीय समाज* जैसे ग्रन्थों के सम्बन्ध में तो यह कहना भी कठिन है कि इन्हें उनकी मौलिक चिन्तनपरक रचनाएँ कहा जाए या कि इतिहासपरक! वास्तव में ये प्रथम श्रेणी में अधिक आती हैं, द्वितीय में कम। किन्तु विचारक के रूप में पाण्डे जी में एक साथ दो व्यक्तियों का सहवास है और दोनों ही व्यक्तित्व समान रूप से महिम हैं। अन्यथा क्या कोई उपर्युक्त वैदुष्य में परमोत्कृष्ट ग्रन्थों के रचयिता से कवि होने की, और वह भी प्रथम श्रेणी का, कल्पना भी कर सकता है?[1] यहाँ यह उल्लेखनीय है कि पाण्डे जी के औपचारिक रूप से विश्वविद्यालय के इतिहास विभाग से जुड़े होने के कारण और इतिहास में भी उनका योगदान बहुत उत्कृष्ट और बृहत् होने के कारण दर्शन क्षेत्र के कुछ प्रमुख विचारकों को छोड़कर, शेष लोग उन्हें दार्शनिक के रूप में नहीं देखते जैसे कि उनके पाँच उत्कृष्ट कविता-संग्रह होने पर भी साहित्यिक लोग उन्हें दार्शनिक-चिन्तक और दार्शनिक पण्डित के रूप में ही देखते हैं, हिन्दी कवियों में उन्हें नहीं गिनते। इतिहास के क्षेत्र में उनकी स्थिति और भी अमंजस है – इस क्षेत्र के प्रायः सब लोग उनके मुख्यतः वैचारिक इतिहासकार होने से और दार्शनिक होने से उन्हें दार्शनिक ही मानते हैं, इतिहासकार नहीं मानते। इस प्रकार जबकि वे इन तीन क्षेत्रों में उच्चतम पद पर प्रतिष्ठापनीय हैं, तीनों क्षेत्रों के लोग उन्हें प्रथमतः अपने से दूसरे क्षेत्र का मानते हैं और केवल गौणतः ही अपने क्षेत्र का मानते हैं। किन्तु तब भी इन तीनों क्षेत्रों के विशिष्ट लोग, विशेषतः वे लोग जो उन्हें कुछ निकटता से जानते हैं, उन्हें तीनों क्षेत्रों में उत्कृष्टतम परिगणित करने में संकोच नहीं करते। मेरा यह सौभाग्य है कि मैं उनकी प्रतिभा के कम से कम दो आयामों–दर्शन और काव्य – से गहराई से परिचित हूँ और उनके दोनों प्रकार के कृतित्व पद पर मैंने कुछ लिखा है। यहाँ मैं उनकी तत्त्व-मीमांसीय दृष्टि को उनके दार्शनिक लेखन की समग्रता में लेते हुए प्रस्तुत करने का प्रयत्न करूँगा।

पाण्डे जी का सृजनात्मक दार्शनिक चिन्तन निम्न ग्रन्थों में निबद्ध है – *मूल्य-मीमांसा, मीनिंग एण्ड प्रॉसेस ऑफ कल्चर, भक्तिदर्शन विमर्शः और सौन्दर्यदर्शन-विमर्शः*। इनके अतिरिक्त बहुत से लेख जैसे कि 'अपोहसिद्धि' और

'न्यायबिन्दु' की विस्तृत भूमिकाओं को भी इस वर्ग में रखा जा सकता है, यद्यपि उन्हें व्याख्यात्मक दार्शनिक कृतियों में रखना अधिक समीचीन होगा।[2]

पाण्डे जी के तत्त्वमीमांसीय सिद्धांत को आसानी से यथार्थवाद या आदर्शवाद, प्रत्ययवाद या चिदद्वयवाद के अन्तर्गत परिगणित नहीं किया जा सकता। इसका कारण यह है कि यद्यपि वे चिदद्वयवादी हैं, किन्तु वे आधुनिक पाश्चात्य दार्शनिक चिन्तन से भी गहराई से परिचित हैं और उसका अपने चिन्तन में, यद्यपि पूर्वपक्ष के रूप में ही आकलन करके चलते हैं। उदाहरणतः

> चेतन सत्ता में वास्तविकता और मूल्यवत्ता का अन्वय व्यापक रूप से पाया जाता है। यदि इस तथ्य के साथ इस पर विचार करें कि विकास का क्रम सत् को जड़ता से अधिकाधिक उत्कृष्ट चैतन्य की ओर ले जाता प्रतीत होता है तो यह कल्पना संगत प्रतीत होगी कि वास्तविकता और मूल्यवत्ता दोनों ही सत् के अन्तर्निहित आयाम हैं। प्रतीयमान अर्थ में मूल्य का स्फुरण चेतना को अपनी ओर प्रवृत्त में साधक बाधक के रूप में अर्थ के वस्तु-पक्ष का बोध होता है।[3]

यह उद्धरण अत्यधिक अर्थ-गर्भ है और यह अर्थ बहुत व्यापक है। इसके अनुसार जड़ और चेतन दो पृथक् तत्त्व नहीं हैं, न ये एक-दूसरे में अन्तर्भाव्य और इस प्रकार अपृथक् ही हैं। न चेतन जड़ का विकार है या जड़ में से नव्योत्क्रमित (इमर्जेन्ट) है। दूसरी ओर, ऐसा भी नहीं है कि जड़ चेतना का आक्षेप या उसकी कल्पना मात्र है, जैसा वसुबन्धु या बर्कले कहते हैं। बल्कि, जड़ और चेतन दोनों एक ही सत् के अवर और वर स्तर हैं, अवर स्तर उसका जाड्य और वर स्तर चेतना है। फिर चेतना में भी वरता के अनेक स्तर हैं, जो विकास-क्रम में प्रकट होते हैं। यह विकास सत् में मूल्यानुसन्धिता को स्वरूपगत प्रकट करता है। अपने स्वरूप को पाने की उद्विग्नता जड़ से चेतना के स्तर पर और चेतना के ऐन्द्रिक स्तर से मनोमय, विज्ञानमय तथा अन्य ऊर्ध्वतर स्तरों पर उत्क्रमण की हेतु बनती है। अब, मूल्य और तथ्य या वस्तु क्या है? प्रवृति की आत्मोन्मुख दिशा मूल्य का बोध देती है और बाह्योन्मुख दिशा वस्तु का। यहाँ आपत्ति की जा सकती है कि इस प्रतिपादन में एक निहित चेतनाद्वयवाद है, क्योंकि यहाँ वस्तु को प्रवृति के अन्तर्गत तत्त्व के रूप में देखा गया है और प्रवृत्ति चेतना का एक रूप ही है। किन्तु यह आपेक्ष वस्तुमूलक धारणा पर प्रतिष्ठित है जो 'होने' को 'वस्तु रूप में होना' ही समझ सकती है और इस प्रकार जिसके लिए या तो जड़ और चेतना दो वस्तुएँ हैं या इनमें से एक वस्तु है और दूसरा उसका विकार है। किन्तु पाण्डे जी इस भ्रान्तिमूलक पदावली में विचार नहीं कर रहे हैं, उनकी दृष्टि अधिक सूक्ष्म और मूलगामी है। उदाहरणतः ज्ञान और उसके विषय के सम्बन्ध में उनका प्रतिपादन देखें-

> ज्ञान की खोज का मुख्य लक्ष्य उसकी प्रामाणिकता न होकर विषय होता है। इस अनुसंधान में प्रामाणिकता की खोज आनुषंगिक रूप से होती है।...विश्वास के

मूलाधार ही प्रमाण कहलाते हैं।...वस्तुतः ज्ञान मात्र में एक नित्य साक्षिभाव विद्यमान रहता है। किन्तु अपनी उत्पति अथवा अभिव्यक्ति की विशेषता के अनुसार उसका विषय-सम्बन्ध विभिन्न प्रकार से होता है और यही प्रमाण-वैविध्य का कारण होता है। इन्द्रियों और मन के व्यापार से व्यक्त ज्ञान देश-कालोचित स्फुट प्रतिभास होता है, मन और बुद्धि के व्यापार से व्यक्त होने पर परिच्छिन्न अध्यवसाय होता है, शुद्ध बुद्धि मात्र से व्यक्त होने पर प्रज्ञात्मक होता है, केवल अपने आप में स्वप्रकाश मात्र होता है। ज्ञान की ये चार श्रेणियाँ विषय-ग्रहण, विषय-निर्धारण, विषय–साक्षात्कार और आत्मसाक्षात्कार कही जा सकती हैं। ...प्रामाणिकता ज्ञान को अलग मूल्य नहीं देती बल्कि ज्ञान को उसके व्यापारात्मक मूल्य के योग्य बनाती है।...व्यापारात्मक ज्ञान का मूल्य किस बात में मानना चाहिए? ज्ञान विषय का तटस्थ प्रदर्शन करता है और उसके मूल्य से स्वयं उपरत नहीं होता। जल के 'वाक्य-ज्ञान' से प्यास नहीं बुझती न अच्छाई-बुराई के ज्ञान में अच्छाई-बुराई होती है।...फलतः ज्ञान न केवल व्यवहार का साधक और साधना का अनुग्राहक है और इस प्रकार परम्परया मूल्यान्वित है अपितु स्वयं एक अनन्त साधनात्मक मूल्य है।...ज्ञान को जब मानव-स्वरूप का विशेष और उत्कृष्ट गुण कहा जाता है तो ज्ञान का अर्थ न ऐन्द्रिय संवेदन है, न इन्द्रिय-संवेद्य प्राकृतिक वस्तुओं का बुद्धि-विकल्पात्मक ज्ञान है। उसका अर्थ तत्त्वों और आदर्शों का विशुद्ध बौद्धिक ज्ञान है। इस प्रकार का ज्ञान संवेदन पर अनाश्रित, बुद्धि की स्वाधीनता की अभिव्यक्ति, दर्शन-पर्यवसायी और नित्य-तत्त्व विषयक होता है। जहाँ संवेदन अनित्य अर्थों का होता है अतीन्द्रिय बुद्धि-ज्ञान उन अर्थों के नियामक तत्त्वों का होता है।[4]

इस उद्धरण से यह पूर्णतः स्पष्ट हो जाता है कि पाण्डे जी सत् को दर्शन की प्रचलित कोटियों–भौतिक और चेतन, या इनमें से एक-के रूप में नहीं देख रहे हैं। तब यहाँ प्रश्न हो सकता है कि वे इसे किस रूप में देखते हैं? इसके उत्तर के लिए इस उद्धरण को ध्यान से समझने की आवश्यकता है। वे ज्ञान के कारण इन्द्रिय, मन और बुद्धि को कहते हैं और आत्मतादात्म्य को भी ज्ञान ही कहते हैं जो स्पष्टतः करणोपकरणात्मक नहीं हो सकता। ज्ञान के इन चार रूपों के अनुरूप वे इनके विषय भी चार कहते हैं। अब, ये चार विषय मौलिक रूप से परस्पर भिन्न होते हैं, जो कि उनके द्वारा उन ज्ञानों की प्रमाण-व्यवस्था को परस्पर भिन्न कहने से स्पष्ट है। इस प्रकार इन्द्रिय-विषय विकल्प-विषय नहीं हो सकते और ये दोनों प्रज्ञा के विषय नहीं हो सकते और ये तीनों आत्मतादात्म्यपरक ज्ञान के विषय नहीं हो सकते। पाण्डे जी के शब्दों में जबकि संवेदन अनित्य अर्थों का होता है, अतीन्द्रिय बुद्धि-ज्ञान उन अर्थों के नियामक तत्त्वों का होता है। इस प्रकार स्पष्ट है कि ज्ञान के ये दो विषय परस्पर पूर्णतः भिन्न हैं। प्रथम अर्थ-क्रिया-समर्थ है, जैसे जल प्यास बुझाने में और दूसरा वह नियम या तत्त्व जो इस अर्थ के जल होने में हेतु या विधायक है। यहाँ पूछा जा सकता है कि ये विषय

क्या विषयतया ही भिन्न हैं या कि सत्तया भी भिन्न हैं? क्योंकि जल की अर्थता या वस्तुता और इस प्रकार सत्ता-सम्बन्ध स्पष्ट है, उसके जलत्व-विधायक नियम का कोई सत्ता-सम्बन्ध स्पष्ट नहीं है, यह केवल विकल्पात्मक और इस प्रकार असत् ही प्रतीत होता है। किन्तु यदि ऐसी बात हो तो बुद्धि को ज्ञान का कारण नहीं कहा जाएगा, केवल इन्द्रिय को ही कहा जाएगा। वास्तव में अधिकांशतः दार्शनिकों द्वारा ऐसा ही माना जाता रहा है। अधिकांश दार्शनिकों, विशेषतः वेदान्तियों और बौद्धों द्वारा निर्विकल्पक को अभ्रान्त ज्ञान और विकल्प को अनादि वासनामूलक या वस्तु पर चेतना की अतिक्रामी वृत्ति का आरोप कहा गया है। किन्तु उपर्युक्त उद्धरण से ऐसा प्रतीत होता है जैसे पाण्डे जी ऐसा नहीं मानते, वे इन्द्रियों के समान ही मन और बुद्धि को ही ज्ञान के करण मानते हैं और आत्मतादात्म्य को भी ज्ञान मानते हैं, और वास्तव में इन चारों को उत्तरोत्तर क्रम में प्रकृष्टतर ज्ञान मानते हैं। किन्तु यह प्रश्न पुनः प्रष्टव्य है कि इनके विषयों की भिन्नता ज्ञान-मूलक है या कि यह साथ ही सत्तामूलक भी है? यह एक नितान्त मूलगामी प्रश्न है। पाण्डे जी इसका उत्तर देते हैं कि 'सत्ता' को 'वस्तुता' से पृथक् करना आवश्यक है और तब कहा जा सकता है कि वस्तुता सत्ता की एक उपाधि मात्र है और इसी प्रकार अध्यवसाय और तत्त्व आदि भी उपाधियाँ ही हैं, सत्ता इन सब का एक और निरुपाधिक आधार है। इस आधार-सत् को पाण्डे जी चिदात्मक ही मानते हैं किन्तु यह चित् 'जड़ के विपरीत चेतन' या 'जड़ की विषय के रूप में अन्तर्निवेशिनी चेतना', 'विषयापेक्षी चेतना', या वसुबन्धु की विज्ञप्ति रूप नहीं है बल्कि इन सब आयामों को उपाधियों के रूप में धारण कर इनका अतिक्रमण करने वाली शुद्ध चेतना : चैतन्यः है। सत् के स्वरूप पर विचार करते हुए वे कहते हैं–

> कुछ लोग यहाँ सन्देह करते हैं कि यह उत्कर्ष तो ज्ञान का ही होता है, केवल सम्भाव्य अर्थ का नहीं। चित्रकार की प्रतिभा, अथवा गणितज्ञ का ज्ञान, अथवा प्रेयस् की प्रतिपत्ति–ये सब ज्ञान-रूप से ही साध्य का निर्देश करते हैं, अपने विषयों के स्वतन्त्र अर्थ का नहीं। प्रतिभा-विषय अथवा विकल्प-विषय किस प्रकार की वस्तुता का आश्रयण करते हैं इसे लेकर बहुत से परस्पर विरोधी मत हैं। बुद्धिगम्य तत्त्वों में सत् का उत्कर्ष होता हो या अपकर्ष, सत् के नियामक धर्म का बोध तो बुद्धि के द्वारा ही होता है। जैसे-जैसे ज्ञान सूक्ष्म होता जाता है उसी अनुपात में प्रत्यय और उसके विषय का भेद भी क्षीण से क्षीणतर होता जाता है। उसमें बुद्धि द्वारा निर्धार्य आकार ही ज्ञेय विषय के रूप में आगे आते हैं। वे ज्ञानमात्रनिष्ठ होते हुए आन्तर, अनान्तर अथवा अबाह्य किसी अभौतिक तत्त्व-लोक अथवा भाव-लोक में व्यवस्थित होते हैं या कि बाह्य तत्त्वों के संकेत मात्र होते हैं, यह निर्धारित करना दुस्साध्य है। किन्तु तब भी, तत्त्व बुद्धि के निकटवर्ती होते हैं, यह बात तो विवादास्पद नहीं ही है। इस प्रकार कर्म के अंगभूत प्रत्यक्षगत बाह्यार्थ विषयों के जगत् को छोड़कर और बुद्धि में आरुढ़ होकर ही

> तत्त्वों का ज्ञान होता है, जिससे प्रत्यक्षगत जगत् का वस्तुत्व भी पुनर्व्याख्यायित और अधिक विशद रूप में अवगम्य बनता है। बुद्धि भी तत्त्व-सोपान का क्रमशः आरोहण करती हुई जो परम तत्त्व को अधिगत कर विश्राम-लाभ करती है वही सत् का परम रूप होता है, ऐसा समझना चाहिए।...अपने विषय की अवधारणा में बुद्धि सर्वत्र ही उत्तरोत्तर स्वतंत्र होती चलती है, वह प्रत्यक्ष-गोचर विषयों की अवहेलना करके भी प्रत्यक्ष द्वारा प्रदर्शित विषयों को लिपि के समान संकेत रूप में देखती हुई उसमें निगूढ़ पारमेश्वरी सत्ता को उद्‌घाटित करती है।[5]

यहाँ पुनः विषयों का सत्ता-सम्बन्ध अस्वीकृत नहीं है। किन्तु यहाँ प्रश्न हो सकता है कि यह सत्ता किस प्रकार की है? भौतिक अथवा प्राकृतिक या कि चिदात्मक? सम्भवतः पाण्डे जी का उत्तर होगा कि यह सत्ता परमार्थतः चिदात्मक ही है—पारमेश्वरी, किन्तु इसमें भौतिक का वही स्थान है जो चैत्त का है, दोनों इसकी उपाधियाँ हैं। इन्द्रियों की वह सत्ता भौतिक उपाधि में गम्य होती है और अन्तःकरण तथा बुद्धि को चैत्त उपाधि में गम्य होती है। यह निम्न उद्धरण से देखा जा सकता है—

> यदि वस्तु-परिचय को ऐन्द्रिय प्रत्यक्ष तक सीमित माना जाए तो फिर वस्तु-निर्धारण आधिभौतिक जगत् के एक परोक्ष और सम्भावनात्मक विज्ञान के अतिरिक्त सम्भव नहीं है। किन्तु प्रत्यक्ष को करणोपकरणपूर्वक मानना प्रत्यक्ष के स्वरूप के ही विरुद्ध है। वस्तुतः प्रत्यक्ष आत्मानुभूति को ही मानना चाहिए। तत्त्व को भी कार्यानुमेय उपादान मानने पर वह तत्त्व न रह कर अन्य सम्बद्धत्व रह जाता है। वस्तुवैलक्षण्य के रूप में अवधारित तत्त्व विकल्प-पर्यवसायी रह जाता है, क्योंकि लक्ष्य के बिना लक्षण का और लक्षण के बिना लक्ष्य का ज्ञान नहीं हो सकने से लक्षण संकेतमात्र और लक्ष्य बुद्धि-विकल्पमात्र सिद्ध होते हैं। अतएव तत्त्व को अपरोक्षानुभूति में प्रकाशित सत् नहीं कहा जा सकता। इस सत् के सम्प्रेषण के लिए शुद्ध बुद्धि तत् को नाना सांकेतिक तत्त्वों का रूप देती है।[6]

अब, इसका क्या अर्थ है? अपरोक्षानुभूति क्या है? यह सविषया होती है या निर्विषया? सविषया होने पर यह बताना होगा कि इसका विषय अन्य विषयों से भिन्न किस प्रकार है और निर्विषया कहने पर यह बताना होगा कि यह अपरोक्ष किससे है? यह तो भावमात्रता ही कही जाएगी, 'होना मात्र'! किन्तु 'अपरोक्षता' में ऐसी इतरता पूर्वगृहीत प्रतीत होती है जिसके प्रत्यक्ष में व्यवधान निरस्त हो गए हों। ऐसी अपरोक्षता आत्मा से कही जाती है। शंकर और डेकार्ट ने आत्मा को ही ऐसा अपरोक्ष कहा है। किन्तु दोनों ने आत्मा की अपरोक्षता 'पूर्वगृहीतता' की युक्ति से की है—कि आत्मा में सन्देह में ही आत्मा पूर्वगृहीत रहती है। किन्तु यह आत्मा की अपरोक्षता नहीं है जो अपरोक्षता केवल अनुभूति में ही सिद्ध होती है। इसमें ऐसा प्रकाश अपेक्षित है जिसमें आत्मा अपनी भावमात्रता में प्रकाशित होती है। वह तो शुद्ध बुद्धि ही है जो सांकेतिक

रूपों के माध्यम से इसे ऐसे विषय-रूप में जानती है जिसमें यह (आत्मा) अपने को जानने के लिए अपनी परोक्षता को कल्पित करती है। अवश्य ऐन्द्रिय प्रत्यक्ष भी सत् का ही ग्राहक होता है, किन्तु यह शुद्ध बुद्धि के लिए संकेत बन कर ही यह हो सकता है, स्वयं से नहीं। स्वयं से वह अध्यवसायात्मक बुद्धि के योग से आधिभौतिक जगत् का ध्यायी ही हो सकता है, जो जगृत नितान्त पर-रूप में एश्य और अन्वेश्य होता है। इसे पाण्डे जी ने मूल्यों में भूमि-भेद के रूप में व्याख्यायित किया है। वे कहते हैं–

> उदाहरण के लिए गन्ध और स्पर्श के भोग की तुलना में रूप और शब्द के उपादान से सृष्ट कला में सौन्दर्योपलब्धि मूल्य की अधिक अभिव्यक्ति करती है। ऐसे ही कला से अधिक योग-समाधि में सच्चिदानन्द की अभिव्यक्ति होती है।...मूल्यों में भूमि-भेद मानने पर भी यह अभी निश्चेतव्य है कि भूमियों का औत्तराधर्य किस प्रकार निर्धारित होगा? किन लक्षणों से मूल्योत्कर्ष व्यक्त होगा? मूल्य के तीन पक्ष हैं–साध्य विषय, उसकी निरूपक चेतना और उस चेतना में अन्तर्निहित आत्म-बोध।...आत्मा के लिए परम साध्य नित्यसिद्ध और उससे अभिन्न है, किन्तु अज्ञान के कारण नाना अनात्म उपाधियों में उसकी अधूरी सूचना मिलती है और मानव-साधना को जन्म देती है।...मूल्य-बोध में चेतना के चार पक्ष अलग किए जा सकते हैं–विषय-विकल्प, विषयाभिमुख्य या विषयाभिरुचि, दिए हुए विषय के द्वारा निरूपित अभिरुचि का विवेचन और चेतना का आत्मपरामर्श। विकल्प की अभ्रान्तता, गम्भीरता और व्यापकता, अभिरुचि की तीव्रता, स्थिरता, अक्लिष्टता, गम्भीरता, व्यापकता, अन्तर्विरोध-शून्यता, विवेक की गम्भीरता और सूक्ष्मता, एवं चेतना के आत्मपरामर्श की स्वस्थता, प्रांजलता, स्वप्रकाशता, सुखमयता, दुःखमुक्तता आदि मूल्य-चेतना के उत्कर्ष को ज्ञापित करने वाले लक्षण हैं।...सामान्य बोध में आत्मा चित्तवृत्ति में और चित्तवृत्ति विषय में निमग्न रहती है। यह पराङ्मुखता ही अविद्या है और अनर्थ बोध को जन्म देती है। इसके विपरीत जहाँ तक विषय वृत्ति को प्रतिबिम्बित करता है और वृत्ति आत्मा को वहाँ तक प्रत्यङ्मुखता का जन्म होता है जो मूल्य-बोध को उपस्थित करती है।[7]

इस मूल्य-बोध की पराकाष्ठा आत्मतत्त्वबोध में होती है जहाँ बोध और भाव (होना) एक ही बात होते हैं। बोध और भाव के इस अभेद को सत् की पराकाष्ठा या परमता भी कहा जा सकता है।

पाण्डे जी की तत्त्व-मीमांसा को समझने के बाद उनके संस्कृति-दर्शन और कला-दर्शन का विवेचन सरल हो जाता है, क्योंकि ये उनके तत्त्व-दर्शन के तारतम्य में ही हैं। यहाँ यह उल्लेखनीय है कि इन दोनों क्षेत्रों में भी उनका योगदान अत्यन्त महत्वपूर्ण है।

संस्कृति को पाण्डे जी इस प्रकार परिभाषित करते हैं–

> संस्कृति का आविर्भाव व्यक्ति-चित्त में साक्षात्कारात्मक अर्थ (रेवेलेशन) के रूप में होता है और यह अर्थ सृजनात्मकतया प्रतीक के रूप में सामाजिक परम्परा में प्रवेश करता है। ... किसी संस्कृति को समझना ऐतिहासिक रूप में प्रदत्त प्रतीकों और अभिप्रायों के प्रसंग में मानव के आत्मचरितार्थन की आध्यात्मिक प्रक्रियाओं को समझना होता है।[8]

इस परिभाषा से स्पष्ट है कि पाण्डे जी संस्कृति को किसी समाज की आर्थिक, औद्योगिक या यंत्रपरक उपलब्धियों से परिभाष्य नहीं मानते, यहाँ तक कि वे उसे उसके राजनीतिक व्यवहार, कला-रचनाओं और धार्मिक अनुष्ठानों से भी परिभाष्य नहीं मानेंगे, वे इन सबको समाज के आत्मानुसन्धान के लक्षणों के रूप में ही देखेंगे। इस प्रकार, किसी समाज में विज्ञान का प्रामुख्य है या धार्मिकता की प्रधानता है या दार्शनिकता की, यह सब इस बात पर निर्भर करेगा कि वह समाज अपनी आत्मा का तादात्म्य किस में देखता है, किस सिद्धि को आत्मसिद्धि के रूप में देखता है। वह विरोचन के समान देह को ही आत्मा देखता है या कि चित्त को, या कि इन्द्र के समान शुद्ध चैतन्य को! पाण्डे जी के शब्दों में–

> तर्क किया गया है कि संस्कृति एक आकार या संस्थान रूप होती है और संस्कृति के सम्बन्ध में यह एक बहुत व्यापक मान्यता है। यदि संस्कृति विविध उद्योगों का संस्थान, या तकनीक-संस्थान या समाज-रचना नहीं है तो यह इन सब का और दूसरे कार्य-व्यवहार का समावेशी विशिष्ट प्रकार का सावयव गठन होता है।

किन्तु संस्कृति-विषयक इस प्रकार के बाह्यात्मक विचारों और परिभाषाओं का निराकरण कर वे कहते हैं–

> एकत्व (सावयवता) का मूल आत्मचेतना में होता है। जब हम किसी संस्कृति में किसी चित्र से या दार्शनिक रचना से प्रभावित होते हैं तब उसके आधार में वास्तव में हम उसके रचयिता के आत्मचरितार्थन को ही देखते हैं। प्राकृतिक जगत् में यह सही भी हो सकता है कि अधिक जानकारी अधिक बड़े व्यवस्थान की ज्ञापक हो, किन्तु संस्कृति का जगत् स्वतन्त्र रूप से अस्तित्ववान् वस्तुओं का जगत् नहीं होता। संस्कृति की कोई भी शाखा प्रकृति के समान विषयवस्तुओं की सत्ता नहीं है। प्रकृतिविषयक लोकसामान्य धारणा के विपरीत, संस्कृति जगत् के सहभागी विषयों की प्रथम दृष्ट्या स्वतन्त्र सत्ता के जैसी सत्ता भी नहीं होती। सब प्रकार के सांस्कृतिक अनुभव अनिवार्यतया आत्मचेतनामूलक ही होते हैं। किसी वस्तु के संस्कृति की प्रतिमा होने के लिए उसकी चेतना की अभिव्यक्ति होना अपेक्षित है।[9]

इससे ऐसा प्रतीत होगा जैसे पाण्डे जी मानो प्रकृति को एक पृथक् और स्वतन्त्र सत्ता मान रहे हों। किन्तु वास्तव में ऐसा नहीं है। प्रकृति की इतर के रूप में स्वतन्त्रता केवल चेतना के आत्मप्रकाश में सीमित होना ही है। वे कहते हैं–

> सम्पूर्ण सांस्कृतिक प्रक्रिया 'इतर' का आत्मा से अभेद पाने की प्रक्रिया ही होती है। आत्मचरितार्थन की सम्पूर्ण प्रक्रिया यह बोध साधने की प्रक्रिया ही होती है कि इतर वास्तव में इतर नहीं है, वह 'आत्मा' से अभिन्न है।...सर्वज्ञता वास्तव में आत्मचेतना द्वारा इतर सब का आत्मसमावेशन ही है, जिसमें विषयी और विषय में केवल प्रातीतिक भेद ही रहता है, वास्तविक नहीं।[10]

संस्कृति को इस प्रकार आत्मा द्वारा समाज के माध्यम से अपने स्वरूप को पाने की प्रक्रिया अथवा कहें अपने पर से अनात्म का आवरण निवारित करने की प्रक्रिया कहने का अर्थ है 'आत्मा' को 'वैयक्तिक अस्मिता' का पर्यायवाची नहीं देख कर वैयक्तिक अस्मिता को केवल औपाधिक देखना और इस प्रकार सांस्कृतिक अभियान-प्रक्रिया को आत्मा के आत्मचरितार्थन के वैश्व अभियान या प्रक्रिया के रूप में देखना। यह इससे और स्पष्ट हो जाता है कि पाण्डे जी विभिन्न संस्कृतियों को एक आधार संस्कृति के और विभिन्न इतिहासों को एक वैश्व इतिहास के अंगों के रूप में ही देखते हैं। उनके अनुसार "सिद्धान्ततः इतिहास केवल एक है जिस पर हम पहुँच सकते हैं और इस प्रकार की एक ही संस्कृति, अथवा कहें एक ही परासंस्कृति है।"[11] संस्कृति-विषयक इस तत्त्व-दृष्टि को आधार बनाकर ही पाण्डे जी ने भारतीय संस्कृति का विस्तृत और गहन अध्ययन *भारतीय परम्परा के मूल स्वर, फाउण्डेशन्स् ऑफ इण्डियन कल्चर* तथा *भारतीय समाज* आदि ग्रन्थों में किया है और *एकं सद्विप्रा बहुधा वदन्ति* में सब धर्मों की प्रकट विभिन्नता की एक आधार में प्रतिष्ठा प्रदर्शित की है।

इसी प्रकार कला के स्वरूप-विवेचन में भी पाण्डे जी की इसी तत्त्व-दृष्टि को देखा जा सकता है। कला के विवेचन में उनकी यह तत्त्व-दृष्टि रस-विषयक विचार में सर्वाधिक स्पष्टतया प्रतिपादित हुई है। इसमें सर्वप्रथम द्रष्टव्य है कि वे जिस प्रकार ऐन्द्रिय प्रत्यक्ष को वस्तु-सत्य का ग्राहक देखते हैं उसी प्रकार बुद्धि को भी देखते हैं, और ठीक उसी प्रकार प्रतिभा को भी वस्तु-सत्य का ग्राहक ही देखते हैं। ग्रहण के ये रूप परस्पर आधारभूत रूप से भिन्न हैं, यह स्पष्ट है और तब उसी प्रकार इनकी ग्राह्य वस्तुओं के रूप भी भिन्न हो जाएँगे। किन्तु जैसा कि हमने पीछे देखा, ये भेद केवल उपाधि-भेद मात्र हैं, मूल वस्तु एक ही है–आत्मा। किन्तु यहाँ महत्वपूर्ण बात यह है कि ये सब वस्तु-सत्य के दर्शन के ही रूप हैं। पाण्डे जी इन रूपों में ऊर्ध्वाधर्य भी देखते हैं। ऐन्द्रिक वस्तु-ज्ञान और उसका ग्राह्य वस्तु-रूप जबकि अधस्तम है, प्रातिभ वस्तु-ज्ञान और उसका ग्राह्य वस्तु-रूप ऊर्ध्वतम है। यह प्रातिभ वस्तु-ज्ञान किस प्रकार का है? इसका आदर्श रूप वैदिक काव्य में देखा जा सकता है। वे कहते हैं–

> वेद में काव्य की मूलभूत शक्ति, साक्षात् ज्ञान और मनीषा को एकात्मक माना जाता था। मानव-कवि दिव्य कवि का मात्र प्रतिनिधि था। साक्षात्कार, सर्जन-शक्ति, रचना और छन्द–ये वास्तव में दिव्य चेतना की सम्पत्ति हैं। देवताओं को कवि, द्रष्टा और रूप-निर्माता माना जाता था। मनुष्य देवताओं का अनुकरण ही कर सकता था, शब्द-साम्राज्य में स्रष्टा का पद ग्रहण कर सकता था। किन्तु कवि जिसकी सृष्टि करता है वह देवेषित होने के कारण प्रामाणिक अथवा सत्य-सहित होना चाहिए।[12]

इसी प्रकार,

> ...संस्कृति के मूल पर्व में एक सनातन विद्या का उन्मेष देखा जा सकता है, जब प्रतिभाशाली पुरुषों की सहज बुद्धि दिव्य प्रेरणा ग्रहण करने में समर्थ थी, जब द्रष्टा शाश्वत धर्म का साक्षात्कार प्राप्त कर शब्दों में उसकी सहज अभिव्यक्ति कर सके थे। यह वस्तुतः काव्य का मांत्र युग कहा जा सकता है जब 'कवि' शब्द मानवीय कवि और ईश्वर के लिए समान रूप से प्रयुक्त होता था।[13]

यहाँ जो विशेष बात उल्लेखनीय है वह यह कि पाण्डे जी यहाँ 'ज्ञान' शब्द के अर्थ को जो विस्तार दे रहे हैं वह यद्यपि वैदिक दृष्टि के अनुकूल हो सकता है किन्तु भारतीय परम्परा में स्वीकृत ज्ञान-विषयक दृष्टि से पूर्णतः समंजस नहीं है। भारतीय दार्शनिक परम्परागत दृष्टि ज्ञान को वस्तुतंत्र और वस्तु को पूर्वसिद्ध और स्व-तन्त्र सत् स्वीकार करती है और उसी के अनुसार ज्ञान का लक्षण त्रिकालाबाधितत्व स्वीकार करती है। इसलिए इस दृष्टि में सृजन के सत्य-संध होने के लिए कोई अवकाश नहीं रहता। *ब्रह्मसूत्रभाष्य* में शंकर द्वारा 'अथातो ब्रह्मजिज्ञासा' सूत्र के भाष्य में 'धर्म' और 'ज्ञान' के भेद का विवेचन यहाँ ध्यातव्य है और उनके ज्ञानविषयक इस प्रतिपादन को वास्तव में भारतीय दृष्टि का ही नहीं सामान्यतः सभी की दृष्टि का प्रतिनिधि कहा जा सकता है। किन्तु पाण्डे जी की दृष्टि इस दृष्टि से भिन्न है, यह हमारी व्याख्या से स्पष्ट है। इसी प्रकार पाण्डे जी रस का विवेचन करते हुए सत्यविषयक भारतीय धारणा का विस्तार करते हैं। उनके अनुसार "कला जिस सत्य का अनुसंधान करती है वह सम्बन्धात्मक सत्य नहीं है, वह प्रतिविशिष्ट तथ्य का सत्य है। यह तर्क-गोचर न होकर भाव-गोचर है।"[14] यहाँ कहा जा सकता है कि 'तर्क–गोचर सत्य' और 'भाव–गोचर सत्य' में गोचरता समान होनी चाहिए और इस प्रकार सत्य भी समान ही होना चाहिए। यह सही है। किन्तु जो सत्य इन दोनों उपाधियों को धारण कर सकता है वह इन दोनों से अतिक्रांत ही हो सकता है। इस सत्य को त्रैकालिक और आत्मविश्रान्त तथा स्वलक्षण ही होना चाहिए। किन्तु ऐसा सत्य तर्कोपाधि में तो लक्षित हो सकता है, भावोपाधि में नहीं, जो सृजन-धर्मा है।

पाण्डे जी की तत्त्व-दृष्टि के उपर्युक्त विवेचन से स्पष्ट है कि वे अद्वैतवेदान्त-परम्परा में एक मौलिक चिन्तक हैं और उन्होंने उस दृष्टि को विस्तार देते हुए साधारण लोक-जीवन से लेकर संस्कृति, समाज और कला तक विभिन्न पक्षों को उसके अन्तर्गत विवेचित किया है। शंकर ने भक्ति-काव्य की रचना करके भी[15] अपने दार्शनिक विवेचन में भक्ति पर न केवल कोई विचार ही नहीं किया है बल्कि उसके लिए कोई अवकाश भी नहीं रखा है। किन्तु पाण्डे जी ने उस दर्शन को इस प्रकार रूपान्तरित कर दिया है कि उसमें अनुभव के सभी आयाम अपना स्थान पा लेते हैं। इसके पीछे उनकी जो दृष्टि है वह रसविषयक प्राचीन चिन्तन के नवीकरण के उनके प्रस्ताव में देखी जा सकती है। वे कहते हैं–"यह सही है कि कुछ विद्वानों ने उसकी (रस की) शास्त्रीय चर्चा को फिर से प्रस्तुत करने का श्लाघनीय प्रयत्न किया है, किन्तु उसके अभी पुरानी पारिभाषिकता के दुर्ग से न निकलने के कारण उसको एक जीवन्त प्रत्यय के रूप में प्रस्तुत किया जा सकता है, यह नहीं कहा जा सकता।"[16] पाण्डे जी वेदान्त दृष्टि को भी पारिभाषिकता के दुर्ग से मुक्त करने और उसे एक जीवन्त प्रत्यय के रूप में इस कारण प्रस्तुत करने में सफल हो सके हैं क्योंकि वे आद्यन्त विचारों के घात-प्रतिघातों के जीवन्त सम्पर्क में हैं, जैसा कि उनके ग्रन्थों में अद्यतन पाश्चात्य वैचारिक वाङ्मय की आलोचनाओं से देखा जा सकता है।

सन्दर्भ

1. द्रष्टव्य, पाण्डे जी के 'अग्रि-बीज' और 'क्षण और लक्षण' काव्य-संग्रहों पर *माध्यम* पत्रिका में प्रकाशित मेरा लेख 'आधुनिकता, दर्शन और कविता' तथा 'हंसिका' काव्य-संग्रह पर *साक्षात्कार* पत्रिका में प्रकाशित लेख 'एक हंस चेतना की काव्य-रचना।' ये दोनों लेख मेरी पुस्तक *साहित्य-चिन्तन* और *युग-चिन्तन*, राका प्रकाशन, इलाहाबाद (1998) में भी संकलित हैं।
2. पाण्डे जी की दार्शनिक कृतियों पर मेरे निम्न लेख द्रष्टव्य हैं–साहित्य, सौन्दर्य और संस्कृति पर 'साहित्य, सौन्दर्य और संस्कृतिः एक तात्त्विक विवेचन', मूल्य मीमांसा पर 'मूल्य-विमर्श' और भक्ति-दर्शन विमर्शः पर 'भक्ति का दार्शनिक विमर्श।' ये लेख पहले क्रमशः *साक्षात्कार, नया प्रतीक* और *उन्मीलन* पत्रिकाओं में प्रकाशित हुए और अनन्तर *साहित्य-चिन्तन* और *युग-चिन्तन* लेख-संकलन में प्रकाशित हुए।
3. द्रष्टव्य, गोविन्द चन्द्र पाण्डे, *मूल्य मीमांसा*, राजस्थान हिन्दी ग्रन्थ अकादमी, जयपुर, 1973, पृ. 266
4. वहीं, पृ. 230-234
5. गोविन्द चन्द्र पाण्डे, *भक्तिदर्शन विमर्शः*, सम्पूर्णानन्द संस्कृत विश्वविद्यालय, वाराणसी, 1991, पृ. 661

6. गोविन्द चन्द्र पाण्डे, 'तत्त्वमीमांसा का जन्म और निधन', *उन्मीलन, षाण्मसिक दार्शनिक पत्रिका,* अंक-1, वर्ष 1, 1985, पृ. 11-12
7. *मूल्य मीमांसा,* पृ. 89-91
8. G.C. Pande, *The Meaning and Process of Culture,* Shivlal Agarwal, Agra, 1982, p. 2.
9. वही, पृ. 8
10. वही, पृ. 40-41
11. वही, पृ. 24
12. गोविन्द चन्द्र पाण्डे, *भारतीय परम्परा के मूल स्वर,* नेशनल पब्लिशिंग हाउस, नई दिल्ली, 1989, द्वितीय संस्करण, पृ. 108
13. गोविन्द चन्द्र पाण्डे, *साहित्य, सौन्दर्य और संस्कृति,* हिन्दोस्तानी ऐकेडमी, इलाहाबाद, 1994, पृ. 27
14. *मूल्य मीमांसा,* पृ. 105
15. द्रष्टव्य, गोविन्द चन्द्र पाण्डे, *शंकराचार्य: विचार और सन्दर्भ,* नेशनल पब्लिशिंग हाउस, नई दिल्ली, 1991, अ. 1 तथा *लाइफ एण्ड थॉट ऑफ शंकराचार्य,* मोतीलाल बनारसीदास, 1994, अ. 5
16. *भारतीय परम्परा के मूल स्वर,* पृ. 102

7

Understanding Value in Ātamānusandhāna

Some Observations on G.C. Pande's Mūlya-Mīmāṃsā

Indu Sarin

Prof. Pande argues that the distinctive condition of man is a value-seeking being. Man not only lives but he also critically reflects on his doings. Starting from his given empirical identity, he seeks for his transcendental identity. The quest for transcendental identity is the quest for values. The search for transcedental identity is potentially present in every human being. Man who lives in time seeks for eternity. The quest for value is in this passage from time to eternity.

Man is not satisfied with what it is; he searches for what it ought to be – a shift from the desired to the desirable. Pande holds that from a point of time, the individual seeks the perennial, "not merely to contribute to another point in future".[1] This quest for the perennial is the outcome of self-consciousness that is attained not by seeing the factual world but by seeing through oneself, traversing the path of values.

With the growth of self-consciousness, man becomes aware of his own tendencies. He does not accept his tendencies as they are but searches for the ideal objects recommended by reason. The search for the ideal objects (in contradistinction to the given objects of experience) in the interval of given things is a specific search of human life. This desire *eṣaṇā* for the higher *parā-paryeṣaṇā* is the search for value. Human life is distinguishable from material existence and other forms of life due to its freedom to accept or reject inherent purpose and inert tendencies in the light of reason. Man is never satisfied with the given form of the object but he wants to achieve it in the ideal form.

Pande holds that desire, reason and freedom are involved in the concept of value.[2] Desire and reason are object-oriented. Freedom being the characteristic feature of the doer is subject-oriented. But all the above three dimensions of consciousness project the object of their deeds as well as the subject in relation to its object, revealing both at the same time.

In the value experience, the object of desire (desirable) is not just any object but it is very specific. It is the object, which is determined by knowledge. So the knowledge determined objectivity becomes the differentia of desirability. The objectivity of desire and knowledge hold the same object in the value experience. The subjectivity of desire and knowledge also gets a locus in the same free subject and motivate it to do actions. There is reconciliation of objectivity of desire and knowledge with the subjectivity that wants to express itself as a doer. Therefore, that which is desired in its known form and which can be attained by a free subject can be called value. In other words, it can be said that value is a concept that refers to an object of desire in its ontic form by a subject. The relation between the two is that of *sādhya* and *sādhaka*.

Pande holds that freedom is the characteristic feature of human consciousness. When the latter falls from its nature, it gets in bondage and experience insufficiency (helplessness) in the midst of finite objects. It then aspires for a complete, sufficient and transcendent state of being. This manifests in the quest of value. Value knowledge, value quest and efforts to achieve value define the true nature of human consciousness.[3]

Pande distinguishes between desire and desirability. Whatever is valuable is desirable. From this some thinkers hold that values are the object of desire. Pande has gone into the deeper scrutiny of the connection between desire and value. His investigation reveals that on the basis of a difference between the reality and the ideal of desire, between that which is desired and desirable, a dichotomy of pleasure and good is drawn. If this distinction is accepted as the difference between the objects of desire, it turns out to be a difference among desires and nothing else. The good also becomes a variety of pleasure (which it is not). However, if it is accepted that some objects are independently sought and chosen by reason, the dichotomy becomes valid.

However, Pande does not accept the separation of reason and desire in the context of value. He says that in desire itself reason is inherent in the form of awareness of ends and in the awareness of ends an inherent desire is present due to its being a possible awareness of the object of desire. In Pande's view, reason and desire should not be acknowledged as different types of awareness. The nature of the same object manifests in different dimensions differently due to the dominance of one aspect over the other.

Pande maintains that there are two elements in desire – intentionality *(saviṣayatā)* and inspiration *(preraṇā)*.[4] Inspiration turns into action through some latent cause and intentionality is the awareness of an object and organises its objects. On one hand, the awareness inherent in desire is the self-consciousness of the subject, which is regulated by the external cause and on the other, it is the means-oriented consciousness of the utility of the object. Knowledge is inherent in desire and the utility-consciousness that emerges out of it is neither purely dependent on tendencies nor on pure reason. The awareness of natural tendency comes up in the form of expectation and expectation projects the appropriate object on the basis of experience. Reason acts in the whole process as the reconciler of conflict between various desires and self-consciousness of desirable objects – ideals.

In the consciousness of the desirable, there is an emergence of value but at the same time, it is also felt that the decision of value is possible through analysis. Pande holds,

> अभीष्टबोध में मूल्य का आभास होता है किन्तु साथ ही यह भी बोध होता है कि मूल्य का निर्णय विवेचन द्वारा ही हो सकता है। एषणा मूल्य को आभासित करती है किन्तु यह आभास विवेक शोध्य होता है। इससे यह ज्ञात होता है कि एषणा मात्र मूल्य की जननी नहीं है। इसीलिए अभीष्ट होने से ही कोई विषय मूल्यवान नहीं हो जाता, उसे विवेक के द्वारा अनुमोदन भी प्राप्त होना चाहिए .... विवेक एषणा सहित .... ही पर्येषणा है .... इष्टता के बोध में आभासित मूल्य के अन्वेषण को विवेक आत्मदर्शन की ओर ले जाता है।[5]

Self-consciousness is thus the combination of desire and reason. The reason-combined desire is *paryeṣṇā* and its gradual development presents the world of value before us.[6] *Paryeṣṇā* puts the individual on the path of *ātamānusandhāna*.

The value is not a part of nature, it is subject-dependent. Natural attributes of an object according to Pande are received by way of inherent copying (passively). Those attributes, which are designated as value emerge out of freedom and their reception depends on the test of its educated (refined) reason. It is delineated through the symbolic expression and its consciousness is directed to the self through the mediation of a mirror-like anchor. For example, every human being can get joy through music but only those who have a refined taste acquired through music education can judge its quality.

Although the material world in its known form cannot be regarded independent of consciousness, yet its cognition does not project any self-consciousness. Contrary to this, there is a necessary self-relatedness in value-consciounsess, which means that value is not in the object out there. It is a very significant comment on the nature of value that clearly delineates Pande's view. In a nutshel, we can say that values are subject-type and not object-type. To accept value-consciousness as objective cognition is to render it to the world of entities independent and indifferent to the subject. Value consciousness, therefore, cannot be accepted as pure cognition.

Pande defines value in terms of an end or ideal worthy to be sought for. Value is projected through reflective consciousness that has the discriminating ability (*vivek*) to distinguish between the deeper and the superficial, phoney and real, and to know what is excellent. Value refers to this level of excellence in the object, which is to be contrasted with the natural qualities of the latter. In this sense, value implies gradation of the qualities of the object by the subject who after evaluating, seeks for the best. To be befitting and to be worth attaining characterize the value-pursuit that has a dimension of depth in it.

To say that value is subject-dependent is not to prove that irrelevance of the object. Value presupposes the following elements:

1. Subject who judges and seeks an ideal.
2. Objective correlate – the terminus of seeking, object is judged to be valuable.
3. Interrelationship between the subject and the object.

It is only through the convergence between the subject and the object that the core of value gets revealed. Though value presupposes the object, yet the factual object as such is not the value. To say this is valuable and this is here (factual object) are not identical. Value is not assimilation of facts but projection of ideals.

In the above discussion, Pande defines human ends or *puruṣārtha*. They are neither bare objects nor are they bare desires. They are the unity of both. Similarly, value-consciousness is also neither purely subjective nor objective. It is real but its reality is not nature-dependent. Its reality lies in the inevitability of its nature, in its rationality and in the mystery of its un-analyzed totality. Its desirability lies in its ideal that is found in the perfection of all imperfect things and which helps in determining their hierarchy and fixing standard for their refinement.

Human awareness starts with the difference between the subject and the object. However, at the level of sense perception, the object of knowledge and the subject remain disconnected. At the mental level, the development of conceptual knowledge gives depth to the object. The knowledge reveals the subject-object difference and renders the subject as mere point of reference without having any nature of its own.

At the rational level, concepts become the object of knowledge. The process of merging of these concepts begins in the self. It is realized for the first time that the only real objects are those, which are desirable and whatever is desirable should be brought to reality. This is the awareness of value or ideal and this awareness arises only in the process of self-endeavour (*ātamānusandhāna*). It consists of knowing object fully in the context of the whole. The whole is not in objectivity but is in the synthesis of subject and object, inner and outer. In value-consciousness, the object-consciousness and the subject-consciousness are related dialectically. The self turns out to be helpful for value achievement and value turns out to be helpful for the attainment of the self.

The awareness of value emerges only in the critique of the concept of the self as an object. The unification of subject-obejct takes place only in the self. The nature of self is both apparent and latent. As such it becomes an object of search. The apparent self thinks itself to be a finite subject dependent on the world of objects. The real self on the other hand is infinite, timeless and autonomous. The tension between the apparent and the real self inspires one to search for its reality and to attain its infinite, autonomous, eternal being. This is the quest of self as well as that of value.

Pande holds that axiogenesis involves knowledge, emotion (*bhāva*) and urge (*aiṣṇā*), but it is not to be identified with any one of them. Value, of course, presupposes knowledge of the object but mere knowledge is not enough. Nothing is regarded as valuable just because one is emotionally inclined towards it. Similarly, nothing is regarded as valuable which is an object only of desire (urge). An object becomes an object of value only when its desire joins with *bhāva* and both of them join with its knowledge. When all the above three join together, the object of desire becomes an end. So in this sense, value can be called as an end or an ideal.

Value-consciousness is cognitive but this knowledge is basically self-knowledge,[7] which is efficient in judging the objects of knowledge. It supports a reconciliatory insight beyond the analytical, partial knowledge. The immediacy of the value-consciousness makes it sensation-like but it is different from that because it is not non-reflective or pre-reflective. Value-consciousness, therefore, is neither pure reason nor pure sensation.

There is a great controversy over the issue whether values are subjective or objective. Due to this duality, we find opposite views regarding the nature of value. The cognitivist view assumes it as an ontic whereas the conativist view holds it to be the fulfilment of certain desires. Pande maintains that to recognize the value of an object is not liking or disliking it. It is also not merely an attitude.[8]

The choice of an end or an ideal is not a dry logical exercise, it involves the sensitivity of the subject. Knowledge must commit onseself to a distinct praxis. *Bhāva* and desire are required so that the subject identifies himself with the ideal and is possessed with the urge (not psychological but transcendental) to attain it and consequently gets transformed. This is the difference between axiological formulation and theoretical construction. Value is not an abstract ideal; it must press for its realization. It is an ideal to be aspired for, which shows the worth and desirability of the ideal. At the rational level, consciousness finds a difference between its objects and its substratum. The urge to know the essence of the object (which is not apparently available) is presented as the ideal. Value-pursuit is the pursuit to achieve the ideal. It involves desire, knowledge and action.

Pande states that the concept of ideal implies ability, relevance, applicability, its being high or excellent and subject's attraction towards it.[9] The ideal must have the ability to become the object of desire. Its relevance lies in its resting, i.e., being flawless in comparison to other and opposite ends. In its mental perception, it must be an object of appreciation. But mere appreciation is not enough; the subject must be attracted towards it, so that he can attain it and make it a part of his being. Mere appreciation projects the object as such but attraction projects self-awareness. In the spiritual quest, the self itself becomes an object of value and there is a search for its depth, height and truth. The value at this level is self-oriented and self is value-oriented.

Pande maintains that human life is multidimensional and every dimension has its own specific ends. There is nothing common among them. From this point of view, it seems that life is divided into multiplicity of values like bodily-social, intellectual-cultural and spiritual-transcendental. The clear picture of value for Pande is to be seen only in the spiritual-transcendent dimension. The discriminating ability (*vivek*) is the highest at this level. This is the process of self realization (*ātma-khoj*) where the intrinsicality of value is fully captured. At this level, the end is desirable purely for its own sake and not because of something else. One is ready to sacrifice even bodily-social, intellectual-cultural values for self-realization.

At the ordinary level, the pluralities of values in the context of the above three dimensions appear to be conflicting but at the level of *ātman*, they get harmonized and unified. *Ātman* is the foundation of the embedded unity of disparate dimensions of value that satisfactorily encapsulates less satisfactory value-profiles. It is only in the pursuit of spiritual-transcendental quest that the real nature of value is understood. The values of different spheres of life get systematic unification in the attainment of self.

The attainment of the real nature of self is the end (*sādhya*) of the spiritual quest of value. It is to be sharply distinguished from the apparent self or ego.[10] Imposition of external object on the real self gives rise to ego. The latter gets involved in the world of objects. The present state of self (ego) is the seeker (*sādhaka*). When the *sādhaka* is confused with *sādhya,* an illusion of self-endeavour takes place. To accept the ego as the source of value is selfishness, ignorance and the root of misunderstanding. Pande states, "अहं को मूल्यों का मूल मानना ही स्वार्थ है, सत्काय दृष्टि है, अविद्या है, अनर्थमूल है। स्वार्थत्याग से मूल्य प्राप्ति होती है।"[11]

Value is realized in abandoning selfishness and the process of abandoning culminates in the dissolution of ego. The lower objects of consciousness can be sacrificed for higher ends. Value-quest is not *bhog* but is *upāsanā* in the words of Pande. Appreciating an object and getting involved in it is *bhog*. Abandoning it for the attainment of higher ends is *upāsanā*.

Pande contrasts practical life with *sādhanā*.[12] He mentions three types of *tripuṭis* (trinities):

(*a*) Trinity of knowledge (*jñāna*) – knower, knowledge and known (*pramātā, pramā* and *prameya*).

(*b*) Trinity of desire (*aiṣṇā*) – desirer, desire and desired (*aiṣitā, aiṣṇā* and *aiṣya*).

(*c*) Trinity of action (*karma*) – doer, action and deed (*kartā, karma* and *kārya*).

In the quest for self *ātamānusandhāna,* these trinities dissolve into the cohesive trinity of *sādhaka, sādhanā* and *sādhya.* In practical life, the above three trinities form three different dimensions but in *ātamānusandhāna,* they reconcile with each other and dedicate to the quest of value. Pande says,

> प्रमाता, प्रमा और प्रमेय, एषिता, एषणा और एष्य, कर्त्ता, कर्म और कार्य, ये तीनों त्रिपुटियाँ आत्मानुसंधान की प्रक्रिया में समरस होकर साधक, साधन और साध्य की महात्रिपुटी में पर्यवसित होती हैं। व्यवहार के स्तर पर त्रिपुटियाँ पृथक्-पृथक् आयाम बनाती हैं, साधना के स्तर पर ये समन्वित होकर मूल्य का संधान अर्पित करती हैं।[13]

In practical life, knowledge depends on causality and functions in the backdrop of public practice. Desires remain blind either by selfish motives or by social conventions. Actions aim at objects which are given by inherent tendency or obtained by conventions. These three dimensions in practical life conflict with each other. To avoid the conflict between publicly accepted purpose and environment, action exploits knowledge to fulfil the desire. The inconsistency between internal expectation and experience creates the difference of reality and imagination, of valid knowledge and illusion. For the success of action, the knowledge of helpful means and obstacles is necessary and knowledge grows in this very backdrop.

The awareness of purpose and awareness of object emerge in practical life in different ways. Awareness of purpose is an intuition of the end whereas the awareness of object emerges as the knowledge of alternative means. In practical life, the publicly accepted purposes are normally accepted as they are. The awareness of wordly objects becomes valid knowledge through science by examining the means of obtaining that knowledge.

The direction of desires is determined by the tendencies *(saṃskāras)*, that of action by desires and that of knowledge by actions, although by their very nature, desires remain inherent tendencies, actions remain the self-emerged externalizing causal activity and knowledge remains the managing element of the doer. Consequently, although interdependence is imposed on desire, knowledge and action in practical life, in their nature they remain separate from each other. Pande states,

> फलतः व्यवहार के संदर्भ में इच्छा, ज्ञान और कर्म के बीच परातन्त्र्यात्मक संबंध आरोपित होते हुए भी स्वरूपतः पृथक् पदार्थ रहते हैं।[14]

Desires remain separate at the level of emotions, knowledge and actions remains separare at the level of external activity. Due to this separation, many thinkers hold that the different dimensions of consciousness have different values such as beauty (for desire), goodness (for action) and truth for knowledge.[15]

Contrary to the above view, some thinkers hold that value is desire-oriented and regard it separately from knowledge. In fact, in all these views there is a misunderstanding about the practical and the *sādhanā* aspect of life. To quote Pande,

> कुछ विचारक मूल्य को एषणात्मक मानकर वस्तु और ज्ञान से पृथक् एवं अन्य विचारक मूल्य को वास्तविक मानकर एषणा और ज्ञान से पृथक् प्रतिपादित करते हैं। वस्तुतः इन सभी मतों में जीवन के व्यावहारिक और साध्नात्मक पक्षों की अविवेक हैं।[16]

Human desire, by enslaving knowledge, can either become a race in the heated sand of practical life to achieve the mirage of *artha* and *kama*, or be in the stream of *sādhanā*. The latter can find the value pilgrimage, which is above (*parā*) the common level (*avara*).

Pande distinguishes *sādhanā* from the following conventional religious social practices. The latter, according to him, is only the external form or religion based on ego and blind faith. He says,

> एक सामाजिक परम्परा के पालन के रूप में धर्म को बहिरंग ही माना जा सकता है। उसका आधार सामाजिक संस्कार, भय, अंधविश्वास, स्वार्थ, लिप्सा आदि होते हैं।[17]

Calling onself Hindu, Sikh, Muslim and Christian, etc. denote following religion as the social face of *sādhanā*.[18] On the other hand, it is the realization that impels the *sādhaka* constantly to transform him. At this level, the duality between the other and myself vanishes.

With the growth of *sādhaka bhāva,* the doer-ship is transformed in the direction of freedom from the demerit of ego-based dependence; knower-ship is transformed (in the direction of freedom) from the demerit of indifference and aspirant-ship is transformed (in the direction of freedom) from the lust-based dependence. Pande remarks,

> ...आध्यात्मिक साधना एक जीवन्त अनुभूति और अभीप्सा है जो साधक को निरन्तर अपने आपको बदलने और अपने अहंकार एवं वासना की परिधि के बाहर निकलने पर बाध्य करती हैं।[19]

When life becomes *sādhanā,* man gets acquaintance with a world of rhythm of *līlā* (playfulness) instead of the indifferent objective world of struggle driven by the urge of survival and passion. He yearns to attain perfection in his life and seeks for eternity in time. Pande says that perfection of self is a candidate of value.[20] Pande examines the concept of perfection. Perfection, he says, is conceived as a quality of having flawless attribute. It can be of two types:

1. Perfection is the quality of having some attributes without incompleteness or impurity. It is fully actualized. Plato's concept of the universal is the standard of this type of perfection. Its objectivity is out there independent of self. Pande calls this "partial perfection". The realm of value for him does not belong to it.
2. The complete perfection is the perfection of the self (*ātman*), which is personal. It can be definitely seen in the concept of value. The Buddhist term *pāramitā* is the most appropriate for this kind of perfection. Human perfection is not given or inborn attribute. It is something to be achieved. It is to be realized by the specific individual. It is universal-specific and cannot be explained in a general form. It is to be realized through the concretization of ideals.

Sensuousness is to be transcended for mental; mental is to be transcended for rational; and rational to be transcended for the real self (*ātman*). Knowledge for Pande reveals that which is. Bliss (*ānanda*) cannot be the object of knowledge; it is not to be known but to be felt. Only love-seeking (not pleasure-seeking) desire comes to realize the latent or real self. At this point, the meaning of love seeking needs more elaboration. Pande has not elaborated the concept of love. Love, ordinarily speaking, has many connotations. To my mind, Pande is not using the concept of love in the mundane sense as blind infatuation belonging to the psychophysical dimension of man. He is using it in the spiritual sense founded on faith (*śraddhā*), devotion and sacrifice.

The real self itself is the criterion of the realization of value. There is no objective criterion to judge this value; the individual himself is the paradigm. The peace or tranquility of consciosness (*ātmic śānti*) is the criterion of reliability. Pande says,

> जब तक अनित्यता, अशांति, सीमितता, तृष्णा, अप्रकाशता आदि का बोध रहता है, तब तक स्पष्ट ही अभ्रान्त आत्मज्ञान की प्राप्ति नहीं हुई ...चेतना को स्वरूप-बोध का लक्ष्य, दिशा और प्राप्ति का विश्वास दिलाने के लिए किसी अन्य तत्व की आवश्यकता नहीं है। इस दृष्टि से आध्यात्मिक साधना चैतन्य की निजी स्वातन्त्र्य की साधना है जो उसे दु:ख और अशांति से दूर अपने पास ले जाती है।[21]

Individual's value is not different from his own being. Value does not make him more informed or skilful but transforms the very being of the individual. There can be objective criterion to judge the truth and falsity of a fact and that of efficacy of a skill. The relationship between consciousness and the object in the above cases is external and it may not transform the very being of the individual. A good doctor may not be a good person. One may be very efficient in handling and manipulating things but might be practising disvalues.

The relationship between consciousness and the object of value is internal. The knowledge of completeness of the object cannot be attained by searching the infiniteness of its forms and qualities. The knowledge of completeness lies in its relation to consciousness and can be achieved in consciousness. Values which seem to be there in the objects, turn out to be the symbols of spiritual values. Self is not given the way the things are given. The knowledge of object and that of subject merge into the knowledge of values. Values give meaning to the empirical world but they are not parts of the empirical world.

The self-oriented values are to be distinguished from the values seen in the social context. The social morality is other-oriented. Values are understood in terms of duties and obligation towards the other.

In *ātamānusandhāna,* the emphasis is on carving one's own self. But this of course does not lead to renunciation of one's duties. The goodness of actions will spontaneously merge out of one's being.

Spiritual dimension is not the development of one aspect of man's being but is the realization of the total being of the individual. It leads to cohesive unity of all the dimensions without ignoring or condemning them. The central search is the realization of self; the worldly domain is understood through the spiritual dimension. Devoid of this central search, value-pursuit ends in irresolvable problems of justifying worldly values landing in dilemmas. Morality becomes more significant if it is seen through the spiriual perspective. The worldly duties may contribute to the realization of the highest end. To be a great artist may be a great achievement. But unless this art transforms the being of the artist, elevating him from the lower self to that of higher, it will eventually lose its importance.

Self-realization is the culmination and end of the value-journey. The distinction between self and value gets fused and coalesced into uplifting spiritual experience. Objects and events are experienced in terms of emerging ultimate meaning. The quest for value thus is the quest for one's authentic being entering the realm of freedom.

The self-illumined state of consciousness is achieved through faith (*śraddhā*). Pande holds,

> अलौकिकता की प्रतीति किसी वस्तु के बाहरी प्रत्यक्ष से नहीं होती बल्कि चेतना की एक विशेष संवेदनशील अवस्था में अप्रत्यक्ष और अतिमानवीय शक्ति के बोध से होती है। अलौकिकता का परिचय मन की विलक्षण स्थिति में होता है ...मन की वह शक्ति जिससे वह आत्मिक ज्ञान का ग्रहण करता है श्रद्धा कही जाती है।[22]

Overemphasis on reason is not appreciated by Pande. Faith is not against reason but it goes beyond the limits of reason. It implies self-certitude and personal commitment and does not need any proof to certify it. Pande states, "आत्मज्ञान के लिए प्रमाण की आवश्यकता नहीं है क्योंकि उसमें संशय का ही अवकाश नहीं हैं।"[23]

The man of faith is ready to take any risk for the fulfilment of his values. It is a state of consciousness where anti-thesis presented by reason does not have any place and there is no room for doubt. Others may doubt it but the scepticism loses its sense when its pointer is fixed to one's own self.

The above analysis reveals Pande's deep philosphical insights into exploration of the value-quest without presupposing any ontology of self. The value-quest is neither at the level of ego nor in the already realized *ātman*; it is an *ātamānusandhāna*. Pande ends his reflections on the nature of value with the happy synthesis of subject and object, inner and outer, desire and knowledge, time and eternity. The transcendental ideals are to be realized within time, though they are not historically conditioned.

Pande delineates the mechanism of value pursuit with all its nuances. He has saved it from the demerits of cultural relativism. However, the question arises, is there any role of culture in nurturing the spiritual value quest? Is it purely innate? Does culture contribute anything in developing the values that are potentially present within man? The materialistic culture in contradistinction to that of spiritualistic may have different impact on the development of the character of the individual. Pande has not talked about this question in his book *Mūlya-Mīmāṃsā.*

There can be two perspectives regarding value pursuit – historical and transcendent. In the first perspective, the starting point is historical and the emphasis is on human agency. In the latter perspective, the transcendence is the starting point as well as the end of value-pursuit. Historicity acts only as a lip service to the transcendent. Pande takes the transcendent (*ātmic*) view point. No doubt he has highlighted human praxis but the importance of historicity is only as a contribution to the transcendent. His emphasis is not on the agency of historically situated individual. But if the significance of value-pursuit is only and through the world, is it possible to give less importance to the historicity of the individual? The reconciliation of the above two perspective is an irresolvable problem, which opens up new space for further exploration, which is informatively very rich and invites for further exploration in value-pursuit.

NOTES AND REFERENCES

1. G.C. Pande, *Foundations of Indian Culture,* Vol. 1, Motilal Banarsidass, Delhi, 1990, p. 9.
2. G.C. Pande, *Mūlya-Mīmāṃsā,* Rajasthan Hindi Granth Akademi, Jaipur, 1973.
3. *Ibid.,* p. 32.
4. *Ibid.,* p. 57.

5. *Ibid.*, p. 58.
6. *Ibid.*
7. *Ibid.*, p. 34.
8. *Ibid.*, p. 256.
9. *Ibid.*, p. 253.
10. *Ibid.*, p. 246.
11. *Ibid.*, p. 257.
12. *Ibid.*, p. 33.
13. *Ibid.*, p. 32.
14. *Ibid.*, p. 33.
15. *Ibid.*
16. *Ibid.*
17. *Ibid.*, p. 248.
18. *Ibid.*
19. *Ibid.*
20. *Ibid.*, p. 46.
21. *Ibid.*, pp. 249-50.
22. *Ibid.*, p. 239.
23. *Ibid.*, p. 249.

8

मूल्य मीमांसा–एक पुनर्दर्शन

नीलिमा वशिष्ठ

आचार्य गोविन्द चन्द्र पाण्डे अन्तर्राष्ट्रीय जगत् में सुप्रतिष्ठित दार्शनिक, चिन्तक एवं भारतीय संस्कृति के विद्वान् व्याख्याता हैं। ऐसे प्रतिष्ठित मेधावी आचार्य की सुविचारित पुस्तक के पुनर्दर्शन का प्रयास ही अपने आप में महत्कार्य है। *मूल्य मीमांसा* नामक पुस्तक राजस्थान हिन्दी ग्रन्थ अकादमी द्वारा विश्वविद्यालयों के लिए स्तरीय मानक ग्रन्थों के निर्माण की योजना के अन्तर्गत विद्वान लेखक से लिखवाई गई एवं वर्ष 1973 में प्रकाशित की गई थी। पुस्तक योजना में दार्शनिक एवं सांस्कृतिक परिप्रेक्ष्य में सात्त्विक, नैतिक तथा सौन्दर्य मूल्यों की मीमांसा प्रस्तुत की गई है जो इस विषय की मौलिक पुस्तक का स्थान रखती है। यह कोई मूल्यों का विश्लेषणात्मक विवेचन या पूर्व दार्शनिकों के मतों का अनुमोदन या पिष्टपेषण मात्र नहीं है अपितु आचार्यवर का मौलिक चिन्तन होने के कारण महत्त्वपूर्ण है। इस विषय पर कोई अन्य ग्रन्थ नहीं है जो इसके समकक्ष हो। साथ ही यह अन्य ग्रन्थों पर आधारित, हिन्दी में अनूदित पुस्तक मात्र न होकर विद्वान् लेखक के इस दिशा में मौलिक चिन्तन का प्रमाण है। मूल्यों की खोज में पाश्चात्य दार्शनिकों के अभिमतों के विवेचन तथा भारतीय वाङ्मय से उद्धृत मूल्यों के चिन्तन के साथ स्वयं लेखक का मौलिक विश्लेषण इस पुस्तक के महत्त्व की वृद्धि करता है। वस्तुतः यह पुस्तक विषय-वस्तु की दृष्टि से भी अपूर्व है। संस्कृत, ग्रीक, अंग्रेजी, फ्रेन्च, जर्मन भाषाओं की दार्शनिक तथा सौन्दर्य-शास्त्रीय शब्दावली के हिन्दी में मानक अनुवाद की दृष्टि से भी अद्वितीय सिद्ध होती है। अन्य भाषाओं की पारिभाषिक शब्दावली का इतने सटीक, संश्लिष्ट, भाषान्तरण ने हिन्दी भाषा को भी समृद्ध किया तथा पाठकों को भी इस दृष्टि से निर्देशित किया है। पुस्तक के नौ अध्यायों में मूल्यबोध के सामान्य स्वरूप तथा मूल्यचिन्तन के सभी आयामों का विवेचन तथा भारतीय एवं यूनानी परम्परा एवं संस्कृति के ऐतिहासिक विकास के क्रम में मूल्यों के

निर्माण का विश्लेषण किया गया है। मूल्यों के भेद और स्तर, व्यावहारिक, सात्त्विक, नैतिक एवं सौन्दर्य मूल्यों का विश्लेषण तथा इनसे संबद्ध प्रश्नों का विवेचन है। इसके अतिरिक्त प्रत्येक अध्याय के अन्त में उस विषय से संबद्ध दार्शनिकों एवं मूल ग्रन्थों के उद्धरण, तथा उपयुक्त संदर्भ और पाद-टिप्पणियाँ पुस्तक को सुचिन्त्य शोधग्रन्थ की श्रेणी में स्थापित करने में सक्षम हैं। इसके साथ ही यह ग्रन्थ इस दिशा में नवीन चिन्तन के आयाम तथा पाद-टिप्पणियों एवं संदर्भों से शोधार्थियों का पथ भी प्रशस्त करता है। इस दृष्टि से पुस्तक एक बार ही नहीं अपितु बार-बार पढ़ने योग्य है। अन्य ग्रन्थों में मूल्य के सामान्य प्रत्ययों का विवेचन अमूर्त तथा निर्विशेष हो जाता है या नैतिक मूल्यों का निगमन (लक्षण) बन जाता है। परन्तु इस विवेचन में प्रत्यय-मीमांसा तथा सांस्कृतिक मूल्यों के समन्वय को ध्यान में रखकर आचार्य पाण्डे ने मूल्यों की मीमांसा का प्रयास किया है। यह कहना अत्युक्ति न होगी कि आचार्य अपने प्रयास में समीक्षा के निष्कर्ष पर पूर्ण हैं। इस पुस्तक के समकक्ष कोई पुस्तक उपलब्ध नहीं है तथा मूल्यों का ऐसा विवेचन भी अन्यत्र दुर्लभ है।

मूल्य मीमांसा के पुनर्दर्शन का प्रयास अपने आप में ही महत्त्वपूर्ण है। इस पुस्तक के अध्येताओं को जो व्यक्तिगत लाभ पुस्तक के विषय एवं भाषासौष्ठव द्वारा प्राप्त हुआ है उसे अन्य विद्वज्नों को उपलब्ध कराने के ध्येय से भी यह लेख प्रस्तुत किया जा रहा है। साथ ही सुविज्ञ पाठकों को इस पुस्तक में संगृहीत मौलिक चिन्तन का पुनरवलोकन भी कराने का प्रयास किया गया है। मूल्य शब्द पदार्थ के आंतरिक गुण का वाचक है जिसके कारण लोक में उसका महत्त्व निर्धारित होता है। मूल्य की शाब्दिक एवं दार्शनिक व्याख्या पाश्चात्य दर्शन के 'वैल्यू' के समानार्थक मूल्य, अर्थ, आदि शब्दों द्वारा ही प्राप्त होती है। यद्यपि मूल्य-विवेचन सभी दर्शनों का प्रतिपाद्य प्रत्यक्ष या अप्रत्यक्षतः रहा है परन्तु सभी दार्शनिक परम्पराओं में मूल्यों की पहचान का प्रयास किया जाना आवश्यक है। यथा, अप्रत्यक्षतः मूल्य चिन्तन का प्रारम्भ वैदिक संस्कृति में ऋत द्वारा व्यक्त किया गया है। किसी युग या संस्कृति में दृढ़ विश्वास होता है। इस व्यवस्था को ही मूल्य कहा जाता है। जैसे, वैदिक संस्कृति की व्यवस्था को ऋत कहा गया। ऋत सृष्ट तथा दृष्ट अर्थों में मानस एवं वस्तु के स्तर पर सत्य था, अतः ऋत को वैदिक युग के मूल्य के रूप में मान्यता प्राप्त हुई। *मूल्य मीमांसा* का परिज्ञान ऐतिहासिक विकास में ही नहीं अपितु सांस्कृतिक तथा सामाजिक पृष्ठभूमि में भी अभिप्रेत है। आचार्य पाण्डे ने इन सभी पक्षों का एकत्र सन्निवेश इस पुस्तक में प्रस्तुत किया है। मूल्यों के विकास का अध्ययन साहित्य तथा कला-बोध द्वारा किया जा सकता है। इस अध्ययन में यह निष्कर्ष निकलता है कि प्रायः मूल्यदर्शन पर विचार सांस्कृतिक विकास के बाद शुरू होता है। पहले मूल्य-बोध का सृजनात्मक पक्ष सक्रिय रहता है, समाज एवं संस्कृति के विकास के बाद ही मूल्यों का चिन्तन प्रारम्भ होता है।

मूल्यों के उद्‌गम तथा विकास की विवेचना ऐतिहासिक विकास के क्रम में प्रस्तुत करते हुए आचार्य पाण्डे की दृष्टि सार्वभौमिक मूल्यों के चिन्तन तथा विशेष रूप से उनका सांस्कृतिक एवं सामाजिक संदर्भ प्रस्तुत करने की ओर केन्द्रित है। मूल्यों के निर्माण की प्रक्रिया को संस्कृतिविशेष के संदर्भ में ही देखना अपेक्षित है, क्योंकि मूल्य बोध स्वंय परम्परागत संस्कारों द्वारा परिष्कृत व विरूढ़ होता है। साथ ही मूल्य-मीमांसा का विकास दर्शन से पृथक् रूप में नहीं हुआ है–न भारतीय दर्शन में न ही पाश्चात्य दर्शनों में। भारतीय दर्शन में (उपनिषदों में) 'एष्य', 'अर्थ' आदि शब्दों से मूल्य का उल्लेख है। 'अर्थ' की दो विधाएँ उल्लिखित हैं–प्रेयस् एवं श्रेयस्। मनुष्य दोनों में से एक को चुनता है, अतः अर्थ को 'वर' या 'वरेण्य' कहते हैं। वैदिक काल में यह 'वरेण्य' ही ऋत के अनुसार आनन्दमयी रचना में माना जा सकता है। जबकि बुद्ध एवं महावीर के समय से मध्यकाल तक मोक्ष को ही परम मूल्य माना गया था। पश्चिम में भी इसी प्रकार यूनानी दर्शन में मानवकेन्द्रित मूल्यों का विवेचन हुआ। प्लेटो ने सामान्य रूप से मूल्यों का लक्षण किया–मूल्य बुद्धिग्राह्य अर्थ हैं, निरपेक्ष, नित्य एवं सत् हैं तथा मानस धर्म-सापेक्ष नहीं हैं। सत् तथा श्रेयस् ईश्वर के अभिन्न रूप हैं, अतः परम मूल्य ईश्वर ही ठहराया गया था। अरस्तू ने मूल्य की परिभाषा इस प्रकार दी, "प्रत्येक कला और अनुसंधान, कर्म और निर्णय जिस भी अर्थ को लक्ष्य बनाते हैं वह मूल्य है।" (*मूल्य मीमांसा*, पृ० 17)

अरस्तू के दर्शन में मानव मूल्य और नैतिक मूल्यों में विभेद मिलता है। मूल्य स्वतन्त्र सत् है, उसकी पहचान आत्मविश्रान्ति, निर्दोषता, नित्यता तथा ऊर्जा है। आचार्य गोविन्द चन्द्र पाण्डे ने यूनानी तथा पाश्चात्य दर्शन के मूल्यों की विवेचना की है। इस संदर्भ में उन्होंने एपिक्यूरस के सुखवादी दर्शन में सुखसंवेदन में मूल्य, स्टोइक संप्रदाय के अनुसार साधुता में मूल्य की व्याख्या की है। इसके साथ ही डेमोक्रिटस के परमाणुवाद की व्याख्या करते हुए भौतिकवादी मूल्यों का उल्लेख किया है। इस विवेचन में यूनानी तथा रोमन संस्कृतियों में सामाजिक, राजनीतिक परिस्थितियों में परिवर्तन के साथ मूल्य चिन्तन में भी परिवर्तन हुआ; इस प्रभाव का भली-भाँति विवेचन किया गया है। ग्रीक तथा रोमन मूल्य-चिन्तन पर बौद्धिकता और सामाजिकता का प्रभाव है और मानव मन की इच्छाओं और अभिसंस्कार पक्ष की उपेक्षा की गई है। वस्तुतः मानव में अमरत्व या मृत्यु पर विजय की अदम्य लालसा है जिसे शुष्क बौद्धिकता संतुष्ट नहीं कर पाती। यह हमें इतिहास के प्रारम्भ से ही दिखाई पड़ता है। इसी प्रकार ईसाई चिन्तन में भी अमर जीवन का संदेश दिया गया है जो उनके धर्म का मूल्य था। समाज की स्थिति तथा सांस्कृतिक विकास के क्रम में मूल्यों के परिवर्तन में प्रभावी होती है, यथा,

> प्राचीनों के अनुसार मानव जीवन की सार्थकता यहीं और समाज के अन्दर ही है। उनका आदर्श मानव दार्शनिक और नागरिक है। मध्यकाल में मानव की

> सार्थकता परलोक में है और उसका आदर्श मानव भिक्षु, सन्त और भक्त हैं। प्राचीन काल में धैर्य, न्याय, और बुद्धिमानी मुख्य सद्गुण माने जाते थे, जबकि मध्यकाल में त्याग, निस्वार्थता, श्रद्धा और भक्ति पर जोर था। (*मूल्य मीमांसा,* पृ० 24)

इसके अतिरिक्त जर्मन दार्शनिकों ने मूल्य की परिभाषा **भव्य या जिसे होना चाहिए** की है। भव्य का संबंध अस्तित्व या संभाव्यता से नहीं होता, यह आदर्श रूप में मनुष्य को प्रभावित करता है। इस प्रकार मूल्य की तत्त्वमूलक तथा मनोविज्ञानमूलक व्याख्याएँ की गई हैं। मूल्यों के विकास का तात्त्विक चिन्तन तथा विभिन्न दार्शनिक विचारधाराओं और संस्कृतियों में विकसित मूल्यबोध के उद्भव की विवेचना पुस्तक के दूसरे अध्याय में की गई है। मनुष्य तथा पशु में पृथकत्व का कारण उसका क्रमशः विकसित आत्मबोध तथा सहज रूप को अस्वीकार करके विवेक द्वारा अनुमोदित विषयों के अनुसंधान में अपनी स्वतंत्रता की इच्छा है। इस प्रकार आत्मबोध, विवेक और स्वतंत्रता से प्रेरित मानवीय एषणाएँ मूल्यों की खोज करती हैं। मानव जीवन में जैव प्रयोजनों की अनिवार्यता समाप्त हो जाती है और मनुष्य विवेक द्वारा सहज को अस्वीकृत करने के लिए स्वतंत्र होकर अर्थ या मूल्य की गवेषणा करता है, इसे पर्येषणा कहा गया है। विवेकजन्य पर्येषणा को मूल्य का लक्षण कहा जा सकता है, क्योंकि जो विषय विवेक द्वारा खोजने योग्य है वही मूल्य है।

अतएव मूल्य के प्रत्यय में तीन घटक संभव हैं–एषणा, विवेक और स्वतन्त्रता। इस प्रकार मूल्यों की खोज मानवीय चेतना की यात्रा है जिसमें वह आत्मानुकूल विषय को खोजती हुई आत्मबोध तक पहुँचती है। मूल्य का ज्ञान, अन्वेषण और उनकी उपलब्धि में प्रयासशीलता मानव चेतना का स्वभाव है। इस प्रकार मूल्यों की खोज की तीन त्रिपुटियाँ बनाई जा सकती हैं–प्रथम, एषिता, एषणा और एष्य (स्वतंत्रता), द्वितीय, प्रमाता, प्रमा और प्रमेय (विवेक) तथा तृतीय, कर्त्ता, कर्म और कार्य (अनुसंधान)। ये त्रिपुटियाँ व्यवहार के स्तर पर पृथक् आयाम बनाती हैं परन्तु आत्मानुसंधान के स्तर पर समन्वित होकर साधक, साध्य और साधन में पर्यवसित होकर मूल्य का संधान करती हैं। आचार्य गोविन्द चन्द्र पाण्डे ने मूल्यबोध के उद्गम की विवेचना करते हुए सभी प्राचीन तथा नवीन मतमतान्तरों का अवगाहन करते हुए मूल्यों के उद्गम का विवेचन व्यवहार तथा साधना की दृष्टि से किया है। इस संदर्भ में उन्होंने मूल्य को एषणात्मक मानने वाले तथा वस्तु मानने वाले विचारकों का खण्डन किया है। उनके अनुसार,

> मानवीय एषणा ज्ञान को दास्य में नियुक्त कर व्यवहार के सैकतार्णव में अर्थ–काम की मारीचिका का अनुधावन बन सकती है, अथवा साधना प्रवाह में अवर से पर मूल्य–तीर्थों का अनुसंधान बन सकती है। (*मूल्य मीमांसा,* पृ० 33)

इस प्रकार उन्होंने मूल्य को मानवोचित लक्ष्य अथवा पुरुषार्थ के रूप में परिभाषित किया है। मूल्य न केवल वस्तुमात्र है, न इष्टतामात्र; मूल्यबोध भी शुष्क ज्ञान नहीं है, न ही मात्र संवेदन। यद्यपि इसमें मानव स्वातन्त्र्य की अभिव्यक्ति होती है परन्तु निरंकुशता का अभाव रहता है। अतएव, मूल्य का लक्षण उनके अनुसार स्वरूप की अनिवार्यता, बुद्धिगोचर, युक्तियुक्तता, अविश्लेष्य रहस्यमयता हो सकता है। (*मूल्य मीमांसा*, पृ० 34) इसका तात्पर्य है कि मूल्य का संपृक्त बोध विभिन्न प्रकार और स्तरों के अनालोचित अथवा पर्यालोचित प्रयोजनों की परीक्षा के माध्यम से होता है। यह इष्टगर्भित बोध है, परन्तु इसमें इच्छा का उद्वेलन न होकर विवेक का आलोक है।

मूल्यबोध की तीन प्रकार की व्याख्याएँ उद्‌गम के आधार पर की गई हैं। विशुद्ध ज्ञानात्मक, इच्छा भावात्मक तथा मुक्तिवादी। इनका आधार मूल्यबोध के मूल में इच्छा और विवेक का द्वन्द्व है। यह इसके विभिन्न पक्षों के प्रतिपादन में दिखाई देता है। एक पक्ष मूल्यबोध को विशुद्ध ज्ञानात्मक मानता है तथा दूसरा इच्छा भावात्मक। पहले में मूल्य सिद्ध, पर्यालोच्य तथा अनुसन्धेय है। वह ऐसा तत्त्व है, जिसका ज्ञान मनुष्य को स्वतन्त्रतापूर्वक बाध्य करता है, उसके ज्ञान से मनुष्य की अन्तः सत्ता अभिप्रेरित होती है; मनुष्य को सच्चे स्वातन्त्र्य में समर्थित करती है। दूसरे पक्ष में, मूल्य मनुष्य की अभीष्ट कल्पनाएँ हैं, वे इष्टता मात्र हैं। अतः केवल भोगमात्र रह जाते हैं और उनका ज्ञान समाज-विज्ञान या मनोविज्ञान का अंग बन जाता है। इस प्रकार मूल्य की बुद्धिवादी तथा भोगवादी व्याख्या ज्ञान तथा इच्छा के आधार पर की गई है। एक तीसरा प्रकार मुक्तिवादी व्याख्या का है जिसके अनुसार मूल्य अपेक्षामूलक तो हैं परन्तु यह अपेक्षा स्वार्थ के स्थान पर केवल परार्थ या परमार्थ से जुड़ी हो, तब वह मूल्य की मुक्तिवादी व्याख्या होगी। इस प्रकार बुद्धिवादी, भोगवादी तथा मुक्तिवादी व्याख्याएँ मूल्यबोध के विभिन्न आयामों को प्रधानता देने से होती हैं।

बुद्धिवादी दृष्टि मूल्यबोध के विवेचनात्मक पक्ष को महत्त्व देती है और मूल्यों को मानव जीवन के लिए विवेकसंगत मानक विषय मानती है, जो ध्रुव के समान मनुष्य का पथ प्रशस्त करते हैं। इसके विपरीत भोगवादी विवेचना ज्ञान को साधन तथा इच्छापूर्ति को लक्ष्य मानकर भोग्य पदार्थों के युक्त उत्पादन, संग्रह और वितरण पर जोर देती है। बुद्धिवादी वैज्ञानिक तथा दार्शनिक मूल्यों के विवेचन में पूर्णतः तथा नैतिक और कलात्मक क्षेत्र में अंशतः प्रामाणिक ठहरती है; जबकि भोगवादी दृष्टि सामाजिक, आर्थिक और राजनीतिक क्षेत्रों में उपयुक्त सिद्ध होती है। सत्यात्मक मूल्यों की खोज बुद्धिवादी दृष्टि के द्वारा और सुखात्मक मूल्यों की भोगवादी दृष्टि के बिना नहीं हो सकती। परन्तु एकांगी दृष्टिकोण से सभी मूल्यों का निर्धारण तथा व्याख्या नहीं हो सकती। अतः एक समन्वित दृष्टि से विचार करना अभिप्रेत है जिसके माध्यम से बुद्धिवाद और भोगवाद के परस्पर विरोधी सिद्धांतों का समर्थन किया जा सके।

मूल्यबोध की विशिष्टता

आदर्शवादी तथा यथार्थवादी दोनों विचार-सरणियों के दार्शनिक मूल्यबोध की ज्ञानात्मकता स्वीकार करते हैं। आदर्शवादी विचारकों में सुकरात, हेगेल आदि तथा यथार्थवादी विचारकों में सन्त टॉमस, मूर, आदि सभी मूल्यबोध को तद्विषयक इच्छा से स्वतंत्र वस्तु स्वरूप पर निर्भर मानते हैं। मूल्य वह निष्कर्ष है जिसके आधार पर हम स्वयं अपने समक्ष तथा दूसरों के समक्ष अपने निर्णय को युक्तियुक्त प्रतिपादित कर सकें। यह मूल्यवत्ता व्यक्तिगत रुचि से परे एक सर्वगम्य विचार्य विषय है।

मूल्यों के स्वरूप का बुद्धिवादी विवेचन करते हुए मूल्यों की व्याख्या प्रत्ययवाद के संदर्भ में भी की गई है। इस व्याख्या के अनुसार मूल्यों को बुद्धि द्वारा कल्पित प्रत्यय माना गया है। ये प्रत्यय उन मानकों को प्रस्तुत करते हैं जिनमें वस्तुओं का मूल्यांकन होता है। इस मत के अनुसार वस्तुज्ञान के दो स्तर होते हैं–एक प्रत्यय और दूसरा विशेष। पहला आदर्श रूप होता है और दूसरा उसका खण्ड आभास। पहला मान अथवा मूल्य ऐसा प्रत्यय है जो विशेष वस्तु के प्रतीयमान रूप में अन्तर्निहित होता है। मूल्यों की आत्मसंबद्धता तथा मूल्यों की विषयात्मकता के संदर्भ में बौद्ध धर्म में प्रतिपादित पारमिताओं से साम्य का भी विस्तृत विवेचन किया गया है।

इस प्रकार एषणा और मूल्य के संबंधों के चार विकल्प प्रस्तुत किये गये हैं– (1) मूल्य एषणा-निरपेक्ष हो सकते हैं; (2) एषणा के विशिष्ट विषय हो सकते हैं; (3) विशिष्ट एषणा के विषय हो सकते हैं; अथवा (4) एषणा मात्र के विषय हो सकते हैं। अतः मूल्य ज्ञानात्मक, एषणामात्र, एषणागत विशिष्टतायुक्त हो जाते हैं, तथा यथार्थवादी तथा आदर्शवादी चिन्तन में इच्छा का स्वरूप इष्ट तथा एषणीय होने के कारण मूल्यों को प्रेयस् तथा श्रेयस् की संज्ञा दी जाती है।

मूल्यों के भेद

मूल्यबोध इष्ट और अनिष्ट की द्वन्द्वात्मक अनुभूतियों के आधारभूत आत्म-विषय-संबंध के विचार से जन्म लेता है। इष्ट के अनुसंधान और दुखविचार के संयोग से ही मूल्य की उपलब्धि होती है। **अनुभव-मात्र या अनुभव-निरपेक्ष विचार-मात्र** से मूल्यों का पता नहीं चल सकता है। अनुभव-मात्रवादी मूल्यों को सामाजिक मनोविज्ञान का अंग बना देते हैं; जबकि विचार-मात्रवादी मूल्यों को स्वतःसिद्ध आदर्श भावों के रूप में कल्पित करते हैं। मूल्य न तो एम्पिरिकल विज्ञान के अन्दर आते है, न (*a priori*) प्रागनुभविक दर्शन के अन्तर्गत। मानव विचार और अनुभूति से बनी सुदीर्घ और विविध मानव संस्कृति ही मूल्यों का आधार तथा उनको जानने का स्रोत है। मानवीय साधना के आधार पर मूल्यों के भेद व्यावहारिक, आदर्श तथा पारमार्थिक रूपों में किये जा

सकते हैं। आधिभौतिक जीवन में अपेक्षाओं के विविध होने तथा साधनों के सीमित होने के कारण अपेक्षाओं में क्रम का वरण अनिवार्य होता है। यह वरण व्यावहारिक मूल्यों के द्वारा होता है। इस प्रकार सामाजिक तथा बौद्धिक मूल्य मिलकर मनुष्य के आधिभौतिक, सामाजिक जीवन के साध्य और नियामक बनते हैं। प्राचीन काल से धर्म, अर्थ, काम व्यावहारिक मूल्य हैं। इनमें बुद्धिवादी दृष्टिकोण से धर्म साध्य तथा अर्थ और काम साधन हैं, और भोगवादी दृष्टिकोण से काम साध्य तथा धर्म और अर्थ उपयोगी साधन मात्र हैं। परन्तु मूल्य साध्य होते हुए भी चरम साध्य नहीं होते। इस प्रकार ऊपरी तौर पर यह विरोधी दिखाई पड़ते हैं परन्तु इनकी साध्यता तथा साधनता दोनों ही प्रतिपादित की जा सकती हैं, जैसे काम धर्म-विरोधी होने पर भी अनर्थ नहीं कहा जा सकता। अतः धर्म, अर्थ, काम तीनों की पुरुषार्थता अपेक्षा-प्रवर्तित जीवन से संबद्ध आयाम हैं।

व्यावहारिक, आदर्श तथा पारमार्थिक मूल्यों में सामंजस्य स्थापित करने के लिए मूल्य का बोध आवश्यक है, क्योंकि बोध से ही मूल्यों का वरण होता है। कुछ विद्वानों ने इस सामंजस्य के लक्षण करते हुए चिरस्थायिता, अविभाज्यता, आधारभूतता, तृप्तिगांभीर्य और ग्राहक वैशिष्ट्य की निरपेक्षता को उच्चतर मूल्यों का लक्षण बताया है। ये लक्षण नैतिक मूल्यों की व्यावहारिक मूल्यों पर श्रेष्ठता सिद्ध करते हैं। इसके अतिरिक्त मूल्यों के तारतम्य का आधार उपयोगिता को भी माना गया है। इस मत के अनुसार व्यावहारिक या जैव मूल्यों के विकसित रूप ही नैतिक मूल्य हैं। वे अधिक बुद्धि संगत हैं और अधिक उपयोगी भी, और दोनों मूल्यों में विरोध न होकर पूरकता का भाव है। इस मत का एक अन्य आयाम सुखवादी-उपयोगितावाद है, अर्थात् अधिकतम सुख की मात्रा मूल्य है। इस मत के दोषों को इंगित करते हुए सुख के स्थान पर सामाजिक हित और वैयक्तिक सुख को मूल्यों को निष्कर्ष माना गया।

आचार्य पाण्डे ने इस संदर्भ में पाश्चात्य मतों के दोषों की व्याख्या करते हुए उपनिषदों में प्रतिपादित प्रेयस् से श्रेयस् की श्रेष्ठता सिद्ध की है तथा ज्ञान को भोग के ऊपर, निष्कामता को काम के ऊपर विज्ञापित किया है। इसके साथ ही सांख्यदर्शन में प्रतिस्थापित व्यावहारिक सुख-भोग और परम पुरुषार्थ की स्थिति में स्पष्ट संबंध-सूत्र को व्याख्यायित किया है। सभी भारतीय दर्शनों में आत्यन्तिक और एकान्तिक दुखनिवृत्ति या तत्पूर्वक सुखप्राप्ति को परम पुरुषार्थ तथा उसका मुख्य साधन विवेकपूर्वक आत्म ज्ञान को माना गया है। फलतः मूल्यों के भोग, ज्ञान एवं मोक्ष-तीन स्तर स्पष्ट दिखाई पड़ते हैं। इसके साथ ही आचार्य पाण्डे ने मूल्यों के तारतम्य का क्रम एक व्यापक आयाम में निश्चित करने का प्रयास किया है जिसमें योग, तान्त्रिक साधना तथा आध्यात्मवाद की सहायता ली है। उनके अनुसार यह अन्तर्मुख और ऊर्ध्वमुख क्रम है जिसमें योग तथा तान्त्रिक साधना के क्रम का उपयोग किया गया है।

व्यावहारिक मूल्य

व्यावहारिक मूल्य मनुष्य एवं समाज की आवश्यकताओं तथा प्रयोजनों के आधार पर निर्मित होते हैं। मनुष्य की मूल आवश्यकता आत्मरक्षा है जिसके विविध आयाम–कुटुम्ब, समाज, नीति, दण्ड-विधान आदि हैं। अन्न, वस्त्र, आच्छादन, उपकरण, उत्पादन, श्रम-विभाजन, विनियम, आदि इन्हीं आयामों में अन्तर्निहित हैं। कुटुम्ब, प्रजोत्पादन, पालन तथा संरक्षण, इनके लिए आर्थिक आवश्यकताओं की पूर्ति, आत्मरक्षा का ही आयाम है। शरीर, धन तथा परिवार की आक्रमण से रक्षा की व्यवस्था के लिए नीति तथा दण्ड-विधान का निर्माण आत्मरक्षा का ही अंग है। इस प्रकार आत्मरक्षा प्रमुख व्यावहारिक मूल्य है जो व्यक्ति व समाज की सामाजिक, आर्थिक गतिविधियों में विकसित होता है।

व्यावहारिक मूल्य कालिक, भोगात्मक तथा अनित्य जीवन के अंग हैं। इनका जन्म इच्छा, ज्ञान, कर्म, योग, संस्कार और पुनः इच्छा के क्रम में होता रहता है। इन मूल्यों से ऊपर एक अन्य प्रकार के मूल्य होते हैं जो अमृतत्व की खोज के अंग हैं। व्यावहारिक मूल्यों का नियोजन-केन्द्र कुटुम्ब, समाज आदि उपाधियों से विशेषित मनुष्य का अहंकार होता है–जैसे शरीररक्षा से श्रेष्ठ आत्मरक्षा, कुटुम्ब को बचाने के लिए शरीर का भी त्याग आदि। इस प्रकार आत्मरक्षा के अनेक आयाम, अनेक स्तर तथा सामाजिक, आर्थिक तथा राजनीतिक पक्ष हैं। सुरक्षा के बाद आत्मरक्षा से जुड़ा एक अन्य पक्ष है–सुखैषणा तथा हितैषणा।

शारीरिक-स्थिरता, शारीरिक-सुख तथा काम-सुख और इनसे संबद्ध राग, स्नेह, प्रेम के व्यष्टि एवं समष्टिगत रूप भी सुखैषणा के अन्तर्गत ही आते हैं। काम एवं जिह्वा सुख भी केवल व्यक्तिगत रूप से संवेदन मात्र की खोज न होकर वैयक्तिक और सामाजिक दोनों स्तरों पर अत्याधिक महत्त्वपूर्ण है। व्यक्ति, समाज एवं राष्ट्र के सांस्कृतिक विकास का इतिहास इन व्यावहारिक मूल्यों के विविध आयामों से जुड़कर ही विकसित हुआ है।

इस संदर्भ में आचार्य पाण्डे द्वारा की गई त्रिवर्ग की व्याख्या अत्यन्त मौलिक एवं प्रमाणिक है। मूल्यों की खोज एवं विवेचन उनके विभिन्न संस्कृतियों के विशद अध्ययन तथा गहन चिन्तन का परिणाम है न कि कुछ दार्शनिकों के विचारों की समीक्षा एवं सार-संक्षेपण। इसका एक उदाहरण है उनके द्वारा प्रस्तुत त्रिवर्ग और कर्म की व्याख्या। (*मूल्य मीमांसा*, पृ० 99) धर्म, अर्थ और काम पुरुषार्थों का विवेचन करते हुए इन्होंने प्राचीन परम्परा की ही पुष्टि की है। इसके अनुसार अनित्य सुखात्मक कामप्रवृत्ति को जीवन में साध्य तथा धर्म और अर्थ को उसका साधन माना है। अर्थ के अन्तर्गत वार्ता और दण्डनीति मात्स्य न्याय के निवारण के साधन कहे गये हैं। अर्थ विशुद्ध साधनात्मक

है परन्तु धर्म मानव समाज का विधारक सूत्र होने के कारण साध्य भी है और साधन भी। प्रवृत्ति तथा निवृत्ति दोनों में ही मानव स्वभाव धर्म के अधीन होता है। अतः धर्म मनुष्य के लिए साध्य है तथा अनिवार्य साधन भी। अर्थ और धर्म दोनों कर्म रूप हैं। कर्म का अर्थात्मक मूल्य उसकी अभीष्ट साधनता पर है तथा उसका नैतिक मूल्य उसके दृष्ट फलों के आकलन या उपयोगिता के साथ कर्त्ता के भाव पर निर्भर करता है। मनुष्य अपने को क्या समझता है, क्या बनाना चाहता है? इन भावों पर ही उसकी चेतना का नैतिक मूल्य निर्भर करता है।

उपयोगिता तथा नैतिकता में तात्त्विक अन्तर होते हुए भी अन्ततः दोनों समाज व्यवस्था और व्यावहारिक जीवन में मिले-जुले रहते हैं। इन विभिन्न कार्यों की सिद्धि के लिए उपयोगिता के आधार पर निर्मित व्यवस्था से नैतिक मूल्य प्रारम्भ होते हैं। जैसे परिवार या व्यापारिक संगठन से प्रयोजनविशेष के लिए उपहार की दृष्टि से किये गये कार्य नैतिक तथा चारित्रिक दृष्टि से आदर्श भी होते हैं। अतः नैतिक कार्य कभी अनुपयोगी नहीं रह सकते और उपयोगी व्यवहार नैतिकता की उपेक्षा भी नहीं कर सकते। अतः नैतिक मूल्य व्यावहारिक मूल्य भी होते हैं। व्यावहारिक मानवीय मूल्यों को जीवन की समग्रता में ही समझा जा सकता है। लक्ष्यप्राप्ति और अनुभूति के प्रसंग में मानव चेतना और परम्परा स्वयं विकसित होते हैं, और अपने लक्ष्यों एवं आत्मबोध को रूपान्तरित करते हैं।

व्यावहारिक मूल्यों के संदर्भ में आर्थिक हित की चर्चा पाश्चात्य विद्वानों ने 'वेलफेयर' के अन्तर्गत की है। यह समाज की एक ऐसी स्थिति की घोषणा करती है जिसमें अभीष्ट विषयों की उपलब्धि प्रचुरता से हो। इस संदर्भ में आचार्य पाण्डे ने पाश्चात्य दार्शनिकों के विचारों का भली-भाँति अवगाहन कर उन्हें युक्तियुक्त रूप से प्रस्तुत किया है तथा भारतीय संस्कृति में इन मूल्यों का विवेचन किया है। इस प्रसंग में बैन्थम, पीगू तथा मूअर के मतों का उल्लेख किया गया है तथा हितसुख के अन्य तृप्त्यात्मक, उपयोगिता का निरतिशयीकरण तथा आर्थिक हित आदि आयामों की व्याख्या की है। पाण्डे जी के अनुसार–

> सुख औपभौगिक तृप्ति है, व्यक्ति का हित उसके सुख की अधिकतम अवस्था है और लोकहित अधिकतम व्यक्तियों का अधिकतम सुख है। उपयोगितावादी हित-सुखवाद की प्रमुख धारणायें यही हैं। सुख के अधिकतम संपादन के लिए यह आवश्यक है कि द्रव्य की उपयोगिता विभिन्न उपयोगों में समान हो। धनी व्यक्ति के लिए कम उपयोगी धन दरिद्र को देने से अधिक उपयोगी हो जाता है, क्योंकि वह दरिद्र को अधिक तीव्र इच्छाओं की पूर्ति का साधन बन जाता है। इस प्रकार उपयोगितावादी हित-सुखवाद उपभोग और उत्पादन की वृद्धि एवं वितरण की सूक्ष्मता की नीति का निर्देश करता है। (*मूल्य मीमांसा,* पृ० 105)

वस्तुतः धनलाभ या उपभोग्य वस्तुओं की प्रचुरता मनुष्य को सुखी नहीं बनाती बल्कि विषय-दासता, अशान्ति और आत्मविस्मृति की ओर अग्रसर करती है। सारा भौतिक विकास मानवीय ऐश्वर्य, अवकाश, सुख और सुविधाओं का पर्याय है जो मनुष्य को स्थूल अपेक्षाओं और कर्मों की दासता से मुक्त भी करता है और एक सीमा तक धन भी प्रदान करता है जो धर्म-साधन के लिए आवश्यक है। परन्तु बहुत अधिक ऐश्वर्य और धन से एक भय यह रहता है कि वह व्यक्ति को अधिक धन, भोग, आदि की लालसा में लिप्त कर सकता है और सांसारिक विषयों की आसक्ति को बढ़ावा देता है। मनुष्य श्रेयस् के मूल लक्ष्य से भ्रमित होकर प्रेयस् के अनुसंधान में ही लीन हो जाता है। कब स्थूल दुख समाप्त हो जाते हैं, कब प्रेयस् का अनुसंधान प्रारम्भ होता है, इसका आभास भी नहीं रहता। अतः आर्थिक हित या समृद्धि बढ़ने से अधिकाधिक लोगों का जीवन धनवानों जैसा तो हो जाता है परन्तु वह अमृतत्व के लक्ष्य से भ्रष्ट हो जाता है। आचार्य पाण्डे के अनुसार मनुष्य का हित सर्वांगीण ही हो सकता है न कि 'आर्थिक हित', 'राजनीतिक हित' की पृथक्-पृथक् श्रेणियों में विभक्त। आर्थिक, राजनीतिक तथा सामाजिक हितों के भेद न होकर हित को प्रभावित करने वाले कारणों के समूह हैं। धन तथा दण्ड क्रमशः आर्थिक हित तथा राजनीतिक हितों को संपादित करने तथा उनकी सुरक्षा के साधन होते हैं, परन्तु धन तथा दण्ड स्वतः हित संपन्न नहीं करते। सामाजिक, आर्थिक तथा राजनीतिक सुरक्षा के दो पहलू हैं जिन्हें योगक्षेम द्वारा व्यक्त किया जा सकता है। इसका तात्पर्य है, उपलब्ध स्थिति या हितों का बनाये रखना और उनकी वृद्धि। आर्थिक सुरक्षा के अन्तर्गत जीवन-निर्वाह एवं उसकी आवश्यकताओं की पूर्ति, औपयोगिक तृप्ति, परार्थ सुविधा प्रदान, सामाजिक प्रगति में योगदान, आदि का समावेश होता है; आर्थिक हित में केवल अधिक उत्पादन ही नहीं होता, उपरोक्त सुविधा तथा सुरक्षा का वितरण भी होता है। वितरण स्वयं कई समस्याओं को जन्म देता है; वे भी आर्थिक हितों के क्षेत्र में आती हैं। जैसे, समृद्धि और दरिद्रता, अभाव एवं उपलब्धि के बीच की सीमारेखा तथा इस वैषम्य में समान वितरण की न्याय-संगत नीति निर्धारित करना। सामाजिक समता प्रदान करना न्याय की अपेक्षा रखता है अर्थात् दण्डविधान जो राजनीतिक क्षेत्र में आता है। अतः उपरोक्त आर्थिक एवं राजनैतिक हित व्यावहारिक मूल्यों के ही अंग होंगे। (*मूल्य मीमांसा*, पृ० 111)

राजकीय नियमों से सामाजिक व्यवस्था बनाना तथा उसे धर्मानुकूल बनाने के लिए दण्ड व्यवस्था स्थापित करना राजनीतिक मूल्य है। धर्म के प्रमुख तत्त्व समानता तथा स्वतंत्रता हैं। अतः राजनैतिक मूल्यों के मानक समानता तथा स्वतंत्रता की सही व्याख्या पर आधारित होते हैं। इनकी व्याख्या करते हुए आचार्य पाण्डे ने सर्वाधिक ग्राह्य अर्थ को प्रकाशित किया है। समानता के विविध अर्थ हो सकते हैं जैसे, "सबके साथ एक व्यवहार" या "समानों के साथ समानता तथा असमानों के साथ असमानता" या "प्रत्येक

से उसकी योग्यता के अनुसार, प्रत्येक को उसकी आवश्यकता के अनुसार", या "योग्यता के अर्जन के लिए समान सुविधाएँ" आदि। इनकी व्याख्या समानता के विविध पक्षों को प्रकाशित करती है। आचार्य पाण्डे के अनुसार–

> वस्तुतः समानता का आदर्श किसी निश्चित अथवा निरपेक्ष तथा निर्धार्य परिस्थिति को सूचित नहीं करता बल्कि नीति की एक दिशा सूचित करता है जिसके लक्ष्य परिस्थितिसापेक्ष होते हैं। यह विश्वास कि मनुष्यों में मौलिक समानता है और केवल आगन्तुक भेद एक ऐसी निष्ठा है जो युक्तिसाध्य न होते हुए भी एक आध्यात्मिक अन्तर्दृष्टि पर आधारित है। कानून के क्षेत्र में यह निष्ठा पक्षपात हीनता की नीति बनाती है। आर्थिक क्षेत्र में यह कर्मभेद को सर्वथा तिरोहित न करते हुए भी समान वितरण की नीति और तदर्थ उत्पादन एवं विनियम के आवश्यक नियंत्रण की नीति बनाती है। सामाजिक और सांस्कृतिक क्षेत्र में यह सभी जातियों, राष्ट्रों, धर्मों और मानवीय समुदायों को अपने विकास के लिए समान अधिकारों की नीति बनती है। (*मूल्य मीमांसा*, पृ० 113)

इसलिए समानता एक सिद्ध वस्तु नहीं है बल्कि एक साध्य है जो व्यक्तित्व की संभावनाओं के विकास से भिन्न नहीं है।

समानता के साथ स्वतंत्रता भी व्यक्तित्व के विकास में आवश्यक राजनैतिक मूल्यों का निर्धारक तत्त्व है। स्वतंत्रता का तात्पर्य निरंकुशता या स्वेच्छा-दासता न होकर कर्म के संकल्प और विकल्प पर आश्रित होना है। विकल्प के मूल में विवेक का प्रकाश होता है जिससे नियंत्रित संकल्प को स्वाधीन कहा जा सकता है। अर्थात् विवेकयुक्त विकल्प पर आश्रित संकल्प से प्रेरित कर्म में ही स्वतंत्रता है। इस व्याख्या द्वारा आचार्य पाण्डे ने स्वतंत्रता के अधिकार को नये आयामों में स्पष्ट किया है। व्यक्ति अपने विवेक के अनुसार अपने को बना सके, अपने आदर्शों का अनुसरण कर सके, अपने व्यक्तित्व का विकास अपनी मूल्यचेतना के अनुसार कर सके, इसलिए उसे स्वतंत्रता चाहिए। यद्यपि आन्तरिक और वास्तविक स्वतंत्रता प्रकृतिप्रदत्त है और विवेक से भिन्न नहीं है परन्तु बाहरी परिस्थितियाँ, जो मनुष्य के विकास को बाधित करती हैं, उनसे मुक्ति स्वतंत्रता है। यह भी आवश्यक है कि अनुकूल शिक्षा, परिवेश आदि का अवसर मिले जिससे विवेक विकसित हो सके तथा अपने को पहचानने के लिए एक मानवीय परम्परा तथा मानवीय स्वतंत्रता प्राप्त हो जिस पर कोई बाह्य प्रतिबंध न हो तथा आन्तरिक विवेक का उदय हो। इन तीनों तथ्यों के लिए यह अपेक्षित है कि राज्य तथा व्यक्ति की स्वतंत्रता का गठन एक ही विवेकपूर्ण आधार पर हो। यदि समानता की प्राप्ति स्वतंत्रता द्वारा हो सकती है तो स्वतंत्रता का विकास व्यक्ति और समाज में विवेक की प्रतिष्ठा द्वारा ही सम्भव है।

व्यक्ति तथा समाज की स्वतंत्रता का विकास शान्ति-स्थापना के मूल्य से भी जुड़ा है। शान्ति की स्थापना तथा उसके बनाये रखने का कार्य राजकीय दण्डशक्ति का है।

राष्ट्र की शान्ति के साथ अन्तर्राष्ट्रीय क्षेत्र में शान्ति बनाये रखने के लिए स्वार्थों के ऊपर मानवता के मूल्यों का मार्ग ही श्रेयस्कर है, न कि युद्ध के प्रयासों में तत्परता तथा युद्ध की तैयारी की होड़, जैसा कि विश्व के वर्तमान घटना-चक्र से विदित होता है।

इस प्रकार मनुष्य के सामाजिक जीवन के मूल्य आत्मरक्षा से प्रारम्भ होकर आर्थिक, सामाजिक तथा राजनीतिक आयामों में विकसित होते हुए हित-सुख, योगक्षेम, न्याय तथा धर्म की ओर अग्रसर होते हैं। इन सभी मूल्यों में नैतिकता का आयाम काम और विवेक, स्वार्थ और परार्थ, दण्ड और स्वातन्त्र्य, त्याग और भोग के द्वन्द्वों का निर्णायक होता है।

सात्त्विक मूल्य

चूंकि मूल्यबोध में क्रियात्मकता तथा ज्ञानात्मकता दोनों में समन्वय रहता है, अतः मूल्यों का विभाजन दोनों में से एक के प्राधान्य के आधार पर किया जा सकता है। यथा आर्थिक मूल्यों की खोज कर्मप्रधान है, साहित्यिक मूल्यों की ज्ञानात्मक या मानसिक अनुभूति प्रधान। परन्तु सभी मूल्यों में दोनों ही तत्त्व प्रत्यक्ष या परोक्ष रूप में विद्यमान रहते हैं। इनमें भेद नहीं किया जा सकता। इसी प्रकार सात्त्विक मूल्यों में मनुष्य मात्र के साथ तादात्म्य का भाव व्यवहार में आदर्श के रूप में माना जाता है। अहंकार भावना के कारण सामूहिक एवं वैयक्तिक रूप से मानवता से तादात्म्य तभी संभव होता है जब मनुष्य का क्षुद्र *अहं बृहत्तम अहं* में लीन हो जाता है। सात्त्विक मूल्यों के अन्तर्गत शिव, सत्य या ज्ञान, तथा सौन्दर्य के मूल्य आते हैं। शिव के समान सौन्दर्य मूल्यों में भी अहंकार भावना का साधारणीकरण होता है जो सार्वभौमिक सिद्धि की ओर प्रेरित होता है। कवि और पाठक या श्रोता स्वयं अपने अहं के द्रष्टा बनते हैं और स्वकर्त्तव्य तथा अहंकार की संकीर्णता से मुक्त होकर सार्वभौमिक मूल्य के जगत् में प्रवेश करते हैं। व्यवहार में जो अहंकार और भोग होते हैं वे ही साहित्य में विषयी और विषय या मूल्यबोध के आस्वाद्य और आलोच्य बन जाते हैं। इसी प्रकार काव्य कला में एषणात्मक जगत के माध्यम से श्रोता या पाठक प्राकृतिक, मानवीय और सामाजिक यथार्थ से जुड़ा रहता है। दूसरी ओर उसमें निहित आदर्शों, चरित्रों और अनुभूतियों के भव्य अर्थ को खोजने में एक अलौकिक मूल्य विश्व की सृष्टि करता है। इस कला के क्षेत्र में मूल्यों का अनुसंधान अन्य मूल्यों को विषय बनाता हुआ एक पूर्व मूल्य या मूल्यों का मूल्य-रस खोजता है।

सात्त्विक मूल्य व्यवहार से जुड़े होते हुए भी अपने आप में स्वायत्त होते हैं। परन्तु इनका आधार भी सामाजिक जीवन पर निर्भर करता है जिसमें अहंकार, कर्म और भोग से परिभाषित व्यावहारिक जीवन स्थित है। जैसे विश्वप्रेम को सिद्ध करने के लिए वास्तविक व्यक्तियों का समाज अपेक्षित है, वैज्ञानिक अनुसंधान के लिए ऐसा वस्तु

जगत् तथा समाज चाहिए जिसमें विज्ञान की खोज संस्थाबद्ध होकर अपनी उपयोगिता द्वारा आर्थिक समर्थन प्राप्त कर निर्वैयक्तिक परम्परा के रूप में विकसित हो सके।

सात्त्विक मूल्य भोगात्मक नहीं बल्कि बोधात्मक होते हैं तथा व्यावहारिक मूल्यों के समान कर्म की अनुकूलता, उपयोगिता या भोग को केवल प्रतिबिंबित करते हैं, और उनके तात्त्विक आदर्श स्वरूपों को प्रस्तुत करते हैं। इस प्रकार द्रष्टा के हृदय में एक अपूर्व अनुभूति और प्रेरणा जगाते हैं। सात्त्विक मूल्यों की वांछनीयता तथा युक्तता सिद्ध करते हुए आचार्य पाण्डे ने स्पष्ट किया है कि व्यावहारिक मूल्यों की खोज के मूल में एक शारीरिक अपेक्षा रहती है। अतः उनकी उपयोगिता घटती रहती है तथा प्रत्यक्ष द्वारा तात्कालिक तृप्ति प्रदान करते हुए वे कभी अरुचि तक उत्पन्न कर सकते हैं। इसके विपरीत सात्त्विक मूल्य न शारीरिक स्थिति पर निर्भर हैं, न उपयोगिता पर, बल्कि बुद्धि द्वारा साध्य हैं। उनकी सिद्धि से मनुष्य के हृदय में नया प्रकाश भर जाता है। यह आलोक किसी अपेक्षा की पूर्ति न करके एक प्रकार का उपशम या उदात्तता का भाव प्रदान करता है। जहाँ भोग से उत्तेजना और श्रान्ति, विस्मृति और मोह मिलता है, वहीं सात्त्विक मूल्य प्रकाश, शान्ति व विश्रान्ति प्रदान करते हैं। अतः यह कहा जा सकता है कि सात्त्विक मूल्य आदर्शात्मक होते हैं जबकि व्यावहारिक मूल्य सांवेदनिक। किसी भी प्रकार की जैविक, आर्थिक, सामाजिक या राजनीतिक उपलब्धि अन्ततः भौतिक अथवा मानवीय विषयों के ऐन्द्रिय संवेदन पर आधारित होती है और इन संवेदनों की अनुकूलता और प्रतिकूलता उनकी उपयोगिता पर निर्भर करती है। इस बोध के साथ ही इनका मूल्यत्व ही समाप्त हो जाता है और मनुष्य इन मूल्यों से आगे अन्य मूल्यों के अन्वेषण में तत्पर हो जाता है।

सात्त्विक मूल्य बुद्धितत्त्व पर आश्रित रहते हैं जो स्वंय प्रकाशमान है, वे अपना मान स्वयं होते हैं। ज्ञान, क्रिया, भाव इन तीनों आयामों में बुद्धि या विवेक से सत् और असत् का ज्ञान होता है। विषय का ज्ञान, उसकी भावोपपन्नता और उसके अनुकूल प्रतिक्रियात्मक कर्म–यह चेतना की प्रक्रिया का क्रम है–विवेक का विकास इन तीनों आयामों को रूपान्तरित करता है। इस प्रक्रिया की व्याख्या में आचार्य पाण्डे ने कान्ट की व्याख्या का उद्धरण दिया है जो अपने आप में महत्त्वपूर्ण और भाषान्तरण के बाद भी कान्ट की मूल अभिव्यक्ति के समान ही संश्लिष्ट एवं सार्थक है। *(मूल्य मीमांसा,* पृ० 140) इस संदर्भ में 'आस्वाद मीमांसा' शब्द का चयन उल्लेखनीय है जिसमें सौन्दर्य, रस तथा आनंद का समावेश होता है तथा अनुभूति की विलक्षणता भी घोषित होती है। इसी क्रम में एक गद्यांश का उदाहरण है–

> सौन्दर्यानुभूति में प्रियता का भाव अनासक्तिपूर्वक होता है। विषय विकल्पों से अनवधारित कल्पना की स्वच्छन्दता का प्रकाशक और एक सार्थकता का व्यंजक होता है। इस प्रकार का आस्वाद विषयिनिष्ठ होते हुए भी वैयक्तिक नहीं होता। यह सर्वसाधारण विषय स्वरूप पर आधारित होने के कारण परप्रत्याय्य

> परत्र संक्राम्य होता है। एक ओर वह प्रतिविशिष्ट होता है और दूसरी ओर व्यंग्यतया सार्वभौम। (*मूल्य मीमांसा,* पृ० 143)

आचार्य पाण्डे ने सात्त्विक मूल्यों की रचना की मौलिक व्याख्या की है। उनके अनुसार,

> आत्मा और अनात्मा का अध्यास मानवीय चेतना के मूल में है और इस कारण उसमें विषयानुसंधान और आत्मानुसंधान भी परस्पर अभ्यस्त रहते है। विषयान्तराल से आत्मा का आभास और आत्मा के आभास में विषयात्मक आवरण, इस संयुक्त परस्परोपराग से मानव मूल्यों की सृष्टि होती है। (*मूल्य मीमांसा,* पृ० 146)

नैतिक मूल्यों की चर्चा करते हुए आचार्य पाण्डे ने नैतिक सत् के संदर्भ में नवीन प्रत्यक्षवादी दार्शनिकों में स्टीवेन्सन, हेयर, आदि के मतों की आलोचना की है। इसके साथ ही स्वार्थ–रूपी हेतु से निर्धारित नैतिक सत्, उपयोगिता, आदर्श, सद्गुण, सद्भाव आदि के संदर्भों में नैतिक मूल्यों का विवेचन किया है। उनके अनुसार कर्म एवं शील के विश्लेषण के संदर्भ में सत् और असत् का विवेचन ही नैतिकता का मुख्य प्रश्न है। नैतिक चेतना सामाजिक संस्कारों, मतों और व्यवस्थाओं के अन्तराल से रूप ग्रहण करती है। कोई कर्म सत् या असत् स्वतः या अपने परिणाम द्वारा या अपने हेतु द्वारा हो सकता है। सत्, असत् का ज्ञान अन्तःकरण की वृत्ति द्वारा होता है,

सतां हि संदेहपदेषु वस्तुषु प्रमाणमन्तःकरण प्रवृत्तयः।

सौन्दर्य मूल्यों का विवेचन करते हुए सामान्य भाषा में प्रयुक्त सौन्दर्य के पर्यायवाची शब्दों की मीमांसा द्वारा सौन्दर्य के रूपगत गुणों और मनोगत प्रभाव की विशेषता की व्याख्या की गई है। मनोरम, रमणीय, कमनीय, प्रासादिक मनोहर, मोहक आदि वस्तु के गुण के साथ द्रष्टा के मन के साथ संबंध को भी सूचित करते हैं। अर्थात् सौन्दर्य वह विशेषता है जो रूपगत होते हुए मनोगत प्रभावविशेष भी है। यद्यपि सौन्दर्य के गुण बाह्य नहीं हैं, परन्तु सौन्दर्य को गुण मानकर पाश्चात्य दार्शनिकों ने इनका स्तर निर्धारण इन्द्रियसंवेद्य, मानसगम्य और बुद्धिगम्य कोटियों में किया है। सौन्दर्य के इन पर्यायों के विवेचन से सौन्दर्यबोध के तीन तत्त्व स्पष्ट होते हैं–प्रत्यक्ष विषय रूप, आकार तथा मनोगत भाव (विषय और विषयी) और उनको एकीकृत करने वाली चेतना। विषय दर्शनीय है न कि स्पर्श अथवा भोग–योग्य। यद्यपि सौन्दर्य का बोध भोगपरक भी हो सकता है परन्तु भोगबुद्धि असुन्दर को भी भोग का विषय बनाती है। अतः भोगपरकता सौन्दर्य का गुण नहीं हो सकता। साथ ही भोगपरकता का सौन्दर्यबोध में एक अन्य आयाम भी है। भोग की इच्छा के दमन तथा अतृप्त रहने पर यह भोगेच्छा उदात्तीकृत होकर कलासृजन तथा सौन्दर्यबोध का कारण बन जाती है। इसी आधार पर मनोविश्लेषणवाद के सिद्धांत का प्रतिपादन किया गया है।

सौन्दर्य के तत्त्वों में रूप एवं रचना के तत्त्वों का प्रमुख स्थान है। रचना तत्त्वों की पारस्परिक अन्विति, जो पूर्ण या आंशिक सादृश्य की आवृत्ति से उत्पन्न होती है, संतुलन तथा विरोध से सृजन में एक छन्दोमयता उत्पन्न होती है। छन्द का अर्थ है अनुपात, संगति, संतुलन तथा लय। कलाकृति में एक अपूर्व और अविश्लेष्य समन्विति होती है जो उसके अवयवों और उनके संबंधों के परे किसी अविभाज्य अर्थ का संकेत करती है। रूप और रचना द्वारा व्यंग्य यही संकेत शिल्प और ललित कलाओं को पृथक् करता है। सादृश्य, प्रमाण, अनुपात आदि वस्तुओं तथा शिल्पों में भी होते हैं परन्तु भाव और लावण्य की विशेषता से ललित कलाएँ मन से गृहीत होती हैं न कि भौतिक या प्राकृतिक तत्त्वों की विशेषता से। कलाएँ दैशिक तथा कालिक रूप-रचना पर आधारित होती हैं। दैशिक आकार इन्द्रिय ग्राह्य, कालिक रूप अन्तःकरणग्राह्य तथा तार्किक आकृतियाँ प्रज्ञाग्राह्य होती हैं, परन्तु कल्पना द्वारा इन रूपों की अनुपस्थिति में भी प्रतिभास मात्र से सभी रूपों व आकारों का ग्रहण हो सकता है। कल्पना यद्यपि प्रारम्भ में प्रत्यक्ष पर आधारित रहती है परन्तु क्रमशः स्वच्छन्द होती जाती है। सौन्दर्य जगत् का प्रतिभास कल्पना से होता है। अतः सूर्यास्त, फूल, टूटा तांगा, गन्दी गली, कुरूप भिखारी भी अपूर्व सौन्दर्ययुक्त हो जाते हैं। कला में रूपान्तरण प्राकृतिक वास्तविकता का न होकर कल्पना जगत् का होता है। यह तथ्य भी स्पष्ट होता है कि कलाकृति का रूप यथार्थ का सादृश्यआधारित प्रतिरूप न होकर, आयोजित प्रतिभास का (मानव छवि का) अनुकरण है। कलाकार की कल्पना जैसे-जैसे प्रत्यक्ष जगत् से स्वच्छन्द तथा प्रौढ़ होती जाती है उसके द्वारा आयोजित प्रतिभास बाह्य दृश्य से पृथक् तक एक नयी सृष्टि करता है।

सौन्दर्य के वस्तुगत गुण

कला में प्रतिभासित छवि को रचनाकौशल द्वारा रूपान्तरित किया जाता है। रचना कौशल के घटक हैं—मेल, सुडौलपन, सन्तुलन, छन्द, अन्विति, प्रवाह आदि। इन गुणों से यह भी स्पष्ट होता है कि रचना में सादृश्य, विसादृश्य, एकता-अनेकता, दोनों मिलते हैं। यह निर्णय कि कितनी मात्रा में सादृश्य और एकता या विसादृश्य और अनेकता हो, कलाकार की सुरुचि या प्राकृतिक रूप से सादृश्य के निष्कर्ष पर निर्धारित होता है। आचार्य पाण्डे कल्पना की व्याख्या करते हुए उसे कर्म, ज्ञान, भोग और वस्तु से पृथक् स्वच्छन्द और आत्मविश्रान्ति प्रदान करने वाली अनुभूति मानते हैं तथा इस संदर्भ में क्रोचे और ड्यूई के मतों की समीक्षा करते हुए उन्होंने इन व्याख्याओं में कला तथा सौन्दर्यबोध की संपूर्णता की विशिष्टता को तो माना है परन्तु सौन्दर्यबोध को स्वराज्य के रूप में नहीं देखा है। उनके अनुसार सौन्दर्य अनुभूति का विषयव्यंजक रूप या लक्षण है जो स्वयं मूर्त संकेत बनकर एक रहस्याच्छन्न अर्थ की भावभय प्रतीति कराता हुआ उसका प्रकाश-सा प्रतीत होता है। यह अर्थबोध दो प्रकार का होता है। एक ओर यह रूप-रचना की प्रतिविशिष्टता या सामान्य-विशेष के समन्वय द्वारा सौन्दर्यानुभूति कराता

है, दूसरी ओर यह अनुभूति एक विषय के रूप में दर्शित मूल्यानुभूति से रंजित होती है। कलाकृति में रचनासौष्ठव से चमत्कार उत्पन्न होता है तथा जीवनमूल्य या सत्य की कल्पनात्मक अनुभूति भावसाक्षात्कार या रस कही जाती है।

सौन्दर्यास्वाद में भाव की स्थिति को लेकर जो मतवैभिन्य प्राचीन दार्शनिकों ने व्यक्त किया है उनका उल्लेख करते हुए आचार्य पाण्डे ने भट्ट लोल्लट के मत में दो दोष बताये हैं–प्रथम, भावबोध को तटस्थ प्रतीति बताना आस्वाद की अनुभूति से संगत नहीं है, द्वितीय, जो कलाएँ सादृश्य पर आधारित नहीं होतीं उनमें भी यह नहीं होता। जैसे संगीत में रसास्वादन होता है, किन्तु उसमें किसी लौकिक भावोत्पत्ति की स्थिति का आरोप नहीं होता यद्यपि संगीत में जो अनुकृति होती है वह प्राणछन्द की होती है।

इसी प्रकार शंकुक के मत की व्याख्या करते हुए यह अवश्य माना कि शंकुक ने चित्रतुरग न्याय से कला विषय के बोध की सत्य, मिथ्या, सादृश्य, संशय से विलक्षणता सिद्ध की है जो युक्तिसंगत है किन्तु कलाविषय और भाव के संबंध को अस्पष्ट छोड़ दिया है। भट्टनायक के मत में कलाविषय की दोहरी शक्ति को रेखांकित किया गया है जिससे भावित होकर वह निर्वैयक्तिक बनता है और विषयी के मानस में सात्त्विक आनंद की अनुभूति उत्पन्न करता है। यद्यपि आस्वाद का विषय निर्वैयक्तिक है, आस्वाद व्यक्तिगत। किन्तु कलाविषय से इस प्रकार का निर्वैयक्तिक आस्वाद या कान्ट का अनासक्त आस्वाद किस प्रकार उत्पन्न होता है, यह स्पष्ट नहीं है। आनन्दवर्धन का अनुसरण करते हुए अभिनवगुप्त ने ध्वनि अथवा व्यंजना के निवेश से इस कमी को पूरा किया है।

कला का विषय सहृदय मानस की कल्पना का आलम्बन बन उसके अन्तस्थ भाव को निर्वैयक्तिक रूप से व्यक्त करता है। यह भाव ही मन्मयता से आस्वाद्य होता है।

इस प्रकार उपरोक्त विश्लेषण पर स्वयं की टिप्पणी देते हुए आचार्य पाण्डे का मत है कि–

> जैसे इन मतों में सौन्दर्यास्वाद या रस की अलौकिकता क्रमशः स्पष्ट होती है। लौकिक अनुभव में भाव का आश्रय साहंकार व्यक्ति होता है और विषय बाह्य हेतु होता है और भावोत्पत्ति सुख-दुख-भोग की ओर ले जाती है। काव्यादि की अनुभूति में बाह्य हेतु कल्पना के अन्तर्गत आलम्बन बन जाता है, साहंकार व्यक्तित्व स्थगित हो जाता है, और भाव की उत्पत्ति के स्थान पर उसकी अभिव्यक्ति होती है। (*मूल्य मीमांसा,* पृ० 202)

भाव और मूल्य

रससिद्धांत की व्याख्या से आचार्य पाण्डे ने निम्न कलात्मक मूल्यों की व्याख्या की है। इस व्याख्या में भाव सर्वाधिक महत्त्वपूर्ण है क्योंकि भाव की अनुभूति द्रष्टा के संस्कारों की अपेक्षा रखती है तथा निर्वैयक्तिक होती है। विषयी संपृक्त तथा विषयगत न होते हुए भी

भाव स्वयं विषय के समान आस्वाद्य होता है। इस प्रकार का आस्वादन एक निराला आयाम है जिसका लौकिक इच्छापूर्ति, भोग, भावुकता आदि से कोई संबंध नहीं होता।

सांकेतिक अभिव्यंजना

भाव की अभिव्यंजना को कौलिंगवुड, क्रोचे आदि पाश्चात्य विद्वानों ने समझाया है, परन्तु भाव की अभिव्यक्ति संकेत से किस प्रकार होती है, यह न तो क्रोचे ने स्पष्ट किया न कौलिंगवुड ने। कलाविषय भाव के ज्ञापक संकेत होते हैं तथा ज्ञापकतासिद्धि के लिए संकेत का ज्ञातृसापेक्ष होना आवश्यक है। ज्ञाप्य–ज्ञापक संबंध स्थापित होने पर ही विषय संकेत बनता है। जैसे भाषा की सांकेतिकता अभिधा और लक्षणा व्यापार पर निर्भर करती है साथ ही व्यंजना व्यापार द्वारा भी होती है, वैसे ही रूपाश्रित कलाओं में सादृश्य–प्रमाणादि प्रतीकों द्वारा अर्थ का ज्ञान होता है। रंग ओर दैशिक स्थान का ज्ञान चित्र में प्रकाश द्वारा तथा संगीत में नाद द्वारा स्वर और कालिक स्थान का ज्ञान होता है। आचार्य पाण्डे ने संगीत तथा चित्रकला की अनुभूति–साम्यता के आधार पर दृश्य–श्रव्य कलाओं में अन्तःसंबंध स्थापित किया है। उनके अनुसार,

> दृश्य–रूप के समान ही नादात्मक श्रव्य–रूप में चित्त को प्रभावित करने की एवं कल्पना विषय या मानस प्रत्यक्ष का गोचर बनने की सहज योग्यता होती है। इस प्रकार चमत्कारी बिम्ब उपस्थित करने की योग्यता से दोनों में ही सौन्दर्यव्यंजकता स्पष्ट निहित रहती है। रूप और नाद की कलाएँ संवेदन में उपलब्ध सौन्दर्य के व्यंजक विषयों की रचना करती हैं किन्तु संवेद्यरंजकता और रचनाचमत्कार के साथ ये भावोद्बोधन की भी योग्यता रखती हैं। (*मूल्य मीमांसा,* पृ० 208)

इन कलाओं की साम्यता स्थापित करते हुए उन्होंने स्पष्ट किया कि सभी कलाओं में अभिव्यंजना के तीन आयाम हैं–चित्र एवं मूर्तिकला में अनुभूति अर्थ या कल्पना को बिम्बित कर चित्त को द्रवित कर अन्तस्थ भावों की अभिव्यक्ति करती है। यह व्यंजक व्यापार विभाव की कल्पना पर आश्रित होता है। ध्वनि पर आधारित कलाओं में शुद्ध स्वर किसी कल्पना को प्रस्तुत नहीं करता और न विभाव को प्रस्तुत करता है, परन्तु संवेद्य और कल्पनाग्राह्य आकारों से भाव व्यंजक होता है। सौन्दर्य की मौलिक विशेषता उसकी विलक्षणता है जो प्राकृतिक तथा कलाविषयों में समान रूप से व्यंजित होती है। यह कल्पनात्मक है जो दर्शन की सहृदयता के कारण अभिव्यक्ति होती है। इससे उत्पन्न आभास अपूर्व, प्रशंसनीय, मार्मिक, चमत्कारपूर्ण होता है जो निर्वैयक्तिक सुख व आनन्दयुक्त होता है।

विविध कलानुभूति के कारण कलात्मक मूल्य भी स्तरों में विभक्त होता है। यह मूल्य चमत्कारविधायक तत्त्वों पर निर्भर करता है साथ ही जीवनमूल्यों से संबंधित भी हो सकता है। कलाकृतियों के इस प्रकार के भाव रचनात्मक सौष्ठव के साथ युग धर्म

के अनुकूल भी होते हैं। ऐसा देखा जाता है कि कुछ कलाकृतियाँ केवल रूप के आधार पर सफल कलाकृति कहलाती हैं, जबकि कुछ केवल युगधर्म के प्रतिबिम्ब के आधार पर ही जीवित रहती हैं और प्रेरणा प्रदान करती हैं। कबीर की कविता यद्यपि रचनात्मक कौशल और भाषा की दृष्टि से हीन है परन्तु उसके व्यंग्यार्थ का मूल्य उसके दोषों को गौण बना देता है। कलावादी यद्यपि विशुद्ध कला को ही सर्वाधिक मूल्यवान मानते हैं परन्तु वस्तुतः कला जीवन से जुड़ी हुई ही रहती है। फलतः कलाकार जीवन के प्रयोजनों के लिए अलंकरण प्रस्तुत करने, यथार्थ का अनुकरण, आदर्शों के लिए प्रतीक और प्रच्छन्न उपदेश वाली कृतियों की सृष्टि करता है। इसीलिए संभवतः प्राचीन कलाओं में या कला–परम्पराओं की प्रारम्भिक अवस्थाओं में सामाजिक और धार्मिक उपयोगिता पर विशेष ज़ोर दिया जाता था। किन्तु क्रमशः जीवन के सामान्य संदर्भ में भी कलात्मक कृति का स्वातंत्र्य और अलगाव दिखाई देने लगा है। जैसे अनुपयोगी अलंकरण की प्रवृत्ति में नृत्य गीत और कहानी में। प्रतिभाशाली कलाकार इस प्रवृत्ति के प्रभाव में जीवन से अलग अमूर्त तथा स्वतंत्र कला का सृजन करते हैं। अतः यह उक्ति उचित ही है कि सभी कलाएँ संगीत की अवस्था प्राप्त करने की अभीप्सा रखती हैं।

विशुद्ध कला के इस पृथकत्व के परिणामस्वरूप कलाकार समाज से अलग हो जाता है। उसका न कोई सामाजिक उत्तरदायित्व है, न वह समाज का उपयोगी सदस्य रह पाता है। प्रगतिवादी, नीतिवादी, अध्यात्मवादी सभी चिन्तक कला को जीवनप्रभावी तथा जीवनोपयोगी बनाना चाहते हैं। उपरोक्त दोनों कला मूल्यों–कला की विशुद्धता तथा जीवनोपयोगिता–में कला का चिन्तन एकांगी दृष्टिकोण से होता है तथा कला की उभयात्मकता उपेक्षित रह जाती है। इसके विपरीत वास्तु, कला, नाटक, कथा साहित्य का जीवन से संश्लेष सभी को स्वीकार्य है, क्योंकि यह कलाएँ जीवनोपयोगी हैं। परन्तु अमूर्त रूपाश्रित कलाओं, नृत्य और संगीत में अनुभूति केवल कलात्मक मूल्यों की ही होती है।

इस विवेचन से यह तथ्य स्पष्ट होता है कि सौन्दर्यबोध और कलाबोध में दो प्रकार के मूल्य प्रतिभासित होते हैं–रूपमिश्रित और वस्तुमिश्रित। कलाकृतियों में रूप और वस्तु का मिश्रण रूप–प्रधान और वस्तु–प्रधान रूप में होता है। अतः मूल्य भी इसी प्रकार निर्धारित होते हैं। कला–इतिहास तथा विविध कलाओं की समीक्षा से यह निश्चित होता है कि कलामूल्यों में रूप और वस्तु के द्वैत का विकास दूरगामी है। सृजनात्मक स्वातन्त्र्य और परम्परारक्षित अर्थ, मनोरंजन और व्युत्पादन, निजीपन और समाज की व्यवस्था आदि द्वन्द्व कलामूल्यों के घटक हैं।

इन सभी तत्त्वों का विवेचन कलामूल्यों के अन्तर्गत करते हुए आचार्य पाण्डे का इस संदर्भ में मत अत्यंत सुविचारित है, उनके अनुसार–

> कला का मूल्य न उत्तेजना में है न मनोरंजन या दुखविनोदन में, न तत्त्व–प्रतिपादन, शिक्षण अथवा प्रचार में। कला के मूल का अर्थ है रचना की अपूर्वता और 'इति'

है 'मानवीय आत्मसाक्षात्कार।' ये मूल्य कल्पना के स्तर पर मानसिक प्रत्यक्ष, कला विषय द्वारा व्यक्त होते हैं। (*मूल्य मीमांसा,* पृ० 219)

कलामूल्यों के आधार पर कलासमीक्षा की दिशा निश्चित होती है यद्यपि आलोचना ज्ञानात्मक विषयप्रधान व्यापार है और आस्वादन अनुभूतिप्रधान, किन्तु आलोचनात्मक ज्ञान का निर्वाह केवल वस्तु-वर्णन अथवा तार्किक निरूपण से नहीं होता। उसका कार्य मूल्य अवधारणा है और यह अनुभूतिलब्ध मूल्य से जोड़े बिना संभव नहीं है। मूल्यावधरित आलोचना आस्वादनपुरस्सर भी होती है। सहृदय की अनुभूति उसका अन्तिम प्रमाण है। इस प्रकार प्रोफेसर पाण्डे के अनुसार आलोचना को कलानुभूति का विश्लेषणात्मक प्रतिपादन कह सकते हैं। इस आलोचना में रुचि निर्धारणात्मक इतिहास का भी समावेश रहता है। इस पृथक् कलानुभूति का विश्लेषण दुर्निवार है। अतः आलोचना में वस्तुपरक ज्ञान और रुचिसम्मत मान्यताएँ एकान्वित हो जाती हैं।

कलासमीक्षा के विशेष घटकों की विवेचना प्रस्तुत करते हुए रचनात्मक समीक्षा के अंगों का विश्लेषण भी पाण्डे जी की प्रतिभा से अछूता नहीं रहा। कला की समीक्षा में दार्शनिक प्रक्रिया तथा व्यावहारिक आलोचना दोनों के समन्वित प्रयोग को वे संगत समझते हैं। दार्शनिक प्रक्रिया तथा व्यावहारिक आलोचना–दोनों के समन्वित प्रयोग को वे संगत समझते हैं। दार्शनिक प्रक्रिया के अन्तर्गत कला के स्वरूप तथा साध्य-साधक भाव का विवेचन किया जाता है, जो कला का सामान्य बोध तथा मूल्य प्रस्तुत करती है। रस का विवेचन इसी प्रक्रिया का अंग है। कलाकृति के रस की व्याख्या द्वारा कला को अकला से पृथक् किया जा सकता है। दार्शनिक पक्ष की पूरक व्यावहारिक आलोचना है जो विशिष्ट कृति के संदर्भ में विश्लेषण करती है। यह विश्लेषण कृति के कारित्र, अभिप्राय तथा उन तत्त्वों के प्रयोग की सफलता का विश्लेषण करता है। प्रयोग की सफलता का अर्थ व्यंजकता से है, रसात्मक मूल्य का विश्लेषण, विभाव की व्यंजकता द्वारा किया जा सकता है। रसानुभूति की स्फुटता, सान्द्रता आदि का विचार इसी प्रक्रिया में संभव है।

कलाकार तथा समीक्षक की भूमिका की समीक्षा करते हुए आचार्य पाण्डे ने दोनों के कर्त्तव्यों की व्याख्या प्रस्तुत की है तथा प्रचलित तारतमिक कलासमीक्षा की भ्रान्तियों की चर्चा की है। कला किसी एक विशेष साँचे या प्रारूप में नहीं बाँधी जा सकती जिसका कोई निश्चित अर्थ हो, बल्कि कलागत मूल्य उसकी असाधारणता और असामान्यता में होते हैं। कलाकार अनुकरणपरक न होकर सृजनपरक होता है जबकि तारतमिक आलोचक एक कृति को आदर्श मानकर अन्यों को उसी मापदण्ड में बाँधना चाहता है। इस प्रकार कलाकार अद्वितीय सत्य को उद्घाटित करता है तो समीक्षक उसे पूर्व व्यक्त सत्य की उपादेयता में देखना चाहता है। कला सदैव नवीन साक्षात्कार होती है न कि यथास्थिति सत्य का बौद्धिक आविष्कार। महान् कलाकार पूर्व में प्रकाशित सत्य को फिर से एक अपूर्व कृति के रूप में प्रस्तुत करता है। इस प्रकार कलाकार आलोचक का गुरु होता है।

आचार्य पाण्डे के अनुसार आलोचक को न तो पुराने मूल्यों की स्थापना का ही ध्येय बनाना चाहिए न नये समय के साथ चलने की होड़ में पुराने का परित्याग करना चाहिए–

पुराणमित्येवं न साधु सर्वम् न चापि काव्यं नवमित्यवद्यम्।
सन्तः परीक्ष्यान्यतरदजन्ते मूढः परप्रत्ययनेय बुद्धिः।। (*मालविकाग्निमित्रम्* अंक 1)

"हमारा अभिप्राय न अतीत का पोषण है न वर्तमान का, न हम कला को इतिहास जयी मानते हैं न इतिहासनिश्शेषित। कलाकृति का वस्तुतः उसके बाहर प्रतिमान ही नहीं होता, क्योंकि वह बिम्बतुल्य प्रतिबिम्ब न होकर स्वयं बिम्ब होती है।" (*मूल्य मीमांसा,* पृ० 222)। उसका रस अद्वितीय और सहृदयसंवेद्य होता है।

इस प्रकार आचार्य गोविन्द चन्द्र पाण्डे ने मूल्य मीमांसा के माध्यम से जीवनमूल्यों का सर्वांगीण मौलिक व्याख्यान प्रस्तुत किया है।

9

Perspective of the Social and Ideational Foundations of Indian Culture

B.N.S. Yadava

Professor G.C. Pande is widely known to have scaled great intellectual heights and made outstanding contributions[1] to our understanding of ancient Indian history and culture, including the history of ancient Indian religious and philosophical thought. His two-volume monumental work entitled *Foundations of Indian culture*[2] comprehends the essential ingredients of his perspective of the social and ideational foundations of Indian culture. It reflects a wide range of scholarship, masterly grasp of the original sources, critical analysis and unsurpassed combination of rigour in detail with insightful breadth of generalization. Here, it will be worthwhile to look into this work, which forms a rich and well-organized pattern and presents a carefully researched study of paradigmatic status.

Volume I of the work, subtitled *Spiritual Vision and Symbolic Forms in Ancient India,* has been divided into two parts. Part I comprises the first nine chapters bearing on spiritual praxis (*sādhanā*) and vision (*parāvidyā*) and Part II (chapters 10-13) focuses on symbolism and expression. In the preface to this volume, the author has succinctly defined his methodological premises: "Despite the radical significance of social being, it has to be reached and understood in terms of a tradition of social experience and awareness" (p. vii). It can hardly be denied that the category of social being has a meaning only in correlation with social consciousness.

Chapter 1, dealing with the transcendental roots and historicity of spiritual praxis and the Indian conception of cultural tradition, advances the thesis that *ṣādhanā* or *yoga* constituted in some sense a universal path or process of seeking and obtaining spiritual vision and inner transformation. The Indian conception of cultural tradition has been viewed as that of an essentially suprasensuous and rational knowledge which laid down the norms to be followed. Chapter 2 underscores the need of seeking to interpret the Vedic texts in the light of the tradition of indigenous religious experience for the historiography of religion in India. Chapters 3 and 4 deal with the Vedic tradition characterized by its unitive vision and the Śramaṇic tradition of world negation respectively. The Vedic tradition was that of *pravṛtti* (the path of worldliness and activity), which mainly included the concept of *ṛta* (akin to natural law, at once cosmic, moral and ritualistic), the institution of sacrifice in which the process of external ritual was virtually superseded by symbolic knowledge and meditation (*vidyā, upāsanā*), and the Upaniṣadic thought identifying *Brahman* (the First Cause of the universe) with *Ātman* (the inmost essence of the individual). The tradition of Śramaṇa ascetics and mendicants, which comes into full view in the sixth century BC, was oriented to *nirvṛtti* (the path of withdrawal from wordly activity). It was characterized by a conception of the worldly (*saṃsāra*) as basically painful and spiritually evil; of soul as distinguished from the body; of *karman,* implying a conception of morality, as binding the soul; of the repeated incarnations of the soul in accordance with the quality of *karman;* and the ultimate concern for freedom from the bondage of *saṃsāra* through ascetic practices. The author's reconstruction of the Śramaṇic tradition, here as well as in his well known earlier works,[3] represents one of his abiding contributions to the history of the development of Indian religious and philosophical thought in particular and Indian culture in general. According to him, the integrated or synoptic Vedic vision and the Śramaṇic vision of transcendence constituted the fundamental matrix of Indian culture. The interaction of the Vedic and the Śramaṇic traditions has been traced back to the Upaniṣads: the Śramaṇic tradition is found to have influenced the origins of Jainism, Buddhism, Sāṅkhya, Yoga, etc.

The following three chapters are devoted to the discussion of the development of classical cross-currents of the Vedāntic tradition from the Upaniṣads to Śaṅkara and his immediate disciples, with whom the tradition reached its classical stage (chapter 5); the monotheistic trends centering upon Vāsudeva Kṛṣṇa and Śiva, along with their respective sects (chapter 6); and the synthesis attempted in the *Smṛtis, Purāṇas* and the *Tantras* in the wake of the interaction between the orthodox and the heterodox tradition of spiritual life (Chapter 7). Chapter 8 offers an illuminating discussion of the conception of the self in the Upaniṣads and different systems of Indian philosophy, orthodox as well as heterodox. Chapter 9 elucidates the synthesis of *karman, jñāna* and *bhakti* in the *Gītā.*

Chapter 10 is devoted to language as the 'deepest' symbolic system in a culture and to myth "as the symbolic expression of timeless theological truths" (p. 188). The attempt to penetrate into the sense of symbolic idioms reveals an insight which is indeed remarkable. Some fresh light has been thrown in this chapter on ancient Indian reflections on the nature of language, on linguistic history of India, and on Sanskrit as "the basic articulation of Indian psyche".

Chapter 11 discusses forms of rational knowledge as patterning data in search for value, characteristics of the Indian rational tradition, and the concept of causality in Indian philosophy. The author has clearly demonstrated how "the tradition of knowledge in India began with emphasis on intuition in the Vedic age, flowered into the philosophies and sciences of the classical age, and then sank into scholasticism and superstition in the medieval period" (p. 207). This chapter offers an illuminating discussion on the origin, nature, scope and development of the traditional *vidyās* or *śāstras*, science or systems – *Ānvīkṣikī* (logic and metaphysics), *Trayī* (Vedic learning), the six *Vedāngas, Itihāsaveda, Vāstuśāstra, Vārtā, Daṇḍanīti, Arthaśāstra, Dharmaśāstra*, grammar, *Āyurveda*, astronomy, mathematics, etc. One of the significant findings of the author is that "Philosophic conception of knowledge and reality underlies the different forms of rational knowledge which the *śāstras* exhibit" (pp. 224-25); even the knowledge of medicine, astronomy, mathematics and logic shows just a partial overlap with modern scientific knowledge in its *vyāvahārika* (empirical) aspect, but a distinct character as a logical or rational structure. In fact,

> the radical distinction which modern thought draws between religious faith, philosophical speculation, moral wisdom and science does not obtain in ancient thought where the

> fundamental distinction is between mystical intuition and discursive knowledge, the latter comprising all forms of rational knowledge in a hierarchical unity and synthesizing within it the diverse strands of faith and experience in a single web of reasoning (p. 222).

Another significant observation made in the Appendix to this chapter is that, with their emphasis on the testimony of human experience and reason, the three heterodox systems of Indian philosophy – *Lokāyata,* Buddhism and Jainism – "could have been held in different ways consistently with scientific progress" (p. 250).

Chapter 12 investigates the symbolism and ethos of Sanskrit literature, which "lays claim for universality and permanence" (p. 254) and whose principal concern, at its classical stage, is 'humanistic and aesthetic'. Chapter 13 presents a historical view of the whole sweep of ancient Indian art including music, dance and architecture and brings out meticulously the symbolism reflected in it. An enlightening discussion of the aesthetic theory in the Indian tradition has also been subsumed into this chapter.

Volume II, bearing the secondary title *Dimensions of Ancient Indian Social History,* contains eleven chapters. The author's approach to social history is characterized by a more embracing scheme into which both the historicity and the perennial ideality of the social tradition are sought to be subsumed. In his opinion, what is important for a historian of the ancient Indian social order is not his idealistic or materialistic approach, but his ability "to represent the historical articulations of ancient Indian social self-consciousness" (Introduction, p. 2).

Chapter 1 discusses, on the basis of evidence assiduously gathered from literary sources, epigraphic records and foreign accounts, the historical geography of ancient India as a subjective constituent determining social identity. Chapter 2 examines the growth of population in India from the prehistoric times up to the twelfth century AD and represents a valuable contribution to the demographic history of India (the first article[4] of the author on population in ancient India appeared as early as 1959). Chapter 3 elucidates the economic ideas and attitudes in the Vedic period and thereafter. During the post-Vedic phase, the concept of right livelihood, coupled with that of wealth as a means of living and not an end, is shown to have emerged as a dominant ideal. The growth of *vārtā* had been linked with the gradual development of productive forces and market organization having "reached a stage where technical know-how could be looked upon as a means of deliberately transforming them" (p. 66). *Vārtā* was not conceived either as domestic economy or as a generalized science of wealth. It was, above all, conceived as political economy, the science of economic policy used by the state (p. 67). Thus, *vārtā* was integrated with *Daṇḍanīti* into the *Arthaśāstra*. Chapter 4 reconstructs the Vedic pattern of livelihood and social life on the basis of a critical examination of a wide range evidences as well as the views and hypotheses advanced by different authorities. The author has examined the different interpretations of the term *pura* in the *Ṛgveda*. Fresh evidence, including that bearing on the growing division of labour, had been adduced to prove that *puras* may have been towns in the Ṛgvedic society which, however, could have been qualitatively much different from the village under the existing conditions.

Chapter 5 gives a synoptic and integrated picture of the rural agrarian pattern in the post-Vedic times up to the end of the ancient period, throwing welcome light on the nature, extent, size, number and population of the villages; agricultural technique; crops and cultivators; basic pattern of rural life, along with the changes in the classical and post-classical times, etc. In the post-Gupta period, the author notes "some affinities to the feudal systems" in the rural pattern (p. 92). Chapter 6 presents a thoughtful discussion of the development of urban pattern in early India, taking into account its main components – town-planning, towns and ports, crafts, guilds, inland and oceanic trade, export and import, money-lending, etc. – and bringing into prominence the characteristic features of urban life. Chapter 7 examines the standard of living with reference to the main sections of society.

Chapter 8 traces the development of socio-ethical ideas in a broad historical setting, the thrust being on the development, nature, different aspects and social significance of the notion of *dharma*, which, on the whole, embodied the tradition of the pursuit of moral values, constituted 'the essential social bond', and represented one of the most distinctive essential features of Indian culture. A revealing light has been thrown on *varṇadharma*, *āśramadharma*, the difference between *varṇa* and *jāti*, and the controversy about the nature of caste between the Brāhmaṇical and non-Brāhmaṇical-Buddhist and Jain thinkers.

The following two chapters discuss the socio-historical order in the Vedic period (Chapter 9) and in post-Vedic age (Chapter 10). While reconstructing the socio-historical order, as reflected in the *Ṛgveda*, the author has thrown fresh light on the signification of the words, *ārya, dāsa* and *paṇi.* After examining the relevant theories and reviewing a wide range of evidence from the *Ṛgveda*, he comes to some significant conclusions: the *Ṛgveda* does not reflect any racial associations in the words *ārya* and *dāsa;* the distinctions of *varṇas* did not reflect colour consciousness; and the term *paṇi* has been used in this text as a disapprobatory one for the traders who were niggardly about the sacrifice and gift. An impressive body of evidence drawn from the religious, legal and general literature, and foreign accounts, as also the views of several authorities, have been subjected to rigorous scrutiny, with a view to tracing the development and reconstructing the shape of the social order comprising different classes and groups. The "sharp contrast between holiness, sovereignty and property in the Vedic period," as the author aptly remarks, "is a distinctive idea unparalleled anywhere else in pre-modern times", which "helped to mould Indian social development in a characteristic pattern" (p. 178). The theory of the four *varṇas* (*cāturvarṇya*) induced 'a great change' in the society of professionl classes, guilds and tribes: it superimposed on these differences "the notion of a unified social order" (p. 203). But "the actual diversity of the occupational, ethnic and social groups" led to the formation of castes in the post-Vedic period (p. 228). By the time of the *Manusmṛti*, "ancient *varṇa* system had been completely overgrown by *jātis*" (p. 233). In an earlier chapter, "the re-emergence of *jātis*" has been viewed as "a retrograde phenomenon" (p. 168). It has clearly been shown that the theory of the mixed castes was fictitious and that it could only reflect the actual status of *jātis.* In the post-Gupta period, as the author thinks, "the imposition of a servile status on an ever-increasing section of population tended to destroy the very source of the strength of Indian society" (p. 240). The treatment reflects throughout a deep insight into the ideality and historicity of ancient Indian social structure.

Chapter 11 offers, in a historical framework, a fine elucidation of the political order and ideas – the historical development of the character of ancient Indian state viewed as an instrument for the promotion of public good and happiness through the adoption of a policy ultimately backed by power (*daṇḍa*) but in accordance with *dharma;* the promotion of *dharma* and *artha* as the direct concern of the state from the point of view of the general scheme of human ends (*puruṣārthas*) in the social system; the democratic ethos of the ancient Indian polity; the essential idea of the ancient political tradition as the appropriate union of wisdom and power; the basic ideal thereof, which came to be understood in the post-Vedic age as the unity of *dharma* and *nīti*, the former signifying justice along with the traditional social order, and the latter conceived as policy, or the system of means employed in the exercise of power; and the subsequent change in Indian polity in the post-Gupta period under conditions characterized by the emergence of a 'near-feudal system' (p. 259).

All in all, Indian culture, in its essence, has been viewed here as a development of fundamental ideas constituting a creative matrix, a deep and persistent source of creativity, spiritual in character and lying behind the changing historical forms. These two volumes offer a trailblazing perspective of the social and ideational foundations of Indian culture.

NOTES AND REFERENCES

1. The well known publications of Prof. Pande include more than twenty books on different aspects of Buddhism and allied themes, Indian culture and ancient Indian history, and Indian philosophy. Apart from the books, he has published seventy odd seminal articles and research papers in Indian and foreign journals on different problems relating to Buddhism, Indian social and cultural history, philosophy, art, education and literature.
   Among the works edited by him, the *History of Science, Philosophy and Culture in Indian Civilization,* Vol. I, Part I (New Delhi, 1999) and Part 2 (New Delhi, 2001), which is related to the project founded by Prof. D.P. Chattopadhyaya, represents "a new adventure in the historiography of Indian civilization". It aims at seeking scientific objectivity, avoiding ethnic and West-centred bias and paying due attention to science and philosophy in the history of Indian civilization in a historical, multi-disciplinary and pluralistic perspective.
2. Volumes I and II, First Edition, Books and Books, New Delhi, 1984; Second Edition, Motilal Banarsidass, Delhi, 1990.
   Among other widely acclaimed works of Prof. Pande on Indian culture, mention may be made of *Bhāratiya Paramparā ke Mūla Svara* (Second Edition, New Delhi, 1982), *An Approach to Indian Culture and Civilization* (B.H.U., Varanasi, 1985), *Vaidika Saṃskṛti* (Lokbharati, Allahabad, 2001), etc. His *The Meaning and Process of Culture* (First

Edition, Agra, 1972. Second Edition, Raka Prakashan, Allahabad, 1989) is a scintillating analysis of the nature and process of culture; culture it has been argued by him, "is the social expression of value-seeking and history is its process". In his *Bhāratīya Samāja* (National Publishing House, New Delhi, 1994), he has presented a philosophical and historical investigation into the social dimensions of Indian culture.

3. E.g., *Studies in the Origins of Buddhism*, First Edition, University of Allahabad, Allahabad, 1957. Fourth Edition, Motilal Banarsidass, Delhi, 1994, Chapter VIII.
4. *Journal of the Bihar Research Society*, Vol. XLV.

10

Philosophia Perennis, Culture and Society

Perspectives on G.C. Pande's Thought

Ram Krishna Mani Tripathi

On his way back to South Africa from London, a relentless crusader of the human spirit wrote a book in white heat and in excitement. The book has since then acquired increasing significance on account of a variety of themes and issues embedded in it. This crusader was Mohan Das Karamchand Gandhi, the book *Hind Swaraj*.[1]

Gandhi wrote this testament of his faith to answer the school of violence in particular. The school of violence he addressed, was the ideology and 'the philosophy of the bomb' which the group of Indian revolutionaries, based in London were meticulously propagating to secure the end of the British rule in India. In engaging these revolutionaries in a dialogue, Gandhi was constantly trying to interrogate not only the theme of terror and violence but also a cluster of cognate ideas at which Indian terrorists were blinking. In short, Gandhi spelt out the different dimensions of meaning inherent in Swaraj. Consequently, the book was a wide-ranging critique of Modernity, Imperialism, Colonialism, Western Cultural domination and systematic denigration and destruction of the culture of India. In the process, Gandhi argued for cultural and intellectual autonomy, though not for any form of autarky.

Later, a famous professor of philosophy delivered an equally famous lecture in 1928. In retrospect, it appears as though the lecture was an elaboration of one of the themes of *Hind Swaraj*, Intellectual Freedom. The lecture did not mention it though. The philosopher was K.C. Bhattacharya and the title of the lecture, 'Swarajya in Ideas'.[2]

Lest it be interpreted that Gandhi and Bhattacharya advocated what in current parlance is ghettoization of mind, I may put in a caveat that none of them ever denied the universal flow of ideas and its critical examination. The life of dialogue is of the essence of cultural autonomy and independence of mind. This has been constantly reiterated by Gandhi in *Hind Swaraj* and in his subsequent writings, and by Bhattacharya in 'Swarajya in Ideas' and his other philosophical exercises. It is in this terrain of thoughts that Prof. G.C. Pande may be located. Gandhi had insightful ideas but it was neither his vocation nor his inclination to work out the details of his insight in diverse academic disciplines. Bhattacharya was a trained philosopher but his philosophical concerns were too deep for his excursion into the problem of social sciences.

With Prof. G.C. Pande, it is, however, a different story. His proficiency in classical and modern languages, both Indian and European, and his formidable range of scholarship of both Oriental and Western texts have stood him in good stead. His corpus covers a wide range of issues and themes. Despite this happy variety, it reveals the consistency of his *Weltanschauung*. This is what provides the bedrock of ideas on which rests his critical and analytical interrogation of vital concerns in metaphysics, philosophy, history, culture, aesthetics, politics and social studies.

I have selected one theme from his corpus for discussion – the metaphysical principle of *Philosophia Perennis – Sanatana Dharma* – and its impact on problems of history, culture and social sciences. At the outset, it is pertinent to draw in brief an intellectual profile of Prof. Pande.

He is, in the first instance, a relentless advocate of critical judgement and independence of the mind. He is averse to the enslavement by ideology and is no defender of the tendency to accept ideas without critical examination. One is reminded of what Socrates constantly reiterated: An unexamined life is not worth living. What it really means is that an unexamined idea is not worth accepting. This intellectual programme is what Prof. Pande seems to have implemented in his writings.

His catholicity of outlook and critical spirit is reflected when he discusses the intellectual approach of Keith, Dasgupta and Warder towards Sanskrit literature in the *Foundations of the Indian Culture*, Vol. 1. The following extract amply bears it out:

> Thus in approaching Sanskrit literature one must avoid three types of errors. One must not think of it as a literature which ought to have been modelled on Graeco-Roman literature, a mistake which Professor Keith commits implicitly. Nor should we think of Sanskrit literature as one which ought to have been an anticipation of modern forms and trends, a mistake which is implicit in Prof. Dasgupta and De's *History of Sanskrit Literature*. Finally, we must not think of Sanskrit literature as entitled only to the opinion of its own ancient critics according to traditional standards, a point of view which Professor Warder has adopted in his *History of Kavya Literature*.[3]

It is evident from the above extract that Prof. Pande rejects the intellectual habit of projecting the West into literary appreciation. Similarly, he does not recommend reading modern forms and trends into ancient Indian literature. Further, he would not even subscribe to the view that ancient Indian literature should be evaluated only in terms of ancient literary principles.

All the three approaches tend to provincialize literature and circumscribe the range of literary experience. They deprive it of its universal appeal and confine it within 'flaming walls of taste'. A judgement that depends upon taste is subjective and 'there can be no', as Coomaraswamy points out, 'disputing about taste'.[4] According to Prof. Pande, literature is steeped in the catholicity of outlook. It should therefore be evaluated in accordance with the standards that agree with intellect.

Of late, an intellectual prejudice is gathering ground in contemporary India. It expresses itself either in the blind imitation of the West or in the mindless idolatry of ancient India. The former denigrates any attempt to comprehend culture in terms of metaphysical principles; the latter resents a balanced and critical evaluation of the past. The former would describe commitment to metaphysical principles obscurantist, retrogressive and non-secular. The latter would view with suspicion a balanced and critical analysis of ancient Indian culture as a species of western infection, a pathological syndrome. Prof. Pande belongs to neither class. He would not single out ancient Indian culture as the only culture that has a mission but he would also not shut the door on a comparative debate about missions of different cultures.

> To mention the missions of India would be jeered at by them as blatant chauvinism, although the mission is nothing but the inherent mission of any culture, cooperating with others in realizing the universal culture of humanity within a specific history. Even to depict the achievements of the Indian tradition in ancient times is regarded in some quarters, fantastically enough, as displaying a 'communal bias'.[5]

Prof. Pande recalls a motivated attempt of some historians to ridicule and denigrate writings of cultural history in items of philosophical ideals inherent in Indian culture. He rejects the charge levelled by Romilla Thapar, Harbans Mukhia and Bipin Chandra in the booklet *Communalism in the Writing of History*, on the ground that Romilla Thapar and her fellow historians "shy away from the logical examination of any actually held thesis". These historians refuse to be drawn into an argument on merits and attribute motives first and attack it afterwards as a strategy, devoid of any academic merit. This reeks of 'holier than you attitude'.

In this revealing sentence, Prof. Pande points out that fanaticism of any variety creates division among people. It is a child of 'dogmatism'. It does not flow from a set of unchanging values which has inspired the ancient culture of India. For one of the unchanging values is tolerance. This reveals his readiness to open-ended debate and discussion and his distaste for the closed mind.

Moreover, his emphasis on the universal culture of humanity reminds one of Tagore's famous sentence in his book *Nationalism*, "There is only one history, the history of man and all national histories are merely chapters to the larger one." This is Prof. Pande's universalism.

As a logical consequence, from his catholicity of mind and critical spirit flows his denial of fundamentalism as it is unworthy of academic dignity. Its inbuilt logic is shutting out debate in the context of intellectual prejudice systematically cultivated and coercively clamped. This indicates that the intellectual freedom cannot be put under constraint and thought control is antithetical to the life of mind. This is the second important ingredient of his intellectual profile.

The third ingredient in this context is his rejection of 'scientific history' as an adequate instrument to describe the historical process. For it suffers from what Feyerabend has described as 'methodological-chauvinism'. This undue insistence on scientific methods to comprehend history is rooted in the prestige of science, rather than on the suitability of these methods for the study of cultural objects and historical events. The methods of science study only that which is repeatable and not unique in character.

Prof. Pande has combined the technique of an accomplished historian with the subtle and refined sensitivity of an artist. Thus, his historical narratives are not unreadable junks as are most of the 'objectivity-ridden scientific historical tomes'. Prof. Pande himself is averse to applying scientific method to decipher the nature and meaning of historical events. The impact of scientificity on history may be a fashionable academic exercise but it may be futile and pointless as well. He believes that the essence of the historian's task is to have a 'projective understanding'. This requires not merely an ability to arrange facts in a logical order and integrate them into a rational framework but also that the historian should feel the mood and the spirit of the times. For history is just not a conglomerate of events on the surface. There is much else beneath it, and the historian should have an eye for it. This requires excluding what Prof. Pande defines as 'epistemic monolithism'.[6]

Central to all that Prof. Pande has written is the *Weltanschauung* – the metaphysical standpoint. This provides a sheet anchorage to his academic ventures in diverse disciplines. And this is precisely what the modern western intellectual tradition simply puts out of court, in-house debates and conflicts of modern western theories notwithstanding.[7] This means that modern western thought starts with the rejection of transcendental dimension of man and tradition. Prof. Pande, on the contrary, begins with presuppositions of *Philosophia Perennis*. Thus, traditional thought is the foundation of Prof. Pande's attempts to understand history, culture and society, etc.

Prof. Pande's scholarly writing on this score shares the vision of Mahatma Gandhi. A.K. Coomaraswamy in his relentless battle with the modern West, spelt out the principles of the *Philosophia Perennis* in his writing. In the process, he called attention to the perennial pertinence of values founded in it for man. Prof. Pande's contribution in his regard is a link in that chain. But there is a significant difference between Coomaraswamy and Prof. Pande. Coomaraswamy has concentrated his attention on a systematic presentation of the perennial philosophy. But he has not turned his attention to the problem of change which, however, confronts the historian every stage. Hence, Coomaraswamy has not traced the interaction between perennial philosophy and its historical articulation. And this is precisely what Prof. Pande has done. Of all historians of ancient India, he alone has tried to answer the basic question: how the timeless is related to the temporal. An attempt to answer this question has placed cultural study in proper perspective. On the one hand, it underlines the abiding significance of value despite historical changes; and on the other, it explains the historical constraints in the context of which values have acquired a specific articulation in time.

I believe that his way of comprehending culture steers clear of the unidimensional insistence on either philosophical absolutism or historical relativism. Prof. Pande has taken proper care of both these dimensions of culture.

He feels that the challenge of modernity to tradition has given rise to 'two principal reactions'. To western scholars, modern challenge to traditional thought means selectively rejecting, reinterpreting and replacing traditional thought, a kind of thinking of which the classic example is provided by the social sciences and their foundational discipline, the sociology of knowledge.[8] The second reaction is to be seen in the western educated non-western. This has taken three particular forms: (i) some have totally gone back to tradition, (ii) some have embraced modernity and have turned out to be its proselytizer, and (iii) some have tried to effect a synthesis or syneresis between western modernity and tradition. Prof. Pande's approaches is, however, different. He has, no doubt, gone back to tradition but certainly not in the way in which the tradition is treated as a shell to hide oneself within it. He is not a traditionalist in the usual sense of the term, as that would be an obscurantism. He believes that tradition is perpetuated by constant updating. Yask, the celebrated interpreter of the Vedas, himself recommends that tradition should be updated when he points out: *Sanatano Nitya Nutanah*. This is what, Prof. Pande thinks, is commensurate with the essential nature of man.

Man, according to him, has two identities – one essential and perennial, another empirical and contingent. This reminds us of Thomas Aquinas to whom man belongs to duplex ordo, double order, divinity and nature. That is, man is at the same time homo divinis as also homo naturalis. To talk of divinity these days is considered an unfashionable academic exercise by the dominant western tradition.

Academic indifference towards Him is the unusual routine. This has led to a series of modern superstitions, logically untenable and intellectually fragile. Against this backdrop, Prof. Pande has the courage of conviction to call attention to the transcendental dimensions of human existence.

Thus to Prof. Pande, human world comprises a mix of the spiritual and the earthly assertions of mind. Transcendental man conceives of himself as a creature of God. As such, he can realize himself inwardly in terms of his relationship to God or the Absolute, which is his highest self-realization. From that point of view, man is a pilgrim, a wayfarer in life. The network of social relationship is an endeavour by man to give shape and form to his pilgrimage. The object is to create conditions favourable to the call of the spirit. This aspect of man reveals not his essential identity but his contingent and empirical identity. He acquires a psychophysical identity. However, man is not always aware of the ephemeral character of contingents. Thus, he mistakes a psychological identity for his essential Self. He identifies himself with his mind and body. In the process he forgets his vocation as a pilgrim. This is known as *Dehatmabodh*. This forgetfulness is a state of ignorance. It is the correction of ignorance, which is the function of *Tattvajnana*. It proceeds first through a critique of the interpretation of experience or to vary the expression through the interpretation of the interpretation of experience. And this is what philosophy is all about. Philosophy is just not an interpretation of experience. For, that is done by opinions which man forms about what he experiences. Philosophy is a rational critique of opinion. This is universal business. Ancient Greek thinkers, like their counterparts in ancient India, conceived of philosophy as episteme or knowledge and opinion as doxa. It is through philosophy that we move towards wisdom or truth. In that sense, philosophy is a prelude to *Tattvajnana*. Thus, the road to wisdom lies through the critique of error. These are necessary milestones for man on his way to self-realization. As long as he has not realized himself, he is constantly confronted with conflict between his attempt to realize his essential self and the constraints his psychophysical identity places on him.

There are three dimensions of his psychophysical identity. The empirical objects of the world confer on him the status of distinctive, natural, social and psychic being. These adjuncts are, according to Prof. Pande, *Upadhi*, a technical term which Vedanta has used to define the contingent aspects of man. Identifications with these contingents produces in man the psychic sense of I and mine which, exhypothese, is a distinction from you and yours. Even the Greeks recognized this distinction which in Latin came to be know as *miem* and *tiem*. This awareness of I and mine, is *Abhiman*. *Abhiman* makes a man a socio-spiritual being, subjective and objective at the same time. *Abhiman* defines his personal and social identity, in the temporal setting of his life. From *Abhiman* flows man's *Adhikar* as a member of his society and his eligibility to discharge his social function commensurate with his *Adhikar*.

The ultimate object of man is to realize the essence of man. Quoting Spinoza (Ethics, Part II, Proposition VII) approvingly, Prof. Pande points out that the endeavour through which everything persists in its own being, is the actual essence of the thing itself. In simple language, everything struggles to realize its essence. This operates through the grades of living, the primary level of which is *Abhinivesh*, that is self preservation. This tendency to preserve oneself is rooted at the level of life. This requires man to negotiate constantly with both his social and natural environment. Western thinkers, both social and natural evolutionists, have recognized the significant role of self-recognition in survival. To them, death is the termination of life. They have not realized the significance of death in the spiritual biography of man. Hobbes did recognize the dread of death but it was not the fear of death as such but the fear of violent death, that leads to the consciousness of 'rational self preservation'. Still, death in modern western tradition is something, as Max Weber remarks, the meaning of which the modern man cannot decipher. Since this worldliness is the only dimension in which the human life finds self-expression, death is a meaningless affair. With the 'disenchant with the world', the sense of wonder and mystery is robbed out of man's life. Hence, the only immortality modern man is capable of is the immortality in history. Homer gave a classic expression to this aspect of man: Doer of great deeds and speaker of great words.

In the tradition of *Philosophia Perennis*, immortality is of a different kind; it has a different name as well. It is called eternity. It is in this sense that death has spiritual meaning. To realize eternity beyond time and locale – this is what defines the highest level of self awareness. This explains why with every achievement in temporal setting, man is left feeling as though something is lacking and demanding. Even philosophical knowledge is not adequate to satisfy this deepest craving in man. Vyas was in a state of despair even though he had composed *Mahabharata* about which he himself had proclaimed that all that exists is in *Mahabharata* and which is not in it does not exist. Yet he did not have inner happiness. Narad suggested to him that he should compose another work singing the praise of Lord. An investigation into the historical truth of this story is meaningless as is the attempt to decompose the integrity of *Mahabharata*. What is significant in this regard is the meaning this mythical story communicates. It is a story directing man towards the quest for eternity which alone satisfies him. This alone is adequate for man's notion of himself.

> While agreeing to the centrality of ideas in history, I should like to place them within the bounds prescribed by concrete historic experience on one hand, transcendence of the self on the other.[9]

With this philosophical standpoint, Prof. Pande has proceeded to examine how culture shapes itself and how precisely its meaning can be deciphered. The classic discussion and the theoretical formulation of his views are contained in *The Meaning and Process of Culture*. For Prof. Pande, culture is an attempt on the part of man to express the quest for values. Since the quest is not completed in one go, it has to be traced to his constant endeavour in history. Thus, history is a process in which values are articulated; search for values is what is involved in self-realization. Since values are 'intrinsic only in self', search for values is self-realization. This, according to Prof. Pande, is the 'deepest motivating force of history'. It is this view of culture that distinguishes Prof. Pande from the motley crowd of academic historians. For them, the proper approach to the study of culture and history is to import empirical, quantitative, scientific 'so called objectivity seeking' and reductionist approaches into historiography. His critique of all these approaches and my reconstruction of his critique in this regard has been spelt out later in the essay. At this point, we are only concerned with Prof. Pande's analysis of meaning and culture. We have pointed out that for him culture is the tradition of values of self-realization. He says that valuing is a fundamental human activity for man, to seek, choose and approve. Choosing and approving require a standard to guide choices and that standard is the value standard. Prof. Pande thinks that choice is inherent in all seeking and seeking is inherent in all life just as motion is inherent in matter. Seeking is not possible without freedom. Had not man been capable of agency, he would not have exercised freedom.

This assertion by libertarians has been challenged by determinists and behaviourists. How and where they have gone wrong will be discussed later in the paper.

Let us at this point accept freedom as a necessary basis of all voluntary actions. To Prof. Pande, as to Hegel, freedom is to the human spirit what gravity is to matter. Seeking is always a self-conscious and critical activity at the level of the human mind. This is symbolized; hence the social, cultural world is the symbolic expression of man's innate urge to exercise freedom externally through choice. Which is why a quest for descriptive laws of culture and objectivity in cultural study has so far been and will ever be the holy grail of the social scientist. For the world of symbols, as is culture, is suffused with meaning; its description does not enlighten us even a trifle in scanning its meaning. Versthen (understanding), and not explanation, is needed.

Since human nature is to be studied at many levels, beginning from the biological and culminating in the spiritual, it is at all these levels that we can come across the activity of value seeking. At the level of the biological, it is self-preservation; at that of the spiritual, it is self-realization. There are, however, philosophies that equate preservation with self-realization. They were also prevalent in ancient India and ancient Greece but were never accorded the dignified status as they have now been given in the West. One of the tendencies inherent in modernity is to elevate the animal, negate the divine and degrade the human in man. This is the philosophical baggage of the modern West. A critical analysis of these reveals the hollowness of their views.

Hence, in cultural study, it is unrewarding to single out one factor and reduce the whole of the cultural complex into that factor. Culture, in fact, comprises subjective and objective aspects. Values play an important part but they find their articulation under historical condition. If deals are subjective, race and kinship, then geographical, historical and social location are objective, but these objective constituents are imported into subjectivity and became a part of being, 'owning and belonging'. Hence empirically, self-consciousness is bound in space, time and social relations; it feels certain constraints in the realization of its self-awareness. As such, it projects itself beyond the bounds of historical time in which it happens to be located to a distant future or eternity. It is pertinent to point out at the outset that, despite the denial of transcendence, western theories of progress or culture have not been able to liberate themselves from the 'Utopian Streak'. The Christian idea of millennium has been replaced by secular Utopia of modern times. This explains that the study of culture cannot be adequately pursued by concentrating merely on the externals. This is one of the superstitions of modern historians that man is conditioned or determined or shaped or influenced by either race, geography, economics or other agencies of external environment. This approach is unidimensional and Prof. Pande is averse to recommend it.

I would like to present how Prof. Pande conceives the subjective-objective components of culture. He has, I presume for the sake of clarity, represented it diagrammatically in the metaphor of line.[10]

in black board

S .... s .... N

E

Prof. Pande believes that,

> This is an attempt at a rough diagram for self consciousness. Self is represented by capital S, Nature by capital N. They are joined in experience which is indicated by capital E. Then capital E and S, intermingle in one as a focused consciousness. Experience is evaluated and it becomes an object of reflection. The latter is represented by small s which stands for symbols. Thus reflection and direct and indirect aspects of experience coalesce together and constitute a single whole. This process presumes certain general philosophical postulates. In this schema, nature is an object of knowledge, constructed out of, as it were, bits as activity and sensation. But it is possible only when we gloss over experience and concentrate on its objective contents. But when experience is reckoned with, we have what Prof. Pande calls 'historical awareness'.

Historical awareness is basically cultural awareness. It should be noted that a purely reflective consciousness of the symbol, in relation to itself and unrelated to spirit, is purely 'self subsistent'. Symbol then becomes the sign to be regulated by defined operations. This will result in abstract formal structure. Different from this, however, is the role of experience in so far as it is expressive of the self. In that case we have a 'direction'– the direction of value'. This orientation towards value is an expression of self-awareness. But if we concentrate purely on Nature, distinguishing itself analytically or intuitively from self in experience, we have a definite objective knowledge. Hence, we have three things: purely formal structures, self-awareness as a consequence of an experience and objectivity of knowledge with regard to nature. In any consideration of culture or demarcation of cultural areas, the above three things are mingled. Prof. Pande points out that if we could separate the consciousness of Nature from the consciousness of self, we have a clear demarcation between science and pure mysticism. In that case, perception of facts and of objects would be different from the perception of value. But this is not the case. We come to know ourselves within experience. The self is not revealed to us separately as though existing by itself or in itself. It is always intimated to us through experience; experience is the objective content of natural object. Hence, Nature, experience and reflection on experience – all three constitute cultural areas. That is why unidimensional studies of culture whether emphasizing on nature, as the defenders of scientific methods do, or on abstract self, as some philosophers have attempted, is a frustrating business. It reduces culture into either a species of Nature or purely mental abstraction. Either way, we are not a jot nearer the comprehension of culture.

Purely objective knowledge does not reveal the meaning of symbol. The meaning of symbol does not exist in abstraction. It is deciphered against the backdrop of convention. The meaning itself is historically produced and never arbitrarily settled. Hence, a symbol has an individuality and individuality is a link in the chain of tradition. When a word is used as a symbol, its meaning is different from the meaning of the same word used in daily life. To illustrate this point, Prof. Pande calls attention to the word 'Blue'. This word may have differing significances. For Picasso, blue was a representation of sadness connected with sad portraits and sad themes. In Buddhist tradition, blue represents Avalokitesvara. I may add that the meaning of the 'blue' in Hindu tradition may remind one of Lord Rama as is evident from the following lines.

नीलाम्बुजश्यामलकोमलाङ्गं सीतासमारोपितवामभागम्
पाणौ महासायकचारुचापं नमामि रामं रघुवंशनाथम् ।।

Thus, the meaning of the symbol is not settled the way we acquire knowledge of natural objects. When a word is laden with culture, cultural tradition spells out its meaning and significance. Comprehension of culture does not require, therefore, unidimensional approaches. In a sense, the human world of experience itself requires different approaches to comprehend it. Prof. Pande has very cogently brought out this point into sharp relief. He suggests that if, for example, we follow the approach of 'dividing literature' between prose and poetry, epic and lyric, novel and short story, then pre-modern literature cannot be integrated into the scheme. Obviously, this modern approach does not apply to pre-modern literature. Similarly, pre-modern ways of approaching the forms of the State do not apply to modern times. It is, therefore, quite pertinent on the part of Prof. Pande to exclude unidimensionality from cultural studies.

> It is not that there are fundamental categories which are evolving, but there are different ways of categorization which are evolving, depending upon a difference of emphasis on these four elements at least: nature, experience and its vividness, symbol (both concept and image), and self. We would at least have the relatively four directions of science, history, art and logic mysticism. Their overlapping would produce different directions. Thus the reification of the self produces society and the appropriation of nature, industry.[11]

Thus, a cultural study requires that we may accept many directions for study but none of the directions should lay undue emphasis on its own approach. What is required is a catholic and open mind to accept these directions. But category of direction, according to Prof. Pande, is only one of the ways for cultural studies. There are other categories as well – category of phases and category of levels. Phase indicates succession. Succession, Prof. Pande points out, may be either necessary or contingent. It all depends on the point of view adopted to understand it. In case we believe that the phases are meaningfully or causally connected, it will then reveal a pattern which is either repetitive or non-repetitive. It may be a pattern of intelligibility but even then it shall not be possible to comprehend the entire pattern. We have before us only a segment of the pattern. It is not possible that the whole pattern should be before us. Still Prof. Pande has the conviction that there is pattern, the pattern of meaningfulness. This, however, cannot be apprehended by observing the flow of events. This is empirical history, which in itself, however, does not suggest anything except chance. Meaning then has to be imported as history or culture is a form of articulating self-consciousness in the matrix of time. If self-consciousness is comprehended in meaning, one may say that this is the hermeneutic dimension. In fact, whatever man does or speaks, he does it in the community of fellow beings. What joins them together is language and its meaning is settled in a cultural context unless the speaker intends to use these words in the context of natural studies. For instance, when we use the word *Panchatattva* in the context of Indian tradition, we do so to indicate its symbolic meaning. But when the physicist uses the items of *Panchatattva* like, earth, fire, air, water, he intends to communicate elements of nature, objective and existing out there. That is why meaning can be deciphered only in the context of its use.

To discern meaning, one need not look to empirical history. For, what the latter suggests is chance or accident. Some, however, do not subscribe to ideas of chance in succession of historical events. To them history, like nature, reveals a pattern of causation. Since history is made by actions of men, it cannot be treated as a lump of matter subject to physical causes.

> I should like to go to the other extreme. I import into it, or postulate for it, a pattern of meaningfulness, because that is the nature of self experience or self consciousness. It is not possible for me to read the whole of history as one self-consciousness though I should make an effort to do so, thereby seeking to enlarge my self-consciousness in terms of items drawn from empirical history. In so far as I am able to do so I am led to believe that this might be a tangential glimpse of what one would see if one could see the whole of history in a synoptic vision.[12]

At this stage of the debate between history and nature, the pattern of birth and death, the cycle of being, the phenomenon of growth and decay, suggests that this is an universal phenomenon. This is also reflected in history and culture. Aristotle long back imported the idea of repetition in nature into social studies and provided illustrations from the history of states to prove that there is a cycle of change in human institutions. The theory of constitutional cycle is a case in point but this imported analogy, according to Prof. Pande, is a misanalogy.

Hence, Prof. Pande has rejected three notions of cultural succession: randomness, mechanical causality and repetitivenss.

What then is his position with regard to succession? He recognizes succession. He also accepts discontinuity yet there is continuity in discontinuity. Those who accept perpetual change are not in a logical position to accept the idea of process. Process implies something that follows another thing. An event is not itself a process. But events upon events constitute the process. In order to discover continuity in it, one has to comprehend the process in consciousness. Thus, human consciousness provides continuity to successive patterns of history. This has been expressed in various forms by historians. To Spengler cultures, like plants, change but reveal continuity.[13] Something abiding persists to enable us to discover the underlying unity. Obviously, events do not provide continuity; it is human consciousness which discerns that which is not apparent. Hence, there is always a distinction between the real and the apparent or the essential and the accident in history.

So far we have discussed the two categories to comprehend history, the category of direction and the succession. There is a third category as well – the category of levels of which we now turn to examine Prof. Pande's evaluation. The finest example of the category of levels is in Hegel, who distinguished the subjective, objective and absolute mind. These three levels are logically arranged. Law and morality, family, and the state are placed in the objective mind; religion and philosophy in the absolute mind. What Hegel really meant was that these are not categories of the same level but categories of different levels. Though Prof. Pande does not wholly subscribe to Hegel's view, he at least believes that Hegel may be cited as an example for misreading by historians in mixing these levels while providing a historical account of either law, or morality, family or state, religion or philosophy. When the historian presents an account replete with factual data of either of these categories, he mixes the different levels; and in the process does not reckon with the experience that generated it and does not countenance the question to which they are a solution. For instance, we may say that the historian who would examine the social background against which the artist created his art would not examine the nature of aesthetic experience. He would concentrate only on the externals, interrogate the conditions of time and stack his narrative with facts and figures. Thereupon, he would like to build a correlation between these externals on the one hand, and the art and the artist on the other. He would be absolutely neutral to the question of beauty and the excellence of art. Art, religion and philosophy, and morality and state are suggestive of the distinctions within particular level of experience; and they are not abstract demarcations. It is an error on the part of the historians. Errors of the kind have created the illusion that ancient philosophy is meaningless. From Prof. Pande's understanding of culture and history, we may now infer that such statements of modern historians are meaningless for they depict their inability to comprehend the different levels of experience. This means that meaning cannot be torn out of context, in this case, the cultural context. Thus, a study of culture is a study of meaning. The study of meaning is, philosophically speaking, the study of other minds. Knowing other minds is an act of projective understanding. It is the business of, in the words of Max Weber, Versthen (understanding), and not that of explanation.

Meaning is associated with self-consciousness. The self happens to be a part of society and thus we may have to posit, exhypothesis, self-consciousness of the society of which the individual self is a part. The world of culture is, therefore, a world of symbol. The world of symbols derives its sustenance from those who have given rise to these symbols. That is why an objective, scientific or sociological explanation of symbols is meaningless. Such studies may inform us but they do not enlighten us.

If the view of culture and history to which Prof. Pande subscribes is accepted, then writing history amounts to a philosophical critique of ideas and symbols articulated in 'Institutions, Philosophies, Religion, Art'. In that case, a scientific approach, as we understand it, is futile and pointless. For science tries only to trace laws that govern the movement of society and does not increase our understanding of uniqueness of a cultural symbol or that of a historical event. At best, it will produce in the case of culture, what Prof. Pande aptly describes, an 'anthropographic gazetteer'. Since culture pertains to a society, it is essential to understand why society along with its culture and history cannot be placed in the class of natural entity. Prof. Pande's view of how to conceive society is in conformity with his basic thesis: Culture is the self-awareness of a society. Like the individual, self-consciousness of a society comprises the ideals it wishes to achieve and the constraints within which it has to function. There is a dialectical relationship between ideals and individuality; on account of the relationship, the ideal self-consciousness of society generates it empirical self-consciousness. In that sense, society has a history but this is to be evaluated against the ideals of self-consciousness. Thus, society does not have an objectivity in the sense a stone has. Society is an order of values. It cannot be comprehended as a concept unless its apparent differentials are merged into an order of values. To illustrate this point, Prof. Pande has cited an example which Bosanquet discusses in *The Philosophical Theory of the State*. He discusses what a university is. Does it comprise of buildings, administrative and teaching staff or appliances and implements? All these things are present within the university but university is not only the sum total of these externals; it is something more. And that 'something more' is the consciousness of an order sustained by an ideal. In short, it is group consciousness or group mind; and individual minds partake in that group mind. It is in this sense that the university has self-consciousness. On the parity of reasoning, we may conclude that society too has a group mind or group consciousness. In other words, society has its own self-consciousness.

If society is what its self-consciousness is, there is no use trying to prove that society has objectivity outside the human consciousness. It is a concept (*Prattyaya*) which can be conceived. Its concrete expression is the network of institutions and social relations. But it is never indicative of any objective entity. In that sense, it shares the quality of consciousness. It is in the sense that Hegel said that the state is part of the individual just as the individual is part of the state. That is, the state pervades the consciousness of men. The Sanskrit word for society is *Samaj*, though the Latin etymology of the word society suggests, as Hannah Arendt points out, a band of robbers or an organization of man to meet an emergency.[14] But its use in modern times has changed its etymological meaning. It happened, if we rely on Hannah Arendt, when the social absorbed the political in the west; and this happened when modernity began. Its Sanskrit equivalent *Samaj*, as Sanskrit words do usually mean, expresses its meaning in conformity with its etymology. It means a community of men distinguished by self-consciousness and freedom to act. That is why all such approaches, which negates man's capacity to be free, make a false start when they integrate society into a natural model, subject to physical laws and conditioned by it.

On the contrary, animals constitute what we know as *Samaj*. Though man and animals share a few attributes in common – natural appetite and living together in groups – they are distinct from each other on account of their drives. Robert Aurbrey would have us believe what he has stated in his books – particularly *The Social Contract* and *The Territorial Imperative* – that principles governing social life in man and laws of peace and war prevalent among nations are observed by animals also. But to me his arguments are not convincing in the sense that they blur the distinction between necessity and choice. The former characterizes the animal life and the animal aspects in man; the latter, the human, *the all too human*. Animals are driven necessarily by their responses to nature; men are driven by their consciousness of their own freedom. As a consequence, animals do not have the capacity to exercise freedom: men are possessed of it. To be possessed of freedom is indicative of man's agency. This is what is known in Indian tradition as कर्म स्वतन्त्र्य, freedom to act, but men act in society and act in a network of togetherness. The same point has been reiterated by Hannah Arendt in a different manner. Drawing upon the Greeks, she points out that the specific attributes of man ultimately refer to his three basic conditions: Nativity, Plurality and Mortality. Man is born. Man lives in the community of men; and man is mortal. It is in these parameters that man exercises his choice to be either immortal as the Greek tradition emphasizes, or eternal as the philosophers – Socrates and Plato – and, later on, Christian saints pointed out. This capacity underlines the individuality of the humans and not the species character which man shares with animals. As such, the human person is unique. That the birth of the child is not just the birth of a member of species called man. Arendt called attention to a famous statement from Augustine: Since a beginning be made, man was created. This encapsulates the latent possibilities with which a child is born. It is quite likely that not every child may reveal that capacity to begin something original, but that the possibility exists, bears testimony to the uniqueness of the human. Hence, the plural human world may reflect in its history and its historical events the stamp of creativity and originality. That is why an attempt to integrate the range of diversity and difference into the neat paradigms of science is an exercise in sheer meaninglessness. In the Indian tradition, the uniqueness of man is defined in terms of placing him in *Karmayoni*.

Karma, that is action, covers the entire range of doings in public and private life. It has the possibility of either liberating man or placing him in bondage. This is not possible unless man is deemed responsible for his actions. Responsibility postulates freedom and freedom constitutes the uniqueness of man. Thus, the classical West and the classical India converge on this point of granting autonomy of man.

There is, however, another attribute that defines why men of all sentient beings is unique. It is his nativity, i.e., the specific impressions or *Sanskaras* with which a man is born. This presupposes the theory of transmigration. Which is what happens to be conspicuous by absence in the western tradition after Plato. To Plato, as to ancient Indian *Rishis*, nothing can be known except in the mode of the knower, and knowledge itself is recollection.

The uniqueness of the human transforms society into a unique association. We have discussed earlier that society is comprehended mentally. It is the logical and philosophical construct – all the more real for being so in that it necessarily presupposes the human plural world.

In the preceding paragraphs, we have evaluated Prof. Pande's *Weltanschauung*, his views on culture in general and on society. It is our contention that Prof. Pande's emphasis on culture as an activity of value seeking within the constraints of time, gives due recognition to ideals and actuality in the life of a culture, and society; he has neglected the role of neither nature nor experience nor the self. He has, therefore, distanced himself from the run of the mill social scientist, from the motley crowd of sociologist and anthropologists for whom the timeless dimension of man's life is not an ontic reality.

Even if we do not affirm the transcendental basis of man, we cannot fail to be impressed by the tremendous role ideals have played in moulding life and culture. Social studies should, therefore, reckon with the ideals that have shaped a culture and its history. Western social scientists and anthropologists have imported a universal to study all cultures. In the process, they have to deny certain vital aspects of a culture and affirm its distortions. Prof. Pande has provided a transcendental critique of the methods that western social scientists and their indigenous counterparts have used in studying culture, history and society. It is all there in his corpus but more pointed and searching in his interrogations on these in *The Meaning and Process of Culture, Bharatiya Parampara ke Mool Svara, An Approach to Indian Culture and Civilization* and *Bharatiya Samaj: Tattvik aur Aitihasik Vivechan*. He has questioned the way sociologists and anthropologists have tried to comprehend culture and society.

At the outset, he has raised six questions. These questions, Prof. Pande believes, grow out of the kind of social theory that came into fashion since Comte. The name of this game is Postivism and it has largely been expressed in the jargon of scientists ever since. It should, however, be noted and Prof. Pande has called attention to this fact that, despite in-house debates and differences, intellectual converts to scientism subscribe to a few common paradigmic ideas.

The basic concern of Prof. Pande is: to what extent an approach of this kind is valid? His concern is then expressed in the following six questions:

1. Can social knowledge be transformed into scientific form? Is it feasible and useful?
2. Is society a positive objective fact? What purpose does it serve and in what sense is it logical?
3. What kind of explanation is proper with regard to the historicity of society?
4. In what way should the meaning of 'social consciousness.' 'Social being' and 'social constructs' be analyzed and how are we to conceive their mutual relationship?
5. What is the form and place of values in the context of 'social being', consciousness, history, and science ?
6. What standard of social classification is relevant in context of the term 'Indian Society'?

In order to comprehend Prof. Pande's views on the above questions, it is pertinent to discuss the main issues involved in the interaction of natural and social sciences. Of such are social studies that made an attempt to reduce their complexities into the niceties of models and mathematics within the framework of scientific method is, more often than not, productive of learned nonsense. Mediocrities in universities, Eric Voeglin tells us, take it as their past-time. For it helps them to escape social commitments in the pursuit of scientific objectivity and intellectual detachment. It amounts to a retreat from praxis. All this fetish about being scientific in social matters is a wild goose chase. Aristotle had warned long back against the search for objective and certainty in knowledge about human affairs. As such, he did not recommend the use of mathematical methods in exploring its mysteries. Human affairs belong to the realm of praxis; praxis requires exercise of judgement; and prudence is supposed to guide his exercise. But so deep-rooted has become the culture of scientism in our time that to mathematize social and political reality passes for a serious intellectual treatment of human problems.

It is of the essence of science that human affairs are like nature; they can be explained in terms of descriptive laws and that, like nature, are amenable to manipulation and control. Obviously guided or misguided by this belief, social scientists made attempts to scientise social studies. The failure of this intellectual enterprise is writ large in the history of modern scholarship.

To the beginnings of modern science can be traced the belief in the authority of scientific method and its paradigmic character. Galileo used to say that nature would answer man's questions if they were framed in the language nature understands. Language, he said, is Geometry. He was right, as Mathematics has since become a necessary instrument in describing physical events.

Modernity begins with the marriage of mathematics and physical sciences with no possibility of divorce till date. A good deal of debate has gathered over centuries with regard to the empirical and non-empirical character of modern science. The mathematisation of nature has come to stay, the logical outcome of this debate notwithstanding.

With spectacular achievements to its credit, mathematics is just an instrument in the hands of scientists. It has been pressed in the service of fabrication which appears to be, in retrospect, a necessary concomitant of modern science. Out of these has grown technology, the powerful instrument to control and manipulate nature. It is indeed true that giants of modern science in its formative centuries had no technological commitments. They were just interested in the pure joy of enquiry and intellectual adventure. Of this joy Aristotle makes mention in his opening lines of Metaphysics. Equally true is the fact that Descartes, and Roger Bacon earlier, had underlined the possibility of control and manipulation of nature and in this regard they had clearer foresight of the shape of things to come than, say, Galileo and Newton. That foresight bore fruit in the period following the Industrial Revolution. It was then that technology came into its own registering a close and necessary relationship between scientific theories and mechanical application. Heidegger had a point when he called attention to the character of modern science as technological per se. There is, of course, an intimate connection between causal explanation and control of nature. To say as it has been asserted by some theorists that connection between scientific theory and technology is just coincidental is to miss what modern science is all about.

I believe that science is a way of knowing, a way of doing and that it has also become an account of its peculiar characteristics of knowing and doing, a way of living as well. In all its three aspects, it has both a brilliant and a dismal record. It is responsible for the impressive glories of man as also for his stark tragedies. Whitehead compared modern science with Greek tragedy, with every succeeding stage following as of necessity – the triumph and tragedy, achievement and failure, mastery of nature and the insignificance of man.

Doing science is acting on a set of beliefs. The ground of these beliefs is the conviction in science, scientific and technology as paradigms. The Enlightenment extolled it beyond all proportions.

These beliefs are:

1. Undisputed supremacy of scientific methods (it may, however, be noted that a good deal of family dispute among empiricist and realist, positivist and non-positivist philosophers of science has taken place on the nature of method).
2. Search for objectivity (an idea hotly debated and disputed among these philosophers and placed under heavy strain on account of the philosophical consequences of quantum mechanics).
3. Immense practical possibilities (these possibilities themselves have been a source of irritating anxieties and perplexities).

The upshots of this growth in science and technology have been that people started arguing that social science should adopt the model of natural sciences. An attempt to link the two started way back in the seventeenth century with Hobbes describing man and his artificial commonwealth in terms of a machine. It was not just a sheer love of a metaphor. Indeed, it was something deep and profound. A great transformation had begun with natural sciences closing over social studies. In the nineteenth century, August Comte and John Stuart Mill were radical exponents of converting social studies into a species of natural studies.

Lest an impression be drawn that natural science models form one single homogenous family, I may point out that there is a good deal of difference and dispute among the members of the family. The positivist theory of natural science has two subspecies – the empiricist and the realist. Then there are post-positivist theorists of natural science. Thus, these intellectual disputes have opened up a fertile area of research. To this may be added the assault made by hermeneutic theories of Hans-Georg Gadamer and Ricoeur, the Critical Theory of Jurgen Habermas and the Phenomenological Theory of Alfred Schutz. To these, further, may be added the rich and illuminating work of Kuhn, Hesse, Toulmin, Feyerabend and Lakatos, propounding a new philosophy of science that boldly discards the presuppositions of positivist natural science. In this intellectual climate has emerged a very interesting phenomenon. First, it were the natural sciences that invaded social science pleading the desirability of objective knowledge and detachment from prejudices, subjectivity, meaning and intention. Now it is the turn of non-positivist social science to invade natural sciences. In this cause has been drafted the service of post-positivist philosophy of science. Post-positivist philosophers of science have written histories of science and scientists, and have uncovered, in the process, sociological, psychological and subjective content. All these things had been banished by positivist natural science. Thus, between the orthodox proponents of natural science (Reichenbach, Carnap, Hempel and neo-positivist Popper) on the one hand and opponents of positivist school (Kuhn, Feyerabend, Lakatos, Toulmin, Hesse, Hanson, Polnayi, Hans Jonas, Charles Tayolr, Gadamer, Habermas and Anthony Giddens) on the other, is a proliferating area of debate and dispute. It is not possible to provide an analysis of the main themes in this dispute here but an attempt can be made to sum up the main tenets of the positivist school and their implications for social science.

1. A distinction has to be drawn between discovery and validation.
2. A deductive-nomological account of explanation alone is acceptable.
3. A neutral observation language is the foundation of knowledge.
4. Scientific activity must be value-neutral.
5. Science is the discovery of laws that describe events.

6. Causality is the central notion that guides scientific activity.
7. Verifiability (or for Popper falsifiability) is the criterion of validation.

The positivistic theory of science may be expressed in capsule form in Hempel's Covering Law Model. So impressed were philosophers and social scientists by the method and achievement of natural sciences that they themselves tried to incorporate into their disciplines the tone and tenor of science. Their odyssey began with objectivity and reliability of knowledge as their target. Abetted in the process by the proliferation of philosophical school and tendencies towards the close of the nineteenth century and the first part of the twentieth, the stage was set for social sciences to shake off their human character. At the root of all these developments lay the denigration of metaphysics or philosophy. Locke expressed this denigration in the striking metaphor of 'the underlabourer'. Philosophy as an under-labourer cannot find a better form than that of Logical Positivism or the philosophical orientation of the Vienna School. All these stood for the unity of natural and social science with Neurath advocating the ideal of 'unified science' and Nagel passionately holding brief on behalf of natural science. The logical consequence of this fusion or confusion of natural and social sciences was to dismiss a score of themes pertinent in human enquiry as non-scientific issues. Thus, explanation displaced understanding; facts pushed values away; causality usurped the role of interpretation; and intentionality counted as nothing better than the personal predilection of the scientist. The growth of a scientific study of politics, voting behaviour and value neutral facts became the order of the day. A fetish was made out of this orientation without the slightest regard for deep differences on a number of issues between natural and social sciences. Karl Popper, sensitive equally to issues in natural and social sciences, made out a case for neo-positivist science.

He did it at the meeting of the German Sociological Association convened in 1961 with a view to opening a dialogue between the positivist school and the hermeneutical school. Popper presented a paper entitled 'The Logic of the Social Sciences'. In that paper, he advocated a close relationship between social and natural science. In both these areas, he argued, only tentative solutions to problems are offered. These solutions are subjected to criticism. If they are found wanting, they are given up and another attempt is made. In case a solution withstands criticism, it is temporarily accepted. Thus, the method of science consists in making adhoc attempts to solve our problems. These attempts are conjectures and these conjectures are controlled by criticism. This is in essence a 'trial and error' method. This is learning from our mistakes. Popper believes that no scientific theory can be proved true. This is because induction cannot lead to a generalization that is not tentative. A theory, therefore, is always open-ended, to be corrected, improved or falsified. The concept of objectivity in science for Popper is the objectivity of the critical method. This critical method must be applied to all branches of human knowledge. Knowledge itself is incremental and this means that no claim for finality can ever be laid. Popper equates scientific activity with freedom, in this case freedom to discuss and criticise.

We have presented in the preceding paragraph the central ideas of Popper on the nature of scientific method. We feel that there is a good deal of difference between hot-headed positivists and Popper. But, broadly speaking, both believe that there is a rupture between values and facts and that scientific methodology is quite pertinent in tackling human issues. Thus, positivist social science mostly emulates the methods and techniques of natural science. For the sake of brevity, we present a few salient points which positive social science must incorporate:

1. Just as natural sciences provide knowledge to control nature, social sciences should also gather knowledge which may enable social scientists to control social environment. A knowledge of this kind is absolutely necessary in contemporary times as social structures are subject to strain and stress and as a consequence these structures have become unstable. To this may be added the loss of religious faith. The vacuum caused by this loss has to be filled in. The scientific spirit is the only viable candidate for this role.
2. Social scientists must strive to gather objective social knowledge. They should study facts and must dispense with opinion, disposition, preferences and values.
3. Social scientists should discover causal laws that govern social operations. This will enable them to control events. Since traditional political methods were based on unsubstantiated conceptions of man, his needs and wants,

these methods have now failed. Political scientists have not been able to master the drift of society and thus have not been successful in their enterprise of explaining human affairs. To explain is to control. For the act of explaining leads to the mastery of the technique to control. Scientific social science must be a form of social engineering. On the question of social engineering there is a good deal of difference between social scientists advocating total engineering and those advocating piecemeal engineering. Total engineering is a form of historicist fallacy. It is unscientific in that it claims total knowledge of society before planning for it. That is obviously not possible. Since science can do no better than propose adhoc theories, explaining must be time-bound and limited; hence, piecemeal social engineering is all that planners can do and this is a task well within the province of the social scientist. Total engineering has been associated with Totalitarianism. It stands for a confusion of reason, fact and value.

4. The question of piecemeal social engineering must shape a new kind of political discourse. This discourse must be free from metaphysical overlayings, personal bias and desires. It should be objective and measurable, tangible and testable. As such, this discourse is bounded to be technical. The language positive social scientists use abounds in technical jargon.
5. Scientific social science, thus, opens the way for the entry of the policy scientist. He is the social counterpart of the engineer or the doctor. His purpose is to devise ways and means to achieve a target. He is not concerned with specifying goals and objectives. That will be taken care of by those whose responsibility it is to decide on behalf of the society. The policy scientist is just like an expert, a technical man who has only to chalk out means. The concept of rationality at the root of policy science reminds us of Hobbes, who way back in the seventeenth century, described in Leviathan that reason is 'reckoning with consequences'.

This concept of rationality is articulated in technology. This is also carried over into social sciences. This technical skill treats human affairs not as a species of praxis. It reduces the whole range of human activities to a form of technique. This has led to serious consequences to which we now call attention. But before we do that, we should state that Aristotle long back drew a distinction between episteme, phronesis and technique. In this distinction, Aristotle was emphasizing that human affairs belong to the domain of 'practical reason'. The amalgamation of the natural and social sciences have led to the reduction of praxis to technique and of phronesis to technical knowledge. Gadamar is of the view that Aristotle and the tradition of practical philosophy throws some light on modern mystification. He points out that "when Aristotle, in the VI book of 'The Nicomachean Ethics' differentiates practical knowledge from theoretical and technical knowledge, he expresses, in my opinion, one of the greatest truths by which the Greeks throw light upon scientific mystification of modern society of specialization", (Gadamer, *Problems of Historical Consciousness in Rainbow and Sullivan, Interpretive Social Science,* page 107). He again reiterates this view in his *Hermeneutics and Social Science*. There he points out that,

> In my own eyes the great merit of Aristotle was that he anticipated the impasse of our scientific culture by his description of the structure of practical reason as distinct from practical knowledge and technical skill.... Consequently the concept of praxis which was developed in the last two centuries in an awful deformation of what praxis really is. In all the debates of the last century praxis was understood as the application of science to technical task. It degrades practical reason to practical control.

This set the stage for an enquiry into distortions positive social scientists have made in understanding human affairs.

1. They have dispensed with the distinction between episteme and technical knowledge and have placed scientific theory in place of episteme. Thus positive social scientists, or for that matter natural scientists, have only one ideal of knowledge; scientific knowledge and only one form of practice, technology. This leaves out vast areas of human action and problems associated with it.
2. Thus, positive social science cannot understand what action is and what it involves. An action unfolds itself in the community of human beings. Its meaning and character is revealed through interaction. It is indicative of human

agents working out their intentions. Thus, subjectivity and intentionality are the necessary postulates of human action; they, in their turn, postulate human agency. When Aristotle talked of prudence (phronesis), he was keeping in mind wisdom which, as such, is the exercise of reason in applying norms to human situations. This is a kind of rationality which is significantly different from the concept of rationality which the positive social scientist uses as an instrument to guide his explorations. It is, therefore, in the fitness of things that the former kind of rationality should illumine the meaning of human action, the intention of the agent and the possible consequences that may flow. Obviously, the policy scientist works within a narrow frame. His work has the qualities of compactness, manipulability and relative 'independence of context'. Understanding of action requires political wisdom.

3. Positive social science does not admit of political wisdom. For it recognizes only that which can be 'translated or reduced to canons of scientific discourse'. There is a vast area of life which refuses to be canonized scientifically. Problems that belong to this area are not problems of 'fact'. Hence, positive methodology cannot be applied to them. It is one of the cardinal prejudices of scientism that such problems as are beyond the scope of the scientific method are pseudo problems; hence liable to be put out of court. Experience and knowledge associated with these questions should be rejected forthwith. As a consequence, positive social science creates a twilight zone of residuary problems, which it neither entertains nor attempts to solve. We may cite a few examples: the problems of promise, hope, faith, solidarity and friendship.

Of the four problems which Kant spelt out, positive social science may claim to attempt the solution of only one amongst them: what can we know? Even in this regard, its attempt is narrow and restrictive. For the application of its peculiar method does not produce intersubjective understanding. And this is precisely something which is worth a man's while to cultivate and which positive social science excludes.

4. We pointed out earlier that there is a deep wedge between scientific knowledge and practical wisdom. The former creates a twilight zone of problems. It is prudence which takes up problems pertaining to this twilight zone. These problems involve the meaning and evaluation of human action, elucidation of intersubjectivity. Judgement is central to the meaning of action and since prudence is centrally concerned with judgement, it requires that ordinary men and women in their everyday life should take upon themselves the responsibility of judging. If the claims of positive social science are accepted, it is the policy scientist who will be called upon to make judgement on means-end nexus. Thus, the fact of judging belongs to the expert; those who are not possessed of the technical equipment of policy scientists are no longer competent to pass judgement. This leads to a situation in which politics, the concern of the people, becomes the legitimate activity of a few technical experts. In a sense, it is depoliticalization of people. It seems as though with vengeance positive social science has satirized the Platonic idea of the expert with Nous and Abstract Universal Reason away on holiday. Volin, in a perceptive essay, entitled 'Political Theory as Vocation', calls attention to the nature of wisdom and presents a sharp contrast between scientific knowledge and wisdom. He writes:

> Taken as a whole, this composite type of knowledge presents a contrast with the sci entific type. Its mode of activity is not so much the style of the search as of reflection. It is mindful of logic, but more so of the incoherence and contradictoriness of experience and for the same reason, it is distrustful of rigor. Political life does not yield its significance to terse hypothesis but is elusive, and hence meaningful statements about it often have to be allusive and intimative. Context becomes supremely important, for actions and events occur in no other setting. Knowledge of this type tends, therefore, to be suggestive and illuminative rather than explicit and determinate.

This quote reveals that wisdom takes life as a whole with all its incoherence and contradictions. It aims at improving the understanding of men about themselves and their affairs. This obviously cannot be done with rigorous and testable orientation of positives.

5. When applied to human problems, the scientific methods of the positivist social science lead to the fallacies of Reductionism. Man is reduced to a sub-human form: animal or machine; action is reduced to behaviour or event; intention to a reflex or mechanical reaction; values to personal preference or subjective preference. Reductionism distorts the central issues with which politics is concerned. Hans Jonas tells us in his fascinating essay: 'The Uses of Theory' that 'the rat in the maze tells us what we are'. It is of the essence of reductionism that man should be interpreted not in his own terms. The reasons are obvious. Man is considered to be a piece of nature and since everything in nature is subject to laws, man should be subjected to the same laws. If a conclusion is drawn about rats in matters of learning and habit formation, why should this knowledge be not applied to man? This reductionism is founded on the mechanistic theory of knowledge. Little attention is paid to the formidable difficulties that knowledge of this kind bristles with. To cite just one example: the mechanistic theory of knowledge holds that whatever we know we are obliged to know. In that case, in asserting these principles, the mechanist is obliged to assert. Hence, the distinction between valid and invalid knowledge does not exist. And with it disappears the whole host of issues pertaining to knowledge, ignorance, errors, validity and invalidity. As a consequence, pronouncement of philosophers and social scientists on this premise are no better than ideal chatter. The truth of the matter is that mechanism as an epistemic principle can logically neither be proved nor disproved in terms of its own presuppositions.
6. Positive social scientists fail to realize the central role language plays in human affairs. In recent philosophy, Wittgenstein has explored deeply into the nature of language. In essence, the construction of social reality is a game played by language. Positive social science does not carry the analysis of language that far. It fixes the use of word in a physicalist frame and has no use for tradition that allocates meaning to words. Since language involves interpretation, if refuses to be an idiom of physicalist discourse. Thus, proliferation of languages suggests a

variety of linguistic paradigms, which are incommensurable. Positivist social science aims at creating a unified language of discourse. This ideal is not feasible even in natural sciences as Kuhn tells us. The entire exercise, in that case, boils down to an act of interpretation. The mathematical niceties of symbolic logic which have been profusely used in describing human affairs, cease to be of relevance in interpreting problems of communicative action. It is through dialogue and speech with its possibilities of layers upon layers of meaning that men create their social world. Speech is action just as action is speech. Both reveal facets of human agency. In this sense, even a text is a species of human action. The problems of meaning is, therefore, perpetually open-ended. In calling attention to Aristotle's *Ethics*, Gadamer appropriates the insight of Aristotle's critique of technical parlance. If that is the role language plays, it is futile to reduce its complexities into the language of natural sciences. The chief merit of Hermeneutical theory is that it has added the dimension of interpretation to the entire debate on social sciences.

7. With the growth of post-empiricist philosophy of science, the policy scientist has virtually no role to play. For, this time it is social theories which have started invading natural sciences. Feyrabend, Kuhn and Lakotos have exploded the myth of positivist and empirical foundations of natural science. They have discovered in the work of scientists elements of subjectivity, intentionality and much else besides. Thus, there is no single paradigm of natural sciences. How can there be one such of social sciences then?

We have presented in the preceding paragraph a synoptic view of the debate on the scientific method among the philosophers of science and social science. Needless to say, this discussion was generated by philosophers advocating positivism as paradigm for all knowledge. Positivism may have played a valuable role. For instance, 'Positivism helped' Steven Weinberg write:

> to free Einstein from the notion that there is an absolute sense to a statement that two events are simultaneous: he found that no measurement could provide a criterion for simultaneity that would give the same result for all observes. This concern with what can actually be observed is the essence of positivism.[15]

Further on he writes: "Positivism also played an important part in the birth of modern quantum mechanics."[16] But Weinberg feels that it has its own limitations. It tries to be limitless in its application; it is not 'good'. In characteristic manner, he described the total impact of positivism:

> Despite its value to Einstein and Heisenberg, positivism has done as much harm as good. But unlike the mechanical world view, positivism has preserved its heroic aura so that it survives to do damage in future. George Gole even blames estrangement between physicists and philosophers.[17]

Weinberg's central concern is the interconnection between positivism and science. Some persons have argued that scientific theories reveal the imprint of its socio-historical setting. In *The Structure of Scientific Revolution,* Kuhn has attacked the objectivity of science. Feyerabend too, as we pointed out earlier, has taken positivism to task. Hence, when practicing scientists, like Steven Weinberg and philosophers of science like Feyerabend, Kuhn and others have challenged the principle of objectivity in science, the extension of positivism to social sciences is a dogma of scientism. It is an ideology which, like any other ideology, is one-dimensional. Prof. Pande has subjected the use of the scientific method for comprehending society, culture and history to trenchant critique. He believes that there are western approaches, other than the scientific, which have offered alternative explanation in these fields of study. He, however, feels that all these approaches, scientific or otherwise, do not adequately fit within the framework of the studies of society, culture and history.

In the preceding paragraphs, we have presented a critical overview of positivistic social science in the West. We now turn to spell out the substance of Prof. Pande's critique in this regard.

About scientific methods, and application to such studies, Prof. Pande's critique begins with a distinction between culture and nature. Scientific methods confuse them. In fact, culture is distinct from nature. Nature is subject to logical knowledge; culture is a form of inner experience. The concepts on which the perception of culture and nature depends are substantially distinct from each other. Nature is an objective system, the knowledge of which is a product of the analysis and synthesis of the sensuous phenomenon. Concepts relating to culture are undoubtedly rooted in time and space. But culture substantially is a system of values, the knowledge of which flows from the understanding of the symbolic through self-realization or ideal realization. But his ideal realization is articulated within the framework of space and time. This makes possible dialectics of desire and freedom. Whatever we know of nature begins with the experience of the impact of an objective, material substance. We know culture to be recognizing either the symbol, or the reflection of the spiritual, or the ideal in history. Nature is a world of material objects determined by direct perception and constructed by unchangeable causality. The world of culture is a world of symbolic expression, of exploration of meaning and of self-realization. This should be remembered that an account of differences in the nativity of the individual, there are different levels of self-realization. The temporal sequence of the transcendental shapes the history of man's spiritual journey.[18]

This critique rests on a separation between nature and culture. The former is objective and subject to determination; the latter, different from nature, is world of values integral to man. Values, themselves, are considered to be involved in self-realization. Even self-realization of the self with attributes is not different from the means to self-realization. Consciousness of value is the direction of freedom. This is the freedom of man independent of control by nature. Those who think that values are created by man or that they are subject to human desires, should reconsider and understand that they are not. The realization of value is not possible as long as man is confined within nature. He alone realizes value who lifts himself above nature. Value as an end reveals layers of meaning, which is simultaneously perceived directly and realized discursively. For its search recedes like the horizon as this is the search which is a mixture of both desire and nationality. On account of these dialectics, enquiry into value is a process which moves on eternally and our achievements in this regard are like lines that touch each other indicating the perpetually ideal movement. Thus, symbols in culture inform social consciousness and that is how they transform culture into tradition.[19]

To Prof. Pande, history is a 'remembrance of what really happened', as also learning from critical inquiry. There is a simultaneity in this double process. It is both learning and criticism. It relates to the self. Thus, history becomes a spiritual autobiography of man and a discovery of lost times.

In this context, a mere insistence on the understanding of history and culture as a part of nature is a misleading trail. Culture is acquisition; nature is instinctive. Scientific history treats culture and history as though it is a part of nature. Such historians feel that a proper study of culture must begin with that of material culture. For material 'culture' conditions non-material culture. Prof. Pande, in order to elucidate this point, refers to Karl Marx's *Das Capital*, Vol. I. He directs our attention to the following statement of Marx:

> Instruments of labour not only supply a standard of the degree of development of which human labour has attained, but they are also indicators of the social conditions under which that labour is carried on.[20]

Prof. Pande has described this way of reading history as techinicist-materialism. It reduces history and culture to components of technology and material conditions. Prof. Pande's description, to my mind, is quite appropriate. For what else are we to conclude from another statement of Marx: The windmill gave the society a feudal lord; the steam engine gave the society a bourgeois. This trend has been subjected to a searching critique and this critique is to be found in *The Meaning and Process of Culture, Bharatiya Parampara Ke Mool Svara, Bharatiya Samaj: Tattvik Aur Aitihasik Vivechan, An Approach to Indian Culture and Civilization.*

The first thing that he points out in his critique is that there is no contrast between material and non-material aspects of culture. The contrast is just apparent and not real.

For, material objects are fashioned in order that some value might be realized. These objects may be conceived as the direct embodiment of value or as the indirect means of realizing it. What is more, material objects enter the social tradition in terms of their idea rather than in their materiality which is of no more than particular and ephemeral significance. Serving non-material, experiential purposes, and gathered as ideas into the process of cultural communication which is social tradition, the material objects of the socio-cultural world are doubly subordinate to its ideal aspect.[21]

The second mistake technicist-materialism makes, is that it confuses the study of culture with the study of causation in the cultural process. For, causation indicates an external account of cultural phenomenon. It is not adequate to communicate the meaning of symbols culture comprises. The causal order treats cultures as a piece of nature, just an arrangement in temporal succession. An emphasis on chronology is a covert exercise in imposing the causal sequence. But causality has a limited significance in history. Besides, historical events are unique; hence non-repeatable. As such, it is beyond causality. Further, causality involves the idea of a recurring pattern constituted by material factors while history, if it has any pattern, reveals a pattern, or patterns of meaning. The self comprises these patterns which in its turn, becomes a part of self-awareness.

The third fallacy is the confusion the materialist makes by equating knowledge of reality with the positive knowledge of natural reality. His horizon is restricted by the overwhelming sense of primacy of the natural. This is reductionism, plain and simple.

The fourth fallacy is the presumption that the growth of science and technology is universal in that it crosses cultural frontiers. That, however, is true only in its ideality. In fact, there are alternative models of technology and though scientific theories ultimately become culture-centric, that choice is non-technological. It is an act of decision, a form of, what Arendt would describe, as 'political action'.

The fifth fallacy is to equate the evolution of sciences and technology with that of culture. History is full of examples which disprove this equation. Mussolini's Italy, Stalin's Soviet Union and Hitler's Third Reich are flaws in the argument. It cannot even be demonstrated that development in science and technology logically entails a corresponding growth in culture. The philosophical problem in this regard goes back to Hume. How can we posit a logically necessary connection between two orders of events: evolution of science and technology and development of culture?

Prof. Pande had then very pertinently pointed out that, "It is neither logically necessary nor empirically evidenced that given a state of science and technology, the other aspects of culture are uniquely determined."[22]

The sixth fallacy inherent in the materialist thesis is conflating automation and autonomy together. For, the materialist automation – the control of environment by man through technology – is expressive of man's freedom, freedom from the bondage of necessity. That, however, is just partially true. For man is not only a natural being, he is also a social being. As such, his happiness and grief depend on a large measure on his socio-cultural environment and his response to it, which, unlike his control of nature, are not amenable to technical manipulation. Hence, a clear distinction is posited between automation rendering control feasible and autonomy creating pluralism of actors and influences.

The seventh fallacy consists of depriving man of spirit. If technology is what counts in the first and last places, it leaves no scope for operation of human freedom. It is just determined. Where then is the space of freedom?

This in fact is a logical corollary of the value-neutral approach of the materialist historian. This places man in a tragic dilemma: he is seeking value in a universe which is indifferent to a quest of this kind. Man is left with only one alternative then. He may relinquish the quest for values, negate himself and be prepared to be consigned to the servitude of Nature.

The fallacies stated above constitute the basic pattern of the argument of Prof. Pande to interrogate the approach of Marxist historians (D.D. Kosambi, R.S. Sharma, Romilla Thapar, Satish Chandra and Harbans Mukhiya) to the study of culture, history and civilization in India. What really appears significant in Marxist historians is their readiness to avoid a logical and philosophical analysis of the basic postulates of their Marxist thesis. They would take these postulates for granted and then proceed to reduce different aspects of culture to the economic mode. D.D. Kosambi is perhaps the only Marxist historian who has tried to apply materialist interpretation of history with discrimination. Still, he is a Marxist and, as such, is as answerable to basic questions relating to Marxism as any other historian of Marxist persuasion. For, essentially he begins with the central theme of historical materialism. For instance, he defines history as follows: "The presentation in chronological order of successive changes in the means and relations of production."[23]

Kosambi has tried to avoid reading determinism in the materialist interpretation of history though. For he is only too sensitive not to miss the epistemological fallacy inherent in determinism. The moment you subscribe to the way of the determinist, you render determinism itself untenable. It breaks down under the stress of self-reference. It makes knowledge, any knowledge, impossible. It dispenses straight with a distinction between validity and invalidity of knowledge. Hence, it can never be proved.

But the tragedy with Kosambi is that though he took care to deny ideological superstructure as a reflex of material change, he has not consistently followed this programme. For instance, in *Myth and Reality*, he has traced a connection between material conditions and precepts of *Gita* which, as Prof. Pande aptly points out, is 'arbitrary and superficial'.[24]

The difficulty confronting Kosambi is what Marxist historians the world-over have faced. Ideas do not have only an independent status as a force in history but they transform the economic base as well. Kosambi believes that 'ideas are a force'[25] but in his historical narratives, he does not depict them as a force transforming the basic structure of society, i.e., the economic mode of production.

R.S. Sharma seems to be a more committed materialist in that he would prefer even vulgar materialism to historical materialism. The following extract bears it out:

> But 'refinement' cannot be pushed to a position which tends to destroy historical materialism and rob it of its creative and effective role in comprehending realities. In such a situation 'vulgar' materialism will be of far greater use.[26]

Prof. Pande has pointed out that Marxist historians following Kosambi have produced only commentaries and emendation on the basic postulates of the 'Teacher' (D.D. Kosambi). The parade of their research aims at depicting the rise of class society on the disintegration of the tribal society and then the decline of empire weakened by feudalism.[27]

What Prof. Pande denies in this viewpoint is that culture is a mirror of social organization. To establish this thesis requires a philosophical standpoint, a philosophy of history in which descriptive research is integrated into a general framework. That alone marks off this way of doing philosophy from positive science. For class-struggle, economic conception of class and religion as superstition are not historical facts; they are philosophical ways of reading facts. As such, they should be subjected to critical debate, which is not possible with Marxists, for they dismiss philosophical arguments at variance with their's as expressions of vested class interests.[28] Needless to say, this is a clever device on the part of Marxists to avoid getting involved in a critical dialogue on their foundational principles.

The point is that neither Kosambi nor anyone following him has presented in his writings the flavour of critical thinking in Marxism after Marx; nor has anyone tried to capture the comprehensive range of dialogue on interaction between base and superstructure. The debate was well under way before Kosambi passed away.

The originality of Prof. Pande in comprehending Indian culture consists in avoiding the errors of colonial historiography (now known as Orientalist since the publication of Edward Said's *Orientalism*), Nationalist and Marxist. He has not discussed in the books mentioned above subaltern historiography. But I am sure that 'history from below' like 'history from above' (nationalist) and, if I am permitted to say, 'history from far away' (colonial) would be incomplete from Prof. Pande's point of view. These histories do not capture the perpetual dialectics between the search for meaning through values and historicity.

Of all historians, Prof. Pande alone has tried to locate man and his history in the context of his transcendental dimension also, in the process of its historical articulation.

NOTES AND REFERENCES

1. Anthony J. Parel (ed.), *Hindu Swaraj and Other Writings by M.K. Gandhi,* New Delhi, Foundation Books, South Asian Edition, 1997.
2. K.K. Bhattacharya: 'Swarajya in Ideas'. This lecture was published in *Vishwa Bharati Journal*, Vol. XX, 1954. This was again published in *Indian Philosophical Quarterly*, Vol XI, No. 4, October 1984, pp. 383-393. This lecture was first delivered in 1928 before students of Hoogli College.
3. G.C. Pande, *Foundations of Indian Culture*, Vol. I, Delhi, Motilal Banarsidass, 2nd edn.,1990, p. 274.
4. Roger Lipsey (ed.), *Coomaraswamy: Selected Papers I*, Delhi, Oxford University Press, 1977, p. 14.
5. G.C. Pande, *An Approach to Indian Culture and Civilization,* Varanasi, Deptt. of Ancient Indian History, Culture and Archaeology, BHU, 1st edn., 1985, p. 1.
6. *Ibid.*, p. 35.
7. G.C. Pande, 'Foreword' to A.K. Saran's *Sociology of Knowledge and Traditional Thought,* Varanasi Central Institute of Higher Tibetan Studies, Sarnath, 1988, pp. 19-26.
8. *Ibid.*, 19.
9. G.C. Pande, *The Meaning and Process of Culture,* Agra, Shiv Lal Agrawal and Company, 1972, p. 22.
10. *Ibid.*, p. 27.
11. *Ibid.*, p. 30-31.
12. *Ibid.*, p. 23.

13. Spengler, *Decline of the West*, Vol. II, London, Allen and Unwin, pp. 3ff.
14. Hannah Arendt, *The Human Condition*, New York Double Day, Anchor Books, p. 24.
15. Steven Weinberg, *Dream of Final Theory*, London, Hutchinson Radius, Vintage Edition, 1933, p. 139.
16. *Ibid.*, p. 139.
17. *Ibid.*, p. 140.
18. G.C. Pande, *Bharatiya Parampara Ke Mool Svara*, New Delhi, National Publishing House, 1st edn., 1918, p. 5.
19. *Ibid.*, p. 6.
20. Marx, *Das Capital*, Vol. I, Translated by Moore and Evilin, Moscow, Progress Publishers, 1965, p. 180.
21. G.C. Pande, *The Meaning and Process of Culture*, Agra, Shiv Lal Agrawal and Company, 1972, p. 2.
22. *Ibid.*, p. 3.
23. D.D. Kosambi, *The Culture and Civilization of India in Historical Outline*, p. 10.
24. G.C. Pande, *An Approach to Indian Culture and Civilization*, Varanasi, Deptt. of Ancient Indian History, Culture and Archaeology, BHU, 1st edn., 1985, p. 37.
25. D.D. Kosambi, *Introduction to the Study of Indian History*, Bombay, Popular Prakashan, 1985, p. 10.
26. R.S. Sharma, *Material Culture & Social Formations in Ancient India*, Macmillian India Ltd., 1983, p. 19.
27. G.C. Pande, *Bharatiya Parampara Ke Mool Svara*, New Delhi, National Publishing House, 1918, pp. 20, 21.
28. *Ibid.*, p. 21.

11

Culture: A Vedāntic Vision

Kamal Nayan

Ernst Cassirer said some time in the 1960s, "Philosophy of culture is surely the most questionable and most disputed of all the various branches...within the systematic whole of philosophy." The "very concept is far from being sharply defined, nor is its meaning generally agreed upon. What we are faced here with is not only a lack of firm and recognised solutions to this fundamental problem of definition; there is even more elementary lack of understanding as to what questions are meaningful or relevant to the study of culture."[1] The situation has not altered much ever since.

But all differing opinions would agree on at least one point that culture is the differential characteristic of man. It separates him from animal world to which Darwin inseparably linked him biologically. In spite of this linkage, unlike animals man does not live in the given world but in a structured world of meanings (culture), which is his own creation.[2] Like nature, culture is not given, it is achieved or created. "It would perhaps be generally admitted that culture is not a part of nature, for culture is something acquired, not instinctive."[3] When culture is said to be the human achievement or creation, it cannot be defined apart from man. Its definition would be the definition of man.[4]

Prof. Pande conceives of man as a spiritual being. In his view, man cannot be defined in terms of his given physical nature or as an organism but in terms of his ideal or spiritual nature, which he seeks to realize. It is this which makes him the creator of culture. And his creation culture, which issued from his spiritual essence, too is spiritual.[5] Therefore, Prof. Pande defines culture "as the tradition of values, of self-realisation".[6] The self realizes itself in the process of value seeking, and culture is the process of discovery of the self. He proceeds with a clarification. He says, "Values are the object of valuing, a fundamental human activity." Valuing implies seeking, choosing, approving. Just as motion is inherent in matter, seeking is inherent in life. But human seeking is the seeking with a difference.

> At the level of human mind the seeking becomes self-conscious and critical and its elements become symbolised. All human seeking is grounded in human nature, arising spontaneously, oriented but undefined. Human nature exists at many levels, from biological to the purely spiritual, seeking fulfilment at each level. Consequently the gamut of values extends from self-preservation to mystical communion. Since the lower realisations are only *aupadhika* (accidental), they contain an inherent urge for self-transcendence. From the lower realisations of the self ...to their complete transcendence in pure self-experience, the human seeking follows a process of dialectical evolution. The revelation of values also thus follows an evolutionary process. The expression and communication of value experiences gives a socio-historical actuality to the ideal process and the cultural world is thus created as the historical tradition of the human endeavour for self realisation.[7]

Cultures as socio-historic orders or traditions are the particular versions of the "universal tradition of wisdom". Underlying the overt structure there subsists, what may be called, a "philosophy of life or Weltanschauung." As an operative idea of life as a whole, it enters into the making and working of institutions. As faith it guides the individual quest for what is right and authentic, what constitutes excellence and the ultimate good. As a fragmentary glimpse of cosmology and anthropology, a metaphysics, essential but without formal definitions and system, it functions as the matrix of fundamental suppositions for the thinkers of the age. This basic faith or Weltanschauung itself springs from an intuitive vision or revelation of an essentially spiritual character, which is inseparable from praxis and being expressed symbolically, enters into the social tradition. Vision (*vidyā*), praxis (*sādhanā*), tradition (*āgama*), structure of norms and principles of practice (*dharma* and *nīti*) constitute the underlying basis of a culture or a distinctive macro-society.[8] The intuitive vision, in which the culture reveals itself, occurs in an "individual psyche and enters social tradition creatively as symbol".[9]

As is clear from the above citation, Pande conceives culture as an expression of the realization of a vision of the divine. But realization of the divine requires perpetual *sādhanā* on the part of man, unlike the Hegelian divine principle, which works itself out in complete disregard of man. It would be interesting to note here that most of the European thinkers conceive culture, implicitly or explicitly, as a supra-human independent entity, which realizes its potentialities subordinating man, willing or unwilling, to its will.

A whole range of Christian philosophers of history, right from Augustine to Toynbee, view in history the unfoldment of the divine will which carries the concourse along a preordained path towards the City of God. Then there are non-religious minds too – Karl Marx, Spengler, etc. – who view history and culture as the realms where man plays puppet in an objective process (Marx) or to a supra-human idea (Spengler), which has a logic of its own and culminates into a utopia (Marx) or simply runs its course (Spengler). This leaves little room for an individual as a free agent.

According to Prof. Pande,

> all the myriad actualities of custom and belief or history belonging to the numberless races and tribes, castes and communities inhabiting some arbitrarily defined geographical boundaries do not denote culture, but culture is the inner unity and self-demarcation of a specifically given cultural tradition.[9]

It exists as a "distinct unity, as a complex super-system of symbolical self-expression".[10] What kind of unity is the unity of a culture? According to him, it is "the unity of the subject".[11] He explains –

> There are two types of unity which may be discovered: objective and subjective. Objective unity is the unity of a system where different but interrelated particulars produce systematic orderliness. This kind of unity is found best in abstract creations or even in nature to the extent to which it is possible to look at something in it as an object of construction. Does culture form a unity of this kind? Does it have this kind of interrelatedness, some kind of discoverable order in its relations? On the other hand what actually produces the sense of unity in a culture is not like this at all. It is a unity which belongs only to the subject; it is the unity of cultural awareness.[12]

Thus, cultural unity is the unity which issues from within, from self-awareness or self-consciouness of the subject. It is not extrinsic or extraneous or imposed from without. Therefore, culture is a subjective existence, which is 'self-conscious', and nature is an objective existence, which:

> has a reference to consciousness but not to a self-consciousness. In this sense, culture is not part of nature. The status of the items of the cultural world is the status of symbols. They have a meaning, yet they do not have an independent or objective existence. They are symbols functioning in self-consciousness. What are they symbols of? Of values and of various kinds of experience. But all these things are different ways of regarding the same complex. Mind expresses itself alone.[13]

He uses the term 'mind' in the sense Hegel uses the term 'spirit'. For him, there are two orders of existence – natural and spiritual. The spiritual is subjectively constituted by a self-conscious subject in the process of self-realization. And natural is the objectively constituted external realm of relations between objects.[14]

In order to properly understand Prof. Pande's philosophy of culture, let us try to further understand his concept of 'self', which is central to it. According to him:

> What we think of the self depends on the realization we have in mind. Otherwise, as an infinite principle the Self is not capable of definition, or of being shown like other objects. It is not an object. It is not one item among others in the world of nature, capable of separate definition or of being put forward for inspection. Self-consciousness and the urge for self-realisation are inescapable facts of everybody's life, and... that the whole of culture develops through the efforts to complete this quest.[15]

Being a Vedāntin, he posits three types of 'selves' – (*i*) *hīna-ātmā*, (*ii*) *gauṇa-ātmā*, and (*iii*) *śreṣtha-ātmā* or the transcendental self. *Hīna-ātmā* or the natural self is characterized by natural drives, instincts and interests, etc. and is devoted to their fulfilment. *Gauṇa-ātmā* or social-self or empirical-self is characterized by *Varṇāśramādyābhimāna* or *dharma;* this is the self that seeks fulfilment in self-realization or self-transcendence. The transcendental self is the true Self or Brahma, in which the social or the empirical self seeks its cessation. In a footnote, he juxtaposes his idea of self or mind (*citta*) to that of Western idealist tradition by way of explaining that the 'self' he speaks of 'tends ideally towards the Self, which itself is ahistoric.[16] He further says,

> ...the Vedāntic view where the empirical self or mental process evolves to reflect the Self which alone is ultimately real. This distinction between an eternal consciouness or *Cit* and empirical consciousness or *citta,* the later evolving to reach the former, is to be found in other Indian systems also, e.g., in *Sāṁkhya-Yogācāra.*[17]

Such a concept of self implies that the process of culture is the journey of the empirical self in which it discovers itself and seeks mystical communion with the transcendental self.

How does a culture as a socio-historic order take birth? According to Pande, culture is the revelation of meanings in a self-realizing self-consciousness. And when these revealed meanings are expressed in symbols and communicated, socio-historic orders are created. He says that

> culture arises when a world of symbols is created to express a revelation or intuition of value and subsists within the social tradition into which the world of symbols is embedded as the expressive aspect of the ideal context of its consciousness. Within the concrete, historic actuality of a social tradition, or civilization, culture remains as its essential and ideal self-awareness. The concrete and individual experience of value constitutes the core of meaning in culture while its creative articulation, communication and participation constitutes its basic process.[18]

Culture, which arises as revelation in an individual psyche, enters social tradition creatively as a symbol. That

> which begins and ends with individual will hardly qualify for being included in culture; it must in some sense be handed down to be considered a part of culture which is thus at once an individual acquisition and a social tradition, something which guides and improves and fulfils the individual and at the same time constitutes the inner meaning of social experience.

Therefore, he defines "culture as the tradition of values, of self-realization".[19] It is clear from the above enunciation that both the individual and social levels of existence manifest the same element, i.e., culture. The individual experiences and articulates his experiences in symbols in order that they are communicated but he can communicate only that which would not be merely individual but social. But here it should be kept in mind that what is expressed is 'social' only in its expession, not in its essence. In its essence, it is spiritual. Therefore, the social tradition is spiritual, for it seeks the spiritual as 'absolute value'.

It is implicit in what has been said above that man who exists as a self-conscious individual has an inter subjective dimension, which he shares with similar individuals. And the aggregate of such individuals sharing an inter-subjective consciousness constitutes a society.

Pande defines society in terms of culture as the "area of communicative effectiveness of its (culture's) symbolical self-expression", where it (culture) pervades as "common self-consciousness" or value.[20] It is the ambience within which the individual recognizes "an overarching and distinctive unity in the ways of perceiving and doing things appropriately...."[21] For an individual, society functions as the matrix, as it were, in which he is nurtured by means of education in accordance with the ideals and values of his society. Every society aims at transforming the individual through an incessant process of education or *saṁskāra.* It includes,

> the transformation of a natural being into a social being working for the particular interests of ego and the group with which it (individual) identifies itself. It also includes the transformation of a social being who identifies himself by social roles (*varṇāśramādyābhimāna*) into a spiritual being who identifies himself with self-conscious being in its autonomy seeking absolute values.[22]

Therefore society, for him, is not mere assemblage of human beings, who fortuitously happen to exist at a particular time and place. But it is an assembly of individuals sharing a common self-consciousness and, therefore, having a common perception of ideal values. He belives that individual and society "are two ways of associating the same elements", recalling Bosanquet's analysis.[23] Individual and social are not dichotomies; they are the two sides of the same coin; what reflects in an individual, is a part of the social tradition, i.e., it is simultaneously individual and social. Continuing on Bosanquet's line, he explains:

> If we take the University, for example, we would find the teachers, students, guardians, the Government, all different

> appercipient sets constituting the University but joined together in a specific kind of order; whereas if we take an individual, he might be a member of a university, a labour union and so forth, and his mind would be constituted by the same appercipient ideas orders in a different set. These sets are, of course, sets of appercipient ideas orders in a different set. Our mind in this sense is a set of ideas only. Whether it is individual or social, depends on the way in which we take the order of the set. These sets are, of course, sets of appercipient sets really.[24]

In this way, it might be said that individual and social are two dimensions of the same reality. Just as an individual body is of the individual self-consciousness, society may be viewed as the *soma* or the existential locus of a culture or common self-consciousness. It enshrines spiritual vision and makes available the wherewithal to sustain it (vision). Culture cannot exist without a society and society cannot have its identity and *prāṇa* without culture. He says, "One may thus speak of the social body of a culture and call culturally animated societies civilizations. The social body enables the survival of men and tradition, culture gives it identity and character."[25] Civilization, according to him, is

> sometimes understood as a developed state of culture, sometimes as a culture with emphasis on its material values. It may, however, be considered as the order of means which gives power to a society. A society is recognized by institutionalised cooperation and civilization by collective achievements of equality and power. Culture as a pervasive moral order binds society and civilization and gives them a characteristic identity and direction. Whether it is the order of immediate-affective relations as in a family or the cooperative and *quid pro quo* relations of the techno-economic order, or the legal-political order backed by force, the moral order is pervasive. Without an immediately felt but objectively recognized coherent order of duties and obligations, no society or civilization can even survive, let alone develop. This moral order presupposes the formulation of the vision of the good into a path of *praxis* leading up to it. Alternatively one could speak of the institutional structure of a society or civilization as based on a system of values and the values themselves as preferred ends and means resting on faith and knowledge. It is a moral faith (mediating between vision and *praxis*) that culture animates society and civilization. The three, however, are only conceptually distinct; these cannot be found separately

> in reality. Cultures, in short, are moral traditions interpreting the vision of the good in characteristically diverse ways owing to their being embedded in historical societies or civilisations.[26]

Thus societies, though organized for such mundane purposes as survival and adaptation, define themselves in terms of moral values and ideals expressing 'vision', i.e., culture.

Let us now return to Prof. Pande's concept of culture. As it is clear from the above discussions, according to Prof. Pande, culture is the "ideal element, the valuable core of the actual life of a given set of people". He posits human existence as the amalgamation of the imperfect consciousness and the ideal self-consciousness, the questing self, and the realization towards which it tends. Human consciousness grows in this duality. It begins imperfectly but seeks perfection.

> That is the situation with culture also... it may be distinguished from the merely social or the merely natural, meaning thereby that when we concentrate on a culture, we are trying to concentrate on what constitutes the ideal element.[27]

Therefore, the process of culture is the process of self-consciousness seeking the realization of the idea, and

> this process of realization of the ideal takes diverse directions, passes through various phases and attains certain levels. There can be a high degree of integral unity between these, but generally my own feeling has been that this sense of Zusammenhang can be produced only if we concentrate on this ideal aspect.[28]

Here it is worth mentioning that for him the categories of direction, phase and level have an altogether different meaning from the one these categories have for western philosophers of culture and history.

He argues against the category of phase as succession based on causality or chance, and also against the phases of birth, growth, decay and death, on the analogy of the organic life phase because they are not compatible to his concept of culture. He believes that the "real order of succession is an order of intelligibility".

Because the categories of causation and chance would lead to constituting culture either as nature or as a series of happenings linked by chance, thereby rendering it devoid of any meaning, whatsoever. The categorization of culture as succession of causally connected phases reduces it to a phenomena of repetitive patterns and chance would leave it devoid of any pattern. He says, unlike those who "believe in history being similar to nature import into it a pattern of causation.... I import into it, or postulate for it, a pattern of meaningfulness, because that is the nature of self-experience or self-consciousness."

On the other hand, the phasing of the order of culture in terms of the phases of life, i.e., birth and growth, decay and death reduces it to being a mere biological phenomenon. "But self-consciousness is a different category: it is not biological" but spiritual. Culture is the order constituted by self-realizing self-conciousness; hence its phenomenal aspect is unified from within. Cultural phenomena or sequence is not held together by causality or by chance or in organic relationship but a symbol of a self-realizing self-consciounsess.

Now, the categories of direction. These, according to Pande, are

> in some ways the most time-honoured categories in the study of culture and history. In each, age, and school or thought, these have the appearance of being ultimate.... We ask whether a certain work is poetry or prose, philosophy or history. Any form of social activity we tend to classify as political or economic, public or private and so on. Such categories are the directions or articulations of a culture. To regard these as ultimate is a great illusion.

He explains what he supposes to be the categories of direction. Self-consciousness exists in fusion of the Self and Nature. And self-consciousness is conscious of this fusion in its experience. What it expresses is symbol.

> In so far as, through reflection, experience is neglected in favour of its objective content, we get Nature – a construction in objective knowledge out of the units of activity and sensation at various levels of organization. In so far as experience iself is emphasised in reflection, which is an activity consequent up on it, we have what I should call historical awareness that is cultural awareness. There can also be a reflective and purely abstract awareness of symbol itself, a symbol not in relation to spirit but merely in relation to itself as referring to any possible meaning, as purely self-subsistent, that would be a syntactical theory without reference to semantic interpretation. The symbol here becomes merely a sign regulated by defined

> operations. That will produce areas of abstract and purely formal structures. In so far as the experience is expressive of the self, you have a direction which is generally called the direction of value, and to my mind this is sharply contrasted with the emphasis on the outward or nature.

But,

> Self and nature are mutually interlocked, they are distinguished only analytically or intuitively in experience... the intimation of the self or history occurs within the process of experience. The self is not revealed separately by itself, but only mediately or as experience which may be interpreted in terms of the natural objects, which are its objective content. This makes a clear demarcation of cultural areas difficult outside the relatively purer realms of the perception of nature or of the construction of abstract symbols.

Therefore, culture "tends to be a superposition of but partly distinguished directions tending towards nature or tending towards the self. That is why no clear cut division of directions will become wholly meaningful". Pande suggests that instead of looking for some fundamental categories evolving in the process of history, one should appreciate diverse categories evolving, each laying varied emphasis on the following elements; nature, experience and its vividness, symbols and self. And based on these various relatively pure directions of science, history, art and logic and mysticism. On the whole, it may be said that the "categories of direction really reflect the diverse ways in which outward nature and inward self pull experience".

Regarding the category of level, Prof. Pande believes, as we have seen, that culture is a meaningfulness. It is only within such a context that various cultural categories such as art, religion, philosophy, etc. and the awareness of the difference of level among them have intelligibility and meaning.

> That is why when an age changes, art and religion, literature, and philosophy tend to become obsolete, ...because for general purposes the basic context of experience which gave them meaning has changed. We do not find them meaningful at all within our living world of meaning.

These categories represent various levels within a cultural context. But Prof. Pande concedes that he does not have "any complete theory or scheme of all levels of culture. There are differences of level, that is true, but we can schematise them only on a particular basis". And for him that basis would be mystical, because, all cultural levels are the "levels of self-awareness, or self-consciousness". The highest level of self-realization is the level of mystical union which is ahistorical or lies outside history, "in so far as it is a pure self-awareness or being". Therefore it may be said that the various levels of culture range between the extremes of pure-Nature and pure-Self-consciousness, and may be graded according to the level of self-consciousness they symbolise. He concludes: "These are the ways in which I should like to categorise culture as an account of self-consciousness."[29] In fact, an account of an evolving self-consciousness and history is important only in the sense that it is "the postulated progressive revelation of the ideal self-consciousness."[30] A historian can discern the evolving self-consciousness by creatively participating in the process of culture.

Now, once culture is conceived as self-consciousness, the question of the objective criteria for its identification becomes redundant, for self-conscious activity is a self-defining activity. "Its definition is located within it and for itself."[31] Pande argues that any attempt at defining and identifying culture objectively is not going to provide a proper understanding of it because as an object of perception it would be akin to nature, which it is not.

If culture were self-consciousness, then how would the 'other' be explained? The answer to this question is that the very process of

> culture consists in the reintegration of the 'other'. The whole process of self-realisation is the process of realising that the non-self is the self. Omniscience would really be an integrated self-consciousness where the subject and the object, though distinct are not different.[32]

It is for this reason that culture cannot be spatio-temporally delimited. Though a society, which draws its identity from the culture that dwells in it, exists within reasonably defined spatio-temporal limits, this does not render culture spatio-temporally delimitable. Here it should be kept in mind that space and time characterized only that which has a physical existence. Because culture is a spiritual entity, neither the categories of space-time nor any other objective criteria can describe it.

Then, how can cultures be distinguished or identified? Prof. Pande suggests that they may be roughly distinguished the way

> we distinguish between individuals and societies. Culture is the self-consciousness of a society and we define a society with reference to its time and place....If we enquire more into this, we discover that perhaps there is at least as much truth in saying that the relevant areas is that where the society is and the society is that group which is unified by that culture.[33]

Yet, the question remains how can a culture as self-consciousness be distinguished or identified ? According to Pande, this can be done by looking into the diverse cultural expressions, which are constituted by the categories that we have discussed above.

> If we could reach into a culture through creative participation, the analytical consideration of the categories should enable us to distinguish or give character to the particular stream of self-consciouness or cultural tradition.[34]

But each cultural tradition or culture springs from a particular vision of the self, which it seeks as value. Therefore, cultures are particular or *aupādhika* versions of the universal culture. This implies that cultures are not distinct in their essence though they seek different ideals or values. In fact, each culture seeks a distinct version of the same ultimate value. Therefore, the diversity of cultures is only *aupādhika*. "As the *Vedānta* holds, different values are expressions of the same ultimate Value under different *upadhis*, and this ultimate is nothing except the self."

He explains the point as to why there are cultures and not one culture in the following way. Man's self-consciousness is

> compounded of a duality in which the natural and spiritual modes of awareness are superimposed, and thus subject to a dialectical tension. This tension *Ātma-Anātma, Śreyas-Preyas* or *Vidyā-Avidyā* requires *viveka* or *Samyag-dṛṣti* for its resolution. It is through *viveka* that the *Purusārthas* and *sādhanās* are apprehended. *Viveka* or ethico-spiritual reason belongs, on the one hand, to the individual and, on the other, is embodied through communion and symbolization in a social tradition, *Āmnāya, Pārmparya* or *sampradāya*....Now the diversity of *vāsanās* prevents the vision of the spiritual (self) from being understood or expressed uniformally at the level of the mind or intellect, whether individual or social. It is only the overmind vision which can apprehend the unity of the spiritual traditions or *Āgamas*, arises as the vision, receives social and symbolic expression in the cognitive-conceptual, affective-imaginative

> and conative-practical dimensions of human consciousness. When the expressions are still inward looking, pointing the way to turn towards the source of the spiritual tradition, we have...religion, the quest for supernatural life through superhuman wisdom. When the symbolic-expressive aspect is itself in the forefront we have aesthetic quest. When the conative aspect is guided by the sense of a larger self, we have morality and social ethics. When the tradition is concerned with self-preservation through the control of human and natural environment, it assumes the form of techno-scientific, economic and political traditions. How these different aspects define themselves, what concepts, symbols, institutions and techniques they evolve for themselves, as a whole is unique to each civilization. They cannot be subsumed within a single, historically articulate vision of values or system of idea.[35]

In his *Meaning and Process of Cutlure,* Pande maintains that there are two factors responsible for the partitioning of cultures, namely imperfect communication and clash of interests. Societies fail to evolve a common ideal due to these two factors and therefore a common self-consciousness.

> Different cultures thus have two sets of diversities between them. On the one hand narrow material and social identifications may keep them apart. On the other, if they are able to rise higher, they will present different self-consciousnes, which despite differences are ideally capable of being part of a larger self-consciousness. The unity of the spirit does not negate differences within it, though it constantly seeks to negate differences from it.[36]

We have seen earlier that Pande argues against the objective apprehension of culture, because as self-consciousness it eludes objective apprehension. It reveals itself only when one creatively participates in it. For example, Greek culture can truly be aprehended by studying Greek classics, as they are expressive of Greek awareness. And cultures, so apprehended, appear as particular manifestation of larger consciousness, i.e., universal culture. He says, "We may not be able to reach this larger self-consciounsess, but we study history precisely for this purpose and under this belief."[37]

> We must view it as if (we) belonged to it. Only then will the tradition become accessible and yield its inner meaning and form and yet be objectified sufficiently to be placed within the context

> of history. The identification and understanding of culture, thus is possible in the main only through the critical and hermeneutic enquiry into its recorded symbolic tradition and its reconstruction as a world of consciousness through historical empathy.[38]

While discussing Pande's concepts of Universal Culture and diverse historical or existential cultures as its *aupādhika* or variegated version, the question that keeps troubling one is: Can the view that diverse cultures are the particular or individuated expressions of the one Universal Culture be maintained? Prof. Pande defines culture as the process of the quest of Self-as-Ideal. Visions of the Ideal are diverse. In fact, they are so essentially diverse that it becomes well nigh impossible to view them as variegated visions of One Universal Truth. The Western and the Indian visions may be taken as cases in point. The modern Western cultural tradition may be said to be characterized as the quest of a secular ideal and the Indian as the quest of a spiritual one. In the same way, various cultures may be shown to be the quests of different ideals (as has ably been done by Spengler and others), which they (culture) intuitively perceive and set out to realize, thereby giving birth to distinctly identifiable socio-historical orders. Pande though mentions that each culture is autonomous because each defines itself by the ideal it seeks. The concepts, symbols, institutions and techniques are specific to it. Therefore, it becomes impossible to subsume them under one vision of value. Cultures thus conceived are nothing apart from the vision of value. Then why should they be approached with the belief that they are particular expressions of one universal Value? Can the realization of both the Western 'secular' and the Indian 'spiritual' ideal, be seen as leading to the mystical communion which according to Prof. Pande is implicit in every cultural quest? Or, would he dismiss the Western 'secular' pursuit as an accidental accretion within the Western culture. Or, he would view them (the Western and the Indian cultures) as different levels of value seeking within one Universal Culture – the former seeking the secular or social end and the latter the spiritual end? And place them higher or lower on a scale of values in accordance with the kind of value they seek?

Each culture, according to Pande, is a distinct, autonomous and self-defining entity; no two cultures are identical, and a person who belongs to a particular culture, and *ipso facto* partakes in a particular stream of self-consciousness, can intuitively understand other cultures. But does the fact that one can intuitively or imaginatively participate in and understand another culture imply that there is a Universal Culture?

Prof. Pande's philosophy of culture represents the Indian philosophy of life or Weltanschauung. He defines culture as the quest of the divine; the *mārga* of this quest is the *mārga* of *sādhanā.* And diverse cultures seek the divine in diverse ways. If the cultures other than the Indian culture are also defined as the variegated versions of the same quest, will it not tantamount to defining the Western or the Greek or the Chinese cultures in terms of the Indian ideal and not in terms of their respective ideals?

Moreover, Universal Culture, posited by Prof. Pande, would still be *aupādhika,* for all manifestation is nothing but *aupādhika.* Therefore, being an *upādhi,* would it not be just one among many possible 'Universal Cultures'?

Prof. Pande's philosophy of culture is rooted in *Advaita Vedānta,* which takes the position that the Self is One and all diversity is *aupādhika* or accidental. Diverse culture are *aupādhika,* expressions of that which they posit as their *svarūpa.* The true *svarūpa* of the cultural-self according to *Vedānta,* in which the former should seek its cessation, is the Self or Brahma. So long as it does not do so it remains bounded in *upādhis.* But, one may ask is *Vedānta* – which is now identified with the well-known dictum *'brahma satya jagat mithyā....'* – capable of a concept of culture ? If yes, would it not be a concept of the unreal (*mithyā*), and wouldn't then the whole deliberation on culture be reduced to *mithyā-vyāpāra*?

According to one view, culture is an embodiment of man's creations. The idea of embodiment is a Christian idea. Creation is a self-conscious activity and its source lies in the reflexive self-consciousness. But a reflexive self-consciously objectifies itself. Therefore, to such a consciousness as it seeks to objectify itself, will the concept of culture be central. But to a consciousness which has the opposite view of itself, culture would be nothing but *mithyā-vyāpāra.* In the Indian tradition, the self-objectification or embodiment is not the true nature of consciousness; it is just its reverse. Almost all the schools of philosophy and *Bhakti* conceive *nivartana* as the true nature of consciousness.[39]

Now, with such view of consciousness, it is difficult to see how a concept of culture rooted in the Advaita *Vedāntic* vision is possible. In other words, how can a concept of culture – a worldly phenomena, an embodiment – be supposed to be rooted in a philosophy, which confers all reality on *Brahman*, the transcendental Self, and regards the worldly existence as *mithyā* (unreal)? Though this is largely true that the *Vedānta ācāryas* did not directly reflect upon what has come to be regarded as culture – human historicity, history, society, values, etc. But this does not imply that the *Vedānta* cannot take up these questions.[40]

The main spring of Indian culture is the *Vedāntic-vision*. The latter, as philosophy of life, underlines diverse social and political institutions – *varṇāśrama-vyavasthā, saṃskāras*, etc. This is the vision that finds expression in the diverse sects of *Bhakti* and it is in this vision that the diverse arts ultimately find their ground. It is this vision that is enshrined in the hierarchy of the *purusārthas*. Therefore, it (*Vedānta*) should not be identified just as a philosophical system, as is generally done. It is a *dṛṣṭi* (vision), which, as in other fields, found expression in various schools of *Vedānta* philosophy, where it takes the form of pure philosophical reflection on the ultimate reality. Therefore, to say that the matters of culture are irrelevant for a *Vedāntin*, is tantamount to saying that the Indian culture totally disregarded such matters. This is certainly not the case. We shall not enter into a detailed argument, for that is not our objective here.

Briefly, it may be said that such concept as *varṇāśrama, puruṣārthas, saṃskāras*, etc. enshrine the Indian view of culture. Though philosophical reflection mainly dwelt upon the ultimate end (*mokṣa*), the remaining three *puruṣārthas* were the concern of the *Dharma-sūtras, Smṛtis, Epics, Arthaśāstra, Kāmasūtra, Nāṭyaśāstra* and so on. Yet, the fact remains that one rarely comes across *saṃskṛti vimarśa* in the ancient literature though one does find at places, passages containing detailed discussion on various subjects of *Dharma, Artha* and *Kāma puruṣārthas*.[41]

But we know that *saṃskṛti vimarśa* is a modern phenomenon not only in India but also all over the world. Culture had never been an independent field of philosophical investigation before the nineteenth century. In India mostly, it (*saṃskṛti vimarśa*) remains an appendage to the Western cultural thought. But Prof. Pande is one of those very few modern Indian thinkers who have enunciated a philosophy of culture, which is truly Indian in both body and spirit.[42] He has formulated a true perspective for the understanding of Indian culture in particular and culture in general.

NOTES AND REFERENCES

1. Ernest Cassirer, *The Logic of the Humanities,* trans. by Clarance Smith Hove, Yale University Press, New Heaven, 1961, p. 3.
2. Cf. Yash Dev Shalya, *Saṃskṛti Mānava Kartṛttva ki Vyākhyā,* Jaipur, 1969, pp. 1-2.
3. G.C. Pande, *The Meaning and Process of Culture,* Agra, 1972, p. 1.
4. Daya Krishna, *Prolegomena to Any Future Historiography of Cultures and Civilizations,* New Delhi, 1997, p. 1.
5. G.C. Pande, 'Culture and Cultures', *JICPR,* Vol. XI, No. 3, 1994, pp. 41-42.
6. G.C. Pande, *op. cit.,* p. 1.
7. *Ibid.,* p. 1.
8. G.C. Pande, 'Culture and Cultures', *op. cit.,* pp. 41-42.
9. G.C. Pande, *op. cit.,* p. 8.
10. G.C. Pande, *An Approach to Indian Civilization and Culture,* Banaras Hindu University, Banaras, 1985, pp. 20-21.
11. *Ibid.,* p. 10.
12. G.C. Pande, *op. cit.,* p. 8.
13. *Ibid.,* p. 9.
14. *Ibid.,* p. 10.
15. *Ibid.,* p. 11.
16. *Ibid.,* p. 22.
17. *Ibid.,* p. 123, fn. 38.
18. G.C. Pande, *An Introduction...,* p. 15.
19. G.C. Pande, *op. cit.,* p. 1.
20. G.C. Pande, *An Approach...,* p. 14.
21. G.C. Pande, 'Culture and Cultures', *op. cit.,* p. 45.
22. *Ibid.,* p. 45.
23. G.C. Pande, *op. cit.,* p. 17.
24. *Ibid.,* p. 17.
25. G.C. Pande, 'Culture and Cultures', *op. cit.,* p. 55.
26. *Ibid.,* pp. 55-56.
27. G.C. Pande, *op. cit.,* p. 45.
28. *Ibid.,* pp. 45-46.
29. *Ibid.,* pp. 21-33.
30. *Ibid.,* p. 37.
31. *Ibid.,* p. 38.
32. *Ibid.,* pp. 40-41.
33. *Ibid.,* p. 42.
34. *Ibid.,* p. 42.
35. G.C. Pande, 'Historiography of Civilization and Cultural Proposition', (Special Issue on *Historiography of Civilization*), *JICPR,* 1996.
36. G.C. Pande, *op. cit.,* p. 42.

37. *Ibid.*, p. 44.
38. G.C. Pande, 'Culture and Cultures', *op. cit.*, pp. 56-57.
39. Daya Krishna, 'Culture', *International Social Science Journal*, Vol. XXIX. No. 4, 1977.
40. Cf. Yash Dev Shalya, 'A Vedantic Conception of Man, History and Society', in *Cidvimarśa,* Darshana Pratishthan, Jaipur, 1994.
41. Cf. *Mahābhārata,* Vanaparva and Śāntiparva.
42. Shri Arvinda and Yash Dev Shalya have also propounded philosophies of cultures inspired by the *Vedāntic* vision. Arvinda, *Human Cycle* and Yash Dev Shalya, *Saṃskṛti Mānava Kartṛttva ki Vyākhyā.*

12

Culture as Realization

The Primacy of a Metaphysical Alternative

Geeta Manaktala

This is a small note on Prof. G.C. Pande's book, *The Meaning and Process of Culture,* highlighting some of the issues dealt therein. It is neither possible nor desirable to arrive at a satisfactory definition of the term 'Culture', as this concept designates a polymorphous reality, implying complex meanings and significances. 'Culture' can be studied from the humanistic, anthropological, sociological and axiological point of view. Prof. Pande takes an axiological standpoint and defines culture 'as the tradition of values, of self-realization'. He further states that values are the object of valuing, a fundamental human activity. Valuing implies seeking, choosing and approving.

Man had created values as mere facts never satisfied him. He has consistently examined facts in terms of meanings and values. The human tendency to evaluate factual realities in terms of ends and means is the proof of man's interest in those obejcts and activities which carry some value. As constituents of culture, only those ideas, habits and technical processes evolved by man which contribute to the enrichment of life, 'entails' deep changes in his personality. What distinguishes him from animals is culture. This difference is not biological but social, constantly developing and acquiring increasing multiformity corresponding to the conditions of existence of various peoples, their histories, development and social reform. Culture is nothing but the ever-changing and developing human nature in the entire multiplicity of objectivization of human activity. The human activity is objectivized not only in material objects but spiritually as well, since man's education, professional skills and talents, works of art and science, for all their material 'tangibility' are objectivizations of social consciousness and knowledge. The same is true for spiritual needs. As cultural phenomena, they are necessarily objectivized, all the while remaining spiritual rather than material needs. Thus, Prof. Pande maintains that "the objects which enter as elements into a culture are not 'natural' or independent or self-subsistent. They are dependent on a self-consciousness and as items in it; their status is symbolic or expressive. What they express is a certain self-realisation."

Thus, we can say that the culture of a person consists of his sense of values fashioned in the light of his knowledge. The consciousness that constitutes culture is as much a value consciousness as it is factual consciousness; it is the consciousness of the actual and the possible apprehended as significant. Man is constantly picturing the possibilities of his existence which constitute the values for which he lives. Being conscious of these possibilities, he succeeds in emancipating himself from the order of factual necessity and in effecting his entry into the realm of value. To live in the realm of values, is for him to be attached to and to be anxious for things whose existence is bound up with his own creative longings and aspirations, with the requirements of his specifically human or spiritual self.

Prof. Pande further states that,

> ...human nature exists at many levels, from the biological to the purely spiritual, seeking self-fulfilment at each level. Consequently the gamut of values extends from self-preservation to mystical communion. Since the lower realizations are only virtual (*aupādhika*), they contain an inherent urge for self-transcendence. From the lower realization of the self in terms of finite accidents (*upādhis*) to their complete transcendence is pure self-experience, the human seeking follows a process of dialectical evolution.

Thus, the phenomenon of culture is characterized by its inherent dynamism, its growth, its manifestation in the various aspects of social life. The growth is from the gross empirical to the trans-empirical. It is an impulse which perpetually drives man towards 'something beyond' his awareness of existence and qualifies himself by the disciplined progress for the realization of this 'something beyond' within himself. Thus, we find that in 'culture' there is a definite shift of emphasis from the external to the internal, from objective to the subjective. Man develops fine susceptivity to physical, psychological, moral and spiritual stimuli that produces an openness in thought and action and makes him surrender his self-love and self-seeking, and brings out the inherent nobility in him. It follows that man as a mystery ennobles the development of culture from nature. As Wittgenstein remarks, "These are indeed things that cannot be put into words. They make themselves manifest. They are what is mystical." This point of view suggests that man is mysterious in his cultural situation because his nature is a bundle of paradoxes.

The relationship between man and culture is thus as diverse as the ways in which man may be conceived, and each of these different conceptions have a profound influence on the way a society and culture shape themselves. Prof. Pande states that,

> the distinction between 'selves' or between 'self' and 'nature' is the product of analysis within experience. Cultural differences arise from the manner in which social experience is analysed and articulated into concepts, symbols and attitudes.

It implies that each has his own experiences of life within himself in accordance with the interaction with nature and with other people. Each has his own response to the challenges of life and draws therefrom its own lessons regarding what promotes and what destroys life in its many dimensions. It is important to note here the type of question that is being answered. It is not merely one of tactical adjustment in response to temporary threats, nor is it a pragmatic question of appropriate means. Rather, the question is what we wish to realize through any and all such expediencies. What is taking place is the progressive uncovering of the meaning of life and of the values which are worthy of commitment. According to Prof. Pande,

> Culture is the social expression of value-seeking and history is its process. Human history must in effect aspire being a spiritual autobiography of man, a 'discovery of lost times' which is simultaneously a creative transformation of the present, a discovery of what is hidden in the past experiences of the soul. History is at once 'remembrance of what really happened' as well as 'coming to learn from critical enquiry' where learning and criticism relate to the self.

There is a difference between human history and natural history. Natural history is "governed by the adaptation of the organism to the environment in the struggle for existence, and the development of more efficient anatomies". "The historian of man," according to Prof. Pande,

> should not confine himself to the transformation of social anatomies in the process of the struggle of societies with nature and each other. He ought to seek to penetrate to the heart of the tradition of value seeking and appraise historical action from within as it were and trace the activities of social organism in their controlling centre in the hierarchical configuration of value and the success of social enterprise in the light of its latent values and the values themselves in their dialectically dynamic relationship with historic effect.

Thus, in this the collective will of persons is central. What people find true in terms of its appreciation of meaning and value is accepted and reaffirmed; what is discovered to be degrading and destructive tends to be disavowed, rejected and discouraged. Thus, tradition differs from natural history. It is not all that has happened in the past, for that would include the bad as well as the good: "Tradition is communion with the past, a continuing dialogue which reinterprets the past and also the present. The aspect of tradition is fundamental to the awareness of values". Tradition, therefore, is what is promoted and passed on.

The development of values and virtues and their integration as a culture of any depth or richness takes time, and hence depends upon the experience and creativity of many generations. The culture which is handed over comes to be called a cultural tradition; as such it reflects the cumulative achievement of people in discovering, mirroring and transmitting the deepest meanings of life. The cumulative process of transmitting, adjusting and applying the values of culture through time is not only heritage or what is received, but new creation, and this is passed on in new ways. Tradition in this active sense allows us not only to uncover the permanent and universal truth which Socrates sought, but to perceive the importance of values we receive from the traditions, and to mobilize our own life project actively towards the future. Tradition then is not, as in history, simply everything that has ever happened, whether good or bad. It is rather what appears significant for human life; it is what has been seen through time and an experience deeply true and necessary. It contains the values to which our forebears first freely gave their commitment in specific historical circumstances and then constantly revived and rectified and progressively passed on generation after generation.

Prof. Pande talks of the unity in culture as a unity which belongs to the subject; it is the unity of cultual awareness. To him, unity is found in self-consciousness. He says,

> whenever we are impressed in a culture by a painting or a philosophy, the really unifying things is the unity of self-consciousness; unity of the feeling that the self is realized through these.... For something to become an image of culture, it has to become expressive of awareness.

A unity of culture seems to be a polysematic concept, with multiple openings, horizons and aspects. Most researchers conclude that to seize the unity of culture means defining it by its 'invariants'; recovering, organizing and generalizing common elements of culture as a specifically and exclusively creation. From the creators point of view, culture means values, therefore, human meanings and choices, intentionality and purpose, human prospects and ideals. As a unitary concept with universal openings, humans are the basis of universal calling also to the specific dimension: Culture. That is, culture is unitary because there is a unitary human nature from which it springs, a way of existence that is specific to mankind.

Therefore, we may state that culture is the ensemble of values and assets achieved by man during the evolution of humanity. Values and assets have a different connotation as all values do not become assets. By assets we mean the things comprehended by man's conscience from the point of view of value or outside a value. The existence of assets supposes the antecedent values. The assets represent a wide category, beginning with those which satisfy the vital functions of the organism, up to the highest spiritual assets such as good will, love and friendship. But all assets represent union of things and values or things to be valued, because the achievement of values and assets in conjunction with the idea of humanity is a process of culture. It states also the ideal which guides it, namely, humanity as the harmonious development of man's positive features, that is, the innermost harmony of personality. Hence, a double hypostasis of man is obvious as both subject and object of culture, which necessarily implies possibilities of the primacy of a metaphysical alternative in our approach towards the understanding of culture.

RELATION OF SCIENCE AND CULTURE

Ever since man emerged from the mists of antiquity, his evolution has been shaped by two processes – use of materials and organization of man, and interaction between the two. With the passage of time, man discovered new materials and ever different ways of using them and with each new way of using materials man had to be organized differently, succeeding complexity of materials and of the manner of using them. This led to an increasing complexity of social organization.

The use of new materials and the new use of old materials was determined by developed knowledge, i.e., science and the manner this was used and the artefacts developed were dependent upon the technology which was generated and used. The manner of usage of materials, the efficiency of the usage and the way men were utilized to produce goods were all determined by economics. The organizations created for using materials and to produce goods, created social organization, and the techniques used to generate and maintain social organization became the politics of society and generated values, culture and social ethics.

Within each society in every period of human history, we are met with two processes inter-related with each other. Firstly, the overall goals of the society, its organization and direction. Secondly, within this overall goal there are goals of groups and individuals. The degree to which the overall goals of society and groups and individuals are in agreement determines the degree of harmony and progress. However, when the overall goals of society and different groups within it and various individuals within the groups are not in agreement, the progress is slow or limited and may even lead to strife and disintegration of society. There is evidence throughout human history of how the latter process has disrupted civilizations and disintegrated cultures which had looked as if they were everlasting.

Looking at the relationship in this manner, it is possible to see how science and technology are in a dynamic equilibrium with social organization and value system. Since they are in a dynamic equilibrium, any change in one leads to change in the other in order to bring back the system into dynamic equilibrium. New scientific knowledge widens the horizon and provides new perspectives and these become the forebears of development of new technology. Each new technology, when it becomes the basis of new industry and production systems, changes the relationship between men and the changed relationship brings forth the need for a newer social organization which in turn changes the value system. For instance, when the technology of mass production was developed, the artisan became a wage-earner and the relationship between men became one of contract labour. Profit became a part of the value system. Further production increased scientific knowledge, which came to be utilized for motivating people to purchase the goods produced and the philosophy of consumerism came to be established with its waste as a basic ingredient. The culture of waste is in sharp contrast to earlier traditions.

If one examines the writings of earlier scientists, one may notice that in sharp contrast to present commercialization, the scientific activity for them was a religious activity to explain the power of God and the use of knowledge for improving the condition of man. From the writings of those scientists, it also becomes evident that they were hoping to use science as a weapon against moral corruption by tending to develop a new value system against social exploitation through control of knowledge and discipline. These examples show that science being a human activity is a part of value system, the culture and the social organization in a particular period of history. The ethos and the nationalism it promotes are socially determined. In earlier periods, nature was feared but after the Industrial Revolution it became a raw material to be exploited and utilized which ultimately damaged nature. Now the attitude towards nature is changing; from raw material it is becoming a part of the environment, which is vital for human survival. Consequently, factors which were ignored, are now being taken into account when natural resources are to be utilized. For this, a whole series of new disciplines – forecasting technologis, model-making technology, assessment science, society dynamics, environmental studies, etc. are being developed to meet these requirements. The development is in no way different from the development of statistics and theory of probability to meet the requirements of the merchant industrial society.

Scientific and technological tradition has its roots in human activity in relation to materials and in relation of man with other men. It is universal and international. However, its cultural organization and goals have differed in different areas of culture and different periods of history. Despite these differences, succeeding developments have been based on earlier achievements and there has been a steady development of understanding and increased sophistication of knowledge, which in turn has been effectively utilized to generate new capabilities and a new vision. According to Pande,

> every culture has to develop some science and technology to meet the common need for physical security, comfort and leisure. Different cultures, however, place different values on the fulfilment of these needs and as a result do not pursue science and technology with the same zeal. Thus while science and technology are inevitable and universal elements of culture, they occupy different places in the different traditions of culture. It is only in recent times that progress in science and technology has been accepted as almost the central value of culture. This technicist materialism suffers a number of fallacies. Firstly, it confounds the knowledge of reality with the positive knowledge of natural reality and secondly, it forgets that even within a given state of scientific knowledge, more than one alternative technology is possible and the choice between such alternatives has to be made on non-technological grounds. It is neither logically necessary nor empirically evidenced that given a state of science and technology, the other aspects of culture are uniquely determined. The fact is that science and technology give man knowledge and power over the material world and enable him to secure and satisfy his physical and sensuous self in an increasing measure. But this resultant and progressive material or 'sensate' culture of man, including scientific concepts and theories which are operational tools, represent only a particular grade of human self-realization and yields value only in the sense of pleasure or satisfying sensations. That too is possible only within a healthy social and moral order. Unfortunately the progress of science and technology does not automatically lead to the creation of literary, artistic or religious values. In fact, the application of scientific and technical knowledge to social engineering shows signs of resolving human conflicts or fulfilling the human quest for security. The increasing ability of man to control his natural environment has not led to any corresponding ability of man

to control his natural environment where in any case autonomy is of greater moment than automation. In diverse utilizations, science and technology function like the natural environment of man, presenting only a partially defined situation within which man has to build his socio-cultural life.

Logic, science and common sense seem to take up almost the whole of the available space for enquiry today. Such a point of view on philosophy reflects only a certain cultural orientation defying science. Kant had been impressed by the bare progress of science but did not reflect over the implications of fallibility in the corrigibility of scientific idea. The fallibility of science suggests that scientific truth is not 'necessary' but essentially empirical and pragmatic. On the other hand, modern positivists and pragmatists can hardly give a satisfactory answer to the fundamental problem of Kant. They cannot explain how mathematics can be at once practically useful and logically necessary.

Science symbolizes a subtle causal order underlying the gross sensible world which men commonly take to be real. Consequently science knowledge enlarges the practical efficiency of human enterprises in the concrete physical world. This utility of science is the source of the faith in it; it does not, however, remove philosophical doubts and puzzles because they arise from the basic duality of man. Just as sensation is the door to the knowledge of nature, similarly the knowledge of reality is adumbrated in self-consciousness which in different degrees pervades all experience. Man does not spontaneously consider himself a part of nature. For example, while he believes that all natural events are determined by definite causes, he still considers himself to be free. Even within an unstable and perishing world, he does not abandon the hopes of immortality. ...It is the constructive activity of thought which projects our habitual world of which experiential moments are one pole and logical concepts another.... In reality, if fact and reason were wholly disparate, no connection could be established between physics and mathematics; nor could logic ever find a practical application. It is indeed true that modern technology has contributed enormously to the development of life including man's inter-relation and expression. In this 21st century there is nothing which has not been touched by human technological invention. Heidegger noted that when the Romans built the first bridge across the Rhine it was an act of respect for the river and also for the nature wherein the new

> technologies and 'development' have simply ignored the contours of nature. Therefore in this changed situation the response to these changes will require (1) recognition and reaffirmation of the dignity of human person (2) understanding the recognition of human self as a mystery, i.e. the human self shall not be reducible to the empirically observable or the mathematically calculable object of science. In other words, the human self is a unique and limitless expression of being as such.

Looking from this perspective, it may be said that we have reasons to think that science can break beyond culture. At the same time, intellectuals also ask whether what is generally referred to as science is itself culture free or essentially an expression of the respective histories and cultural manifestation of a particular country. It is also noted that ignoring the formative elements of culture would tantamount to undermining it by its own culture. Accordingly, there emerged a pervasive dimension of technology which in turn enslaved the human self and bounded him with its ills.

13

Understanding Society

Sibesh Bhattacharya

1

Social history of India has long been an active field of study. And lately, under the impact of India's 'developmental' quest and official patronage, socio-economic history has become one of the most coveted areas of academic interest and research. It may therefore appear somewhat surprising that despite a steady flow of works on the economic and social history, one rarely encounters instances of efforts at understanding the conceptual universe that lay behind the scheme of Indian social arrangement. Prof. Pande is a rare exception to this general apathy. His *Bharatiya Samaj: Tattvik aur Aitihasik Vivechan*[1] comprising the Annual Govind Ballabh Pant Memorial Lectures delivered in 1991 at Govind Ballabh Pant Social Science Institute, Allahabad, contains his latest and most elaborate statement on the nature of Indian society. Coming from a professional historian, the book inevitably partakes of the character of historical account. But it is much more than a conventional historical narrative. The historical account is woven into a matrix that constitutes the real project, the wider pursuit of the book. The pursuit is an excursion to understand what makes up a society, what relation society bears to culture and what history is all about. *Bharatiya Samaj,* thus, is a companion volume of his another seminal work, *The Meaning and Process of Culture.*[2] It is as much, or perhaps more so, a work on philosophy of society as a historical study of India society. The present essay is an endeavour to travel along with Prof. Pande in this excursion. And the essay is based principally on the *Bharatiya Samaj.*

The accepted theoretical domain within which the current social science disciplines operate, constitutes the background against which Prof. Pande develops his own thesis. Put differently, it may be said that the prevailing theoretical universe of social sciences represents the *Purvapaksha* of Prof. Pande's argument. It is therefore necessary to take note of the salient features of the prevailing social science scenario.

2

With its phenomenal progress and the innumerable material advantages that have followed in its wake, particuarly in the previous two centuries, science has established a hegemonic discourse that has overflowed into practically all disciplines. Next to the natural sciences, the study of various aspects of society has been influenced mostly by this development. And around this discourse and its methodology, a class of disciplines, usually grouped under the label of social or behavioural sciences, have come into being and occupy an unchallenged position in our contemporary understanding and study of society. This development has totally displaced, in fact outlawed, the traditional understandings of society and the grounds of those understandings. It is not 'social scientists' alone, but historians and philosophers also who share this perception. The traditional views of society in the contemporary academic dispensation have relevance only as historical evidence, a part of the belief system of bygone peoples and ages. They are regarded as totally bereft of any contemporary relevance as an alternative basis of social organization or even as alternative tools of analysis for understanding social reality. Prof. Pande's work is a plea for the intellectual and academic reconsideration of the traditional understandings.[3]

There are distinct shades of opinions and schools of thought within social sciences. Nevertheless, the present day social sciences have certain cardinal common features. The nature of society is regarded as 'factual', i.e., a society is regarded as a product of certain constituent facts. To understand a society, one has just to grasp these facts and their interrelationship and the basis of interrelationships. And the basis of these interrelationships is, again, viewed as 'factual' in character – 'interests' being their central ingredient. There are of course a variety of opinion as to how the multiplicity of interests, often conflicting in character, gets articulated in a social setup. But there is hardly any difference of opinion on the point that a society essentially is a matrix of interests. It is thus natural that the prevalent social science views the societal facts as value-neutral. In other words, as material for study, social facts are considered as value-neutral and as amenable to empirical observation in the same way as is done in the natural science disciplines.

It is true that many social scientists include mental and psychological factors like will, desire, motive, etc. But they regard the mental and the psychological world only as extensions or reflections of the external aspects of society and as tied in an indissoluble manner with them. And often these are projected and studied as physical entities pure and simple. Society is also sometimes looked upon as a biological entity answering to the law of evolution. It is well known that the Marxist interpretation discerns an unalterable evolutionary path that every society has to chart. Within this interpretation, however, the notion that a society is a baggage of interests remains. Irrespective of mechanistic or organic formulations of the nature of society, there is hardly any disagreement on the point that society is essentially a manifestation of matter and materiality.

The current social science premise seems to be a reversal of the Cartesian formulation, 'I think, therefore I am'. It seems to be an elaboration of the belief, 'I am, therefore I think'. In other words, it is generally accepted that human thinking is the expression of human selfhood. And, more importantly, it is believed that the social relations, social roles and social motives embodying material interests define the human selfhood. Thus, even when social facts are regarded as meaningful in the context of human ideas and aspirations, they are interpreted in a material cause-and-effect relationship. In such interpretations, want and necessity posited on a material plane are the key concepts and tools of analysis. And the underlying assertion is that social facts make sense only in the context of these concepts. Society in the current predominant social science perception is viewed as an artefact and which can be understood best on that premise.

3

The suitability of scientific mode for an understanding of society raises several issues and there are grounds for misgivings about the validity and utility of the effort to attribute the character of scientific knowledge to the knowledge of society. These misgivings spring from the fact that man constitutes the object which is studied in social science. Moreover, human behaviour is not only enormously more complex than the behaviour of a 'falling stone', but man is also essentially different from a material body. Here, i.e., in the differing perception of the essential nature of man, lies the dividing line between the contemporary social science views and those of Prof. Pande. However, before we take up this crucial issue, it would be useful to consider why Prof. Pande thinks that even within their accepted perception and methodology social scientists have failed, and would continue to fail in approximating their proffered scientific goals.

To appreciate this point, it is necessary to comprehend the distinctive nature of scientific knowledge. Although an extensive discipline called philosophy of science has developed around the issue of the nature of science, Prof. Pande thinks that this inquiry would eventually get submerged in some of the perennial philosophical questions instead of elucidating the nature of science as a discipline. In some ways, science has always been an area of man's quest for knowledge. But its present characteristics are a recent development and have been bestowed by the modern Western civilization. To understand the nature of science as a discipline, one should turn towards the history of these developments. The following are some of these characteristic developments. The first notable feature is the application of experimental methodology. Secondly, the use of more and more refined instruments in scientific studies has vastly expanded the area and range of observation. And this has created the feeling that everything falls within the scope of empirical observation and that empiricism is the only viable source of knowledge. Thirdly, the methods of measurement have been achieving a progressive sophistication and importance. Fourthly, in interpreting the data collected from the progressively refined measurement techniques, there has been corresponding and progressive development in mathematics and statistcs. The application of these mathematical and statistical concepts has been another notable feature of scientific development. This symbiotic relationship between the progress in natural science and mathematics has allowed the former to achieve a degree of precision that has made it take a giant leap forward distancing itself from the common sense knowledge of practical utility of yore derived from observation.

Despite these developments, however, science still continues essentially to be a refined and theoretically formulated form of 'practical knowledge'. It is the infallibility of the 'practical' level that continues to be the touchstone of science. The test of scientificity lies not so such in internal rational consistency of arguments as in its demonstrability. Its locus, therefore, remains anchored to the universe of sense perception. This, in fact, represents the very heart of the characteristics of scientific knowledge. And scientific conclusions are validated or invalidated on the basis of their experimental demonstrability. This gives science its power of prediction and practical usefulness and which in their turn have given science its irresistible attraction and popularity.

There are of course certain amount of similarities between the knowledge of society and the knowledge of the natural world. Both forms of knowledge are objective in character and are comprehensible in cause-effect terms. Both forms of knowledge require validation by proof (*Pramana*).[4] Both forms of knowledge are therefore dependent on perception (*Pratyaksa*). It is an apprehension of a reality that mainly lies outside the subjective self of the knower (*Jnata, Vishayi*). Moreover, even though man constitutes the real object of study in social science giving social science its distinctive character, it cannot be regarded that man is a supernatural or supra-natural entity and human distinctiveness makes man above the laws of nature.[5] It is thus clear that the scientific character of the knowledge of society is not being disputed by positioning it in the realm of the esoteric. It is important to remember this, for in Prof. Pande's formulation of the nature of society, the spiritual core of man has been assigned an important role. We will come back to this point later as it is one of the key points of departure between him and the prevalent principles of social science. But let us first take note of some of the inadequacies of social science in following its own charted path before positioning an alternative one.

Even after the adoption of scientific methodology, experimentation and predictability are generally absent in social science. Psychology, econometrics, demography, etc. share to a certain extent the experimental methodology and predictability of natural science. But the distance these disciplines have still to cover to catch up with the natural science remains not only a very long one but also appears unattainable. For example, the predictability in econometrics and demography can operate within a very limited area and the experimental methodology in psychology remains confined actually to the biological aspects of man. Neither the methodologies of social science and natural science are genuinely comparable, nor the laws in natural science and social science are. "Clearly the social science methodology is neither hypothetico-deductive, nor experimental, nor its laws are equations of measurable functions, nor can these laws become the basis of verifiable predictions."[6]

4

Inapplicability of natural science methodology to social science in toto had been noted right from the time of the genesis of social sciences. But this did not inhibit the positivist enthusiasm or confidence. It has been generally asserted that the natural science methodology can be profitably applied to social sciences with such adjustment as will take care of the human factor. Moreover, there has also been an undercurrent of hope that with its progressive advancement, scientific methodology would be eventually able to triumph over the difficulties created by the human factor. In short, no genuinely alternative methodology has been advocated. In this respect, Prof. Pande's views mark a radical departure from the commonly trodden path of contemporary social science. He thinks that emulation of natural science is not likely to yield much vital knowledge beyond some external and peripheral aspects – aspects that have 'materiality'. Space, time, attribute, causality, etc. all belong to the domain of empirical reality and they comprise a substantial part of the human world. It is not that these aspects have no role in the making of the knowledge of society, but these roles are secondary and are not the true representatives of the human distinctiveness.[7] Prof. Pande argues that knowledge of society cannot be had without understanding, what man is, or, the distinctive trait that distinguishes man from nature and from other creatures. Society as a human formation can be fathomed only in this light. This equipment is essential for the knowledge of society.

Differences in subject matter and availability of tools interpose a qualitative difference in the kinds of knowledge of the natural and the human worlds. The same amount of precision and invariability are not present in the knowledge of society as in that of the natural world. There is also another significant difference between the two. It is the role of language. All knowledge, whether of the natural world or of the human, is mediated by language. Essentially, there are two kinds of knowledge of the objective world – the direct perceptional (*Pratyaksha*) and the secondary imaged (*Vikalpatmaka*). The *Vikalpatmaka* knowledge is textured in symbols. Perceptional knowledge is dependent on sensory encounter (*Sakshatkara*) with objective phenomena. But it yields knowledge of only a very limited time and space specific object. Perceptional knowledge requires the anchor of the secondary knowledge to achieve awareness and articulation (*Sphutatva*). The popular notion is that scientific knowledge is predominantly perceptional. In reality, however, inference and deduction (*Anumana*) too play a major role in it. To articulate the encountered experiences and to bring out the universals underlying them and systematize them into a body of laws, are the real aims of scientific study. Obviously in these, language plays an important role. But language plays a far wider and complex role in social science. Language has a dual role in the constitution of knowledge of society – language is a part of the social formation on the one hand and a tool of knowledge formation on the other. An appreciation of the function of language as a repository of the mind of a society is a must for an understanding of the society. And this cannot be done by a merely external analysis; it requires an empathetic identification with the mental universe of the society under study.[8] Unfortunately, even when the mental world is taken into account in social sciences, the ideas and their expressions are looked upon as some kind of 'physical facts' and their 'value' contents are practically ignored. This, according to Prof. Pande, is a serious deficiency in the attitude of social science. Thus, the adoption of the methodology of science would continue to impose restrictive or distorted perspectives on the understanding of society.

5

In contrast to the current scientific or social scientific view of man, the traditional view may be counterpoised.[9] It is noteworthy that before the present age of 'scientism' had gained hegemonic authority, other methods and sources of knowledge were not only prevalent, but enjoyed greater prestige and authority. It may be remarked here that in delineating the traditional perception, Prof. Pande relies mainly on the Indian. However, it also needs to be noted that all old traditions, including the Indian, are practically unanimous in differing from the materialistic concept that regards matter as the fundamental entity in the world. Man, in the traditional views, is not primarily a manifestation of materiality. It therefore follows that the pursuit of material ends alone does not reflect the whole of human aspirations and man's quest for fulfilment. Want and interest represent the physical and biological needs of men; these by themselves are incapable of expressing the deeper human urges that spring from the core of their being. The social organizations or social formations are not analyzable in terms of conflict, tension and covergence of interests alone.

It is not as if the material needs are of no consequence. *Artha* and *Kama* are important pursuits (*Purushartha*) in life, but they are not ends in themselves. Not by bread alone has been a common refrain in all religious traditions. The futility of chasing fulfilment and perfection in the ever widening and elusive horizons of economic development, not withstanding the theoretical possibility of equitable distribution of power and pelf, is writ large in the very foundational principle of economics – 'wants are unlimited'. The simple truth is that there is an innate sense of inadequacy, a pervasive feeling of insecurity which characterizes the very fact of human existence. Although a substantial part of efforts that constitute 'modernity' is directed towards making man forget this very fact, the project cannot be said to have succeeded. This pervasive sense comes from an instinctive awareness that life rests in the shadow of death. There is an enduring sense of suffering (*Dukhabodha*) that afflicts human being. The spring from which this sense of inadequacy wells in human heart is not a feeling of deprivation in ordinary sense; it springs up from a deeper awareness of limitedness and impermanence of human existence. This is the real import of the famous Buddhist assertion '*Sarvam Dukham Dukham*'. The awareness of the limitation of the earthly existence infuses an omnipresent pallor of sadness in human life from which man seeks release. To transcend this limitation, to achieve immortality and limitlessness, has been the deepest yearning of man. The attainment of this state has been given various names like *Isvaraprapti, Amritatva, Mukti, Moksha, Nirvana,* etc. Till scientism had swamped all discourse, this was considered as the final goal of human life and the only durable meaning of all human endeavours.

The vision of this life without the affliction of limitations is occult in nature, and so is the praxis prescribed for attaining it. The transmission of this transcendental vision to the temporal world is effected through the mediation of extraordinary human beings like prophets, seers, etc. It is an act of bringing on to the earth and the temporal world what is divine and timeless. It is like accomplishing the descent of the Ganga from the heavens to the earth by Bhagiratha. The transmission of this vision and the process of its dissemination play key roles in the making of a society because they provide the foundational stuff for its genesis and development. Moreover, it is this vision, and not the external form, which constitutes the vital part of a society. It is the philosophy of life, the *Philosophia Perennis,* which creates and nurtures the tradition or the *Agama* that sustains a society.[10] The *Agama* or the tradition provides the nourishment for sustaining the life of a society as well as the bond that keeps it together. The tradition also gives the society its personality and its identity.

There cannot be a society without a sense of a society. It is this consciousness, which may be called 'social consciousness' (*Samajik Bodh*) that brings a society into being. The social consciousness crystallizes around a philosophy of life which is wider than the mere struggle of existence at the physical and material level for livelihood and gratification of senses (*Artha* and *Kama*). The awareness of knowledge of the self (*Atmabodha*) is the fountainhead from which the social consciousness flows. The consciousness of the self has several layers. At least two of them, the physical and psychological, are recognized in modern science too.[11] Indian philosophical systems have consistently been asserting that there is a deeper layer called *Atman* and that it is the same as the universal self.[12] The self-awareness (*Atmabodha*) is thus to be understood in the sense of the famous saying 'know thyself' (*Atmanam Viddhi*). The transcendental vision of the meaning of human life centres on this notion and social consciousness arises from a collective acceptance of this notion. Thus, it is not the covergence of material interests that constitutes the kernel of a society but a philosophy about the meaning of life. The social consciousness, thus, is an embodiment of the traditions of value that a society builds and inherits. It may be said that the characteristic feature of the social consciousness is that it knits the individual's sense of belonging, his sense of the past and continuity, his idea of duties and obligations, his beliefs and aspirations into a relatively more durable, yet somewhat invisible, system of regulations. It may be described as the omniscient and ever-present conscience (*Antaryami Atma*) of the society that keeps on guiding the individuals about their ideals, their rights and duties and defines the area of fulfilment in a life of activity and work.[13] It is the inherited traditions that demarcate one society from another.

The traditions are formed around the *Agama*. *Agama* in its original form is not articulated as a system; its earliest expression takes the form of poetic or mythological utterances. In its original form, it gives complex utterance to the mystical apprehension of truth in iridescent symbolical idioms.[14] In fact, *Agama* in its original form, that is *Amnaya*, is *Sanatana* (timeless, ahistorical) and is *Avyakta* (unmanifest). And since the utterances of the seers and prophets are symbolic expressions of supra-sensual truth, they do not remain untouched by interpretative endeavours. These utterances should not be confused with full-scale or systematic expositions; they are utterances quivering with suggestive symbols. They thus remain objects of contemplation and interpretation.[15] This gives rise to a body of statements and assertions that grow into tradition. Culture is another name of this tradition and society is the physical frame of culture. A society gets its individuality from the culture it carries. A human society is distinguishable from, say, a herd of cattle by the fact that the former is characterized by *Dharma*. The animals too are sometimes seen forming groups, but that does not entitle them to be given the name of society. Even biological kinship (*Samaja*, i.e., of equal birth) and herd-behaviour do not constitute a society; humanness is its essential attribute. And the distinctive mark of humanness is *Dharma*. It is the possession of *Dharma* that distinguishes humans from animals. "*Ahara* (eating), *Nidra* (sleep), *Bhaya* (fear), *Maithuna* (sex) men share with animals; it is *Dharma* which is the special bit of extra that men have. Bereft of *Dharma* men are but animals.[16] *Dharma* at the personal level signifies the ultimate truth, the goal of life, the knowledge of the self (*Atmabodha*), the dictate of conscience (*Viveka-buddhi*), etc. But its social countenance takes the form of a set of regulations (*Achara, Vyavahara*) enshrining a set of values that a society generates from its *Agama*. A society, thus, is also a configuration of values.

In contrast to the modern social science concept, the traditional Indian view of society is based on its notion of human self. According to this notion, man is not a rational animal but is the *Atma* in its wordly sojourn (*Sansara*) and he can derive his idea of right and wrong (*Hita, Ahita*) from transcendental knowledge or from the *Agama*. In the modern empiricist outlook, there is no proof of the existence of any transcendental truth and man, as a creature of nature, on the basis of rationally worked-out laws, raises social organization. This social organization can, and does, undergo changes according to the changes in the knowledge-state of man. In the traditional Indian outlook, man bound in the ties of natural appetites can find fulfilment by following the guidance of eternal truth (*Sanatana Satya*) or *Dharma. Dharma* is the transcendental knowledge as articulated to the temporal world by the seers and saints (*Arshya Prajna*). Therefore, a conflict between the demands of *Dharma* on the one hand and the pulls of the natural appetites on the other is inevitable. The social organization arises from this conflict between the ideal and interests.[17] A social organization thus cannot be understood or interpreted by divorcing it from its 'ideal' backdrop.

A society is also a texture of relationships. Unlike the natural world, the relationships in the social domain do not remain constant. These relationships pertain to two areas: (1) *Artha,* which relates to material life and includes economic and political aspects, (2) *Dharma,* which relates to the ideal life and includes the ethical and the spiritual. There are both civilizational and cultural elements in a society. Science and technology, art and literature, language and law, are elements of civilization. Culture is the set of spiritual and the ethical values that characterize these elements of civilization and which functions as the internal thread knitting them. Thus, culture is the philosophy of life of a society that regulates, or aspires to regulate, the relations of interests. The culture emanates from the society's view of *Dharma* rooted in its *Agama.* The elements of civilization are culture-neutrals and thus can effortlessly extend to various societies. Culture remains bound to a particular society in the sense that the same culture cannot produce different and distinct societies. In fact, culture and society are coterminous. The extension of a culture would automatically lead to the extension of the concerned society. It is culture that gives the society its distinctive personality and identity.[18]

Culture, civilization and state are distinct entities embodying successively narrower concepts. Culture reflects the original universal consciousness (*Maulika Drishti*) which assumes distinct forms (*Rupa Bheda*) from distinct forms of interpretations (*Vyakhya Bheda*). All cultures reflect, or endeavour to reflect, essentially the same vision – the vision of an ideal life. All cultures thus have the same fundamental urge from which they originate. Differences arise because of different perceptions about the ideal life or about what constitutes the ideal life. It is these differing perceptions that lend each culture its distinctiveness. In contradistinction to culture, civilization embodies the organizational setup of a society for meeting practical ends. A civilization acquires its distinctiveness of character from situational and technological differences. Like a sheath, however, it protects and nourishes the culture it contains. Just as in legal systems, the interests of state and the ends of justice get intermeshed, in the social systems too the elements of culture and civilization get intermeshed. It is well known that state is the political organization of a society.[19]

If culture is regarded as the configuration of a system of values, then the area in which a value system operates should determine the geographical dimension of the corresponding culture. In the spread of culture, language and art play key roles. In ancient times, Sanskrit and Indian art had spread to Central Asia and South-East Asia. These areas were parts of Indian culture and hence of Indian society. However, in matters of customs and practices and in organizational aspects, these areas differed from the Indian mainland. But the customs and practices along with the organizational aspects, as we have seen, are elements of civilization and not of culture. Thus, a society as a cultural unit may contain within its bounds more than one civilization and civilizational components. Similarly, there may be more than one state functioning within a culture. Thus, culture or society is the basic matrix growing around a philosophy of life. Within the bounds of a culture, there may be more than one civilization and state. Boundaries of culture, civilization and state are thus not necessarily coterminous.

6

One of the highly interesting aspects of Prof. Pande's formulation is the interrelationship of value, culture, society and civilization. Normally, culture is regarded as the product of a society and society is considered to be the primary or the original phenomenon and culture as a kind of secondary creation of the society. This view looks upon society as the cause and culture as its effect. Prof. Pande inverses this relationship. Culture is not created by society; it is the other way round. It is culture that brings society into being. It thus follows that a society is not a natural organism. It is not a biological entity that is endowed with an innate life force as in Spengler's theory. A society is also not just a human group engaged in the task of production and distribution. Any collection of human beings does not automatically qualify to be designated as a society. It is only when a human group coheres around a philosophy of life based on a system of values that it becomes a society. The philosophy of life based on a system of values constitutes a culture, which in its turn calls society into existence. It must be added that in Prof. Pande's view, the values are essentially moral values. Neither culture nor society is given. They are created. Borrowing Vico's terminology, culture and society can be counted as *factum*.

An attractive dimension of Prof. Pande's formulation is its liberal spirit. Since culture is a vision of life and a promise of moral and spiritual fulfilment expressed through a tradition embodying a system of values, any number of communities may embrace it. A society in Prof. Pande's formulation does not have to be a monolith. It does not demand an all-encompassing conformity; it only asks for sharing certain core values and not for conversions. While a society's cultural personality, in this formulation, will wear a degree of distinctiveness and a certain amount of individuation, it leaves ample free space for the existence of plurality of customs, conducts and organizational diversities. Thus, a society as a vehicle of a culture can contain within its fold a number of political communities and civilizations.

Such a liberal concept appears particularly attractive and relevant in the context of the present state of world with its rising tides of narrow ethnicism. Moreover, in his theory there is nothing that would negate the possibility of the growth of a global culture based on a uniform system of values derived from the spiritual and moral essence of man. It is here that the value of a traditional culture, especially Indian culture, lies.

NOTES AND REFERENCES

1. Published in 1994 under the auspices of G.B. Pant Social Science Institute, Allahabad by National Publishing House, Daryaganj, New Delhi.
2. *The Meaning and Process of Culture,* Second Edition, Allahabad, 1989.
3. It is of course easy to brand this as obscurantism and 'hang' it by giving it such a name. But in the intellectual arena, prejudice should not normally be allowed to prejudge an issue before giving due hearing to the case.

4. *Bharatiya Samaj*, p. 8.
5. *Ibid.*
6. *Ibid.*, p. 6.
7. *Ibid.*, pp. 10, 28.
8. *Ibid.*, pp. 9-10.
9. The view about the nature of the fundamental constituent of the world appears to be undergoing some fundamental change in the current scientific perception. It appears that the notion of inert material substance is changing and is veering to the traditional oriental notion of conscious substance as the fundamental entity.
10. All thinkers recognize the importance of ideology. In fact science in its form as scientism is fast becoming an ideology and is trying to supplant all older beliefs.
11. *Bharatiya Samaj*, p. 23.
12. *Atma* of course cannot be an object of direct perception; it cannot be shown as a cow can be, by 'taking it by horns', *Bharatiya Samaj*, p. 24.
13. *Bharatiya Samaj*, p. 12.
14. *Ibid.*, p. 23.
15. *Ibid.*, p. 23.
16. *Ibid.*, p. 28.
17. *Ibid.*, p. 29.
18. *Ibid.*, pp. 36-39.
19. *Ibid.*, p. 39.

14

History as Value Seeking: The Views of G.C. Pande

Sibesh Bhattacharya

> Culture is the social expression of value seeking and history is its process.
>
> Human history must in effect aspire after being a spiritual autobiography of man, a 'discovery of lost times' which is simultaneously a creative transformation of present, a discovery of what is hidden in the past experiences of the soul.

These two remarks from the preface of Prof. Pande's *The Meaning and Process of Culture* may serve as convenient entry points to his views on history. *The Meaning and Process of Culture,* based on a series of lectures given by him to the Department of Philosophy, University of Rajasthan, Jaipur, in the late 1960s, contains the most elaborate statement of his views on history. The nature and significance of history has been a theme with which Prof. Pande has remained constantly engaged. His views have subsequently been discussed in a number of other lectures, articles and monographs. It may also be added that his views on culture and history may be taken to represent the very core of his intellectual thinking and it is these concerns which are central to his intellectual and academic endeavours. Thus, these concerns can be found as colouring and permeating the amazingly diverse fields of his scholarship and output.

In the two remarks quoted above, two distinct but entwined formulations about the nature of history may be observed. In the first formulation, where history is called a process, it refers to 'history as event'. The process signifies a series of happenings in space and time and weaving, as it were, an order and a configuration. In this way, history is an observable phenomenon. In the second remark, history is viewed as a 'study', an account of what happened in past, an account intent on understanding and making sense of what had happened. Thus in the second formulation, history is viewed as a discipline. These two remarks draw our attention to the two usages in which the expression history is used. History, in the words of Atkinson, "... may stand either for what happened or was done in past (call this 'history') or for the study of it (call this 'history'). In the former sense history is the historian's subject matter, in the latter it is the study of it." This division, however, has further implications than just distinguishing two different ways of looking at history. In fact, it embodies something of a fissure in the emerging field of philosophy of history, parcelling it into two packages of speculative and analytical philosophy of history with separate groups of votaries for each. It is important to note that in Prof. Pande's formulation, these two parts have been woven together into one single matrix.

The second quotation also underlines Prof. Pande's view on the concern and the role of history as a discipline and also hints at its methodology. The study of history should be centrally concerned with man's spiritual enterprise, its role being the fashioning of the present on the spiritual foundation of the past. The role of history and the historian is not just undertaking a journey to the past. It is not a one-way traffic; entering the past is important but equally important is the return journey. The function of the historian is not just that of an antiquarian; he ought to play a role in vivifying the present with the knowledge of history. Since the historian should endeavour to make explicit the past experiences of the soul, the methodology that underlies this formulation seems to bear kinship with hermeneutics and narratives.

Understanding history has to begin with understanding culture, for history is the articulation of the processual career of culture. History also articulates the process through which the transition from 'culture' to 'cultures' take place. Prof. Pande's formulation of culture is different from that of the modern behavioural scientists and social historians. Behavioural scientists and modern historians of society consider culture as a form of behaviour characterizing a group of people located in a certain geographical area or age.

Sometimes, culture is also taken to signify 'the symbolic expressive aspects' of the behaviour of a defined group of people. Such formalist positivist approaches to culture, according to Prof. Pande, suffer from an inherent infirmity emanating from the unresolved tension between the notions of universalism and pluralism that underlie them. The universalism arises from the belief that implicit in human nature, there is a bed of universality based on rationality and humanism which make man amenable to science and technology and to such values as freedom, equality, justice, welfare, peace, etc. The plurality of culture is regarded as an empirically substantiated fact; it is all there for anyone to see. The opposite pulls of universality and plurality have been sought to be reconciled 'through the ideas of evolution, development and progress'. The plurality of cultures is thus regarded as various rungs on a uniform upward ladder. Thus, prehistoric cultures were 'primitive'; the modern Western cultures are more 'evolved' and 'progressive' than the less dynamic Oriental ones. Such labels as 'primitive', 'evolved', 'progressive', etc., according to Prof. Pande, are expressions more of the articles of faith embellishing the notions of modernity itself than verifiable scientific truths. Moreover, it is well known that the shadow of doubt over the limitless capacity of scientism appears to be now lengthening increasingly.

The very expression culture contains the notion of improvement or refinement. And implicit in such notions of improvement and refinement, particularly in the domain of culture, is the recognition of human agency and intervention in facilitating the improvement. The world of culture thus is the world wrought by human beings. The world of culture, thus, is distinct from the world of nature. The culture domain is not given; it is created. Prof. Pande's formulation in this respect is akin to that of Vico and borrowing Vico's idiom. Culture as conceived by Prof. Pande, can be called as 'factum'. It should, however, be underlined that Prof. Pande affiliates his idea of the element of refinement or re-formation of human nature residing in culture with the Indian notions of *samskara, bhavana* and *sadhana.*

Regarding the fountainhead of culture as a phenomenon and the ramifications of its course, we may quote a passage from Prof. Pande's article 'Culture and Cultures'. He writes:

> Culture would then be essentially nothing but the tradition of *philosophia perennis, sanatanadharma* or *aryamarga,* a universal

> and perennial but occult tradition of wisdom (*amanaya, vidya*) which has been diversely interpreted and expressed in different symbolic traditions (*agama*) of value-seeking (*purusartha sadhana, aryaprayesana*) embodied in historically given societies or civilizations.

This passage, as in a *sutra,* contains the central elements of his concept of culture that are relevant to us here.

Philosophia perennis is the fountainhead from which culture flows. It is truly universal, for it is a philosophy for the entire mankind and is not inhibited by the time-space differentials within human affairs. It is, therefore, *sanatana.* It is also universal in the sense that it gets articulated in every society. And as it is *sanatana,* it is also transcendental. Now, since culture is located within human affairs and since it is at the same time transcendental in nature, the starting point of culture and its course has to be charted from the transcendental into the human. This transmission of a thing that is essentially trans-human to begin with – from the transcendental plane to the plane of culture – is comparable to the descent of the Ganga to the earth. The transmission is effected through the mediation of extraordinary human agents like Bhagiratha. The analogy, however, should not be overdrawn. Culture in its quintessential form has less physicality than the Ganga and is obviously subtler.

Philosophia perennis has to be naturally occult and spiritual in character. It is akin to revelatory knowledge. We are intentionally using the qualifying phrase 'akin' in order to underline that perennial philosophy or vision does not partake of the narrow dogma that normally seems to grow around revelatory creeds. The *sanatanadharma* is based on the spiritual mystical apprehension of the Absolute by some specially endowed individuals; it is the articulation of the envisioned truth in human vocabulary and idiom. This articulation of the truth automatically, almost inevitably, gets conditioned by space and time factors. Thus, in its expressive mode and in its communication profile, the articulation of envisioned truth acquires a local and social countenance. The seeds of the sprouting of diverse cultures lie here.

While the articulation of truth envisioned takes on a symbolical form, it lays a great deal of emphasis on praxis which lends itself to exposition in clearer terms than the experience of the envisioning of the truth itself. This leads to the growth of the tradition (the *vidya,* the *amnaya*, the *agama*). The tradition grows both in its corpus of exposition as well as in its acquisition of a body of followers. All these three – the envisioning of the truth by the finely tuned seeker, the exposition of the truth and its praxis, and the acquisition of a body of followers – result from the perennial yearning of the soul for transcendence, providing them the common ground for coalescence. And these three in their cumulative effect give a society its distinctive personality, its *Weltanschauung*, a matrix of values. This *Weltanschauung* derives or constitutes itself from a vision of cosmology that endows life with meaning and goal in the most fundamental way. Thus, it becomes both the repository and the standard of value. The formation of the *Weltanschauung*, however, does not take place in logical formal manner and is therefore not reducible to logical formal categories. But on that score alone it does not deserve to be either set aside as something opaque or dismissed as fevered imagination. The value of the visitation of grand vision beyond the idiom of logic and analysis, suffusing the perception with an extraordinary and ineffable light has not only been attested to by spiritual seekers and mystics but also by creative artists and even scientists.

Although the original source of a truly fundamental philosophy of life lies in the sphere of vision and has something of an ethereal quality about it in the beginning, it starts acquiring a body first in symbolical forms in the domains of feeling and philosophy and finally into the social and political norms and practices and organization. Thus, culture in Prof. Pande's formulation holds within its fold a subset which is also sometimes called civilization. Civilization is the formal and organized social expression of culture. It is the unity of goal, the goal being the foundational value sought after that binds the symbolical and the formal aspects of society. These formal aspects that constitute the civilization, in fact, represent institutionalized values. One of the implications of Prof. Pande's formulation is: society or social organizations cannot be analyzed fully and properly in functional, behavioural, mechanistic and systemic terms. Social organization, which is a part of civilization, can be better understood as embodying values a society strives to achieve. And from this point of view, civilization and its component, the social organization are among the most important fields of study for the historian. Like Hobsbaum, history of society is the central concern of Prof. Pande. Only he does not agree that society should be viewed merely as an instrument for the satisfaction of man's material needs. It would also be wrong to construe that Prof. Pande discounts the importance of economic and material pursuits. He is only unwilling to concede to these pursuits, and to the tensions and conflicts arising from these pursuits, and to the physicality of these tensions and pursuits, the centrality that Hobsbaum gives. Prof. Pande would rather like to reach out to the vision of the 'ideal good' around which the structure of society and civilization develops. According to him, three elements are woven in a seamless texture: (i) institutional structure of a society or civilization, (ii) system of values as basics of civilization, and (iii) values as preferred ends and means resting on faith and knowledge. Although conceptually these three can be distinguished and separated, in their actual existence they are bound together as in a compound.

A culture is characterized by self-awareness. It has its distinctive idioms and vocabulary that imbue its signs and symbols with meaning and purpose. Apprehension of the cultural world is possible only by "taking into account the matrix of awareness from which it proceeds, a matrix which is fashioned by history and subsists by way of symbolic tradition". A historian has to gain passage into this symbolic tradition and follow this tradition down its historical course to have an inside view of the tradition and the historical course of the tradition. A coordinated and twofold endeavour comprises the principal constituents of the historian's methodology: (a) researching into the tradition and interpreting its meaning hermeneutically for viewing it from inside and (b) viewing and locating it in the larger context of universal history. A historian thus should be endowed with both scholarship and empathy; his tools being the hermeneutical skill and judgement of a critical scholar and the empathy of a literary artist. And it is through these that the historian can very largely disabuse himself of the subjective and cultural baggage he is naturally burdened with. The reconstruction of past world of consciousness through historical empathy, Prof. Pande notes, is not really in conflict with the sophisticated methods of empirical research that have been developed in social sciences. These two methodologies are not exclusive; they are, in fact, complimentary. Although each culture has a distinctive idiom of signs and symbols with unique sensibilities, it is possible for the historian to enter a cultural world even if he is not a native of the concerned culture through scholarship and empathy. Just as it is possible to learn a foreign language, and achieve a degree of rapport with the cultural universe of a foreign language, it is possible for a historian to study and understand an alien culture. Thus cultures, in Prof. Pande's formulation, are not totally closed and impenetrable self-contained systems completely defying inter-cultural communication, as in Spengler's.

Prof. Pande's views on history at various points may remind one of some other thinkers. His emphasis on culture as a unit of historical study, for example, may seem close to Spengler, Toybnee, Sorokin, etc. But if there are resemblances in certain aspects, there are also vital differences. We have already noted that Prof. Pande does not consider culture as so completely insular as to preclude the possibility of intercultural communication and understanding. A more significant difference is that Spengler's understanding of culture is biological, Prof. Pande's is spiritual. Unlike Spengler and Toynbee, Prof. Pande is not centrally concerned with charting the path of rise and decline of various cultures as distinctive organisms. Similarly, Prof. Pande does not share Sorokin's sociological predilection of drawing typological distinctions between various kind of cultures. He is more interested in situating at the centre of history man's universal yearning for spiritual fulfilment.

Concerning historical understanding, his ideas remind one of Dilthey's application of hermeneutics to it. He also shares some of the concerns of the historians of mentality. Of late, however, the history of mentality is showing signs of becoming more and more interested in deviant behaviour or becoming mere intellectual history. One may also perhaps add the names of Croce and Collingwood to the list betraying resemblance to Prof. Pande. However, it needs to be underlined that some elements of Prof. Pande's views in their individual profiles may seem to bear similarity to those of many other thinkers, but these are only individual elements in an integrated view of history. And it is the integration of the various elements into a texture of coherence that gives a view its strength and appeal. These elements therefore should be seen and understood in their proper perspectives as part of a whole and not detached for the sake of comparisons *per se.*

In view of its contemporary practice, Prof. Pande's interpretation of history is likely to produce doubt about its feasibility and misunderstanding about its nature. To take up the latter first, some historians of today, raised as they have been in the intellectual climate dominated by empirical social sciences and socialistic doctrines, may find the concern with the spiritual and the cultural not palatable enough for their taste and contend that history has been posited in a rarefied plane. The more militant historians, especially in the charged political atmosphere today, may even regard Prof. Pande's formulation as subversive. It hardly needs to be underlined that sober history ought to have inherent substance and strength so as not to be tossed to and fro by the changing winds of contemporary politics. But even if we set aside the contemporary political concerns and ideological preferences, the issue of the focus of historical study remains important and has to be addressed. No meaningful study of history is possible without a clear idea about what it should centrally deal with. A proper appreciation of the importance of this issue would considerably help in clearing the ground of possible misunderstanding.

The engaging historicist ideal of Ranke to narrate 'what actually happened' has long been given up as an unattainable ideal and is now looked upon more as a figure of speech than a practical guide. A historian has to be inevitably selective; everything that could be potentially included cannot, in fact, be accommodated. The rejection involved here is not the same as what is done on the basis of unreliability. What is unreliable does not have the potentiality to be included; it is a non-starter. The selection that we are referring to is one of conscious choice and not a mechanical device. It involves discriminatory judgement of relative significance among a host of acceptable material, all of which cannot be accepted for want of relevance or space or because of intractability. As the number of variables keep on increasing, there is a corresponding increase in the strain on manageability till it reaches the bursting point. The strengthening and refinement of techniques and methods may widen the area of manageability and push the bursting point further, but the bursting point cannot be eliminated; it remains. Thus, a historian has to select some areas or aspects. He cannot include all. Even within the chosen area, the historian has to be selective; he cannot include all. Selection is the inevitable lot of the historian; he cannot escape it. The notion of 'totality' in 'total history' is not totality as physical fact; it is rather an ability to create an ambience of totality. The notion is not factual; it is suggestive. It is the suggestive ability of the narrative that gives the total history its content of totality and not totality as a fact.

The point that we wanted to make is that the idea of significance plays a pivotal role in the writing of history. What is significant is included in history in preference to what is not significant. There is of course no objectively defined and universally accepted basis of determining what lends significance to a thing, but it is generally agreed that significance has more to it than individual whims or fancies. And once the notion of significance is let in, it would inevitably bring in its train the whole gamut of issues ranging from the essence of man to the meaning and goal of human life. And in this context, it becomes necessary to move into areas beyond the satisfaction of man's biological needs and drives. It has been consistently contended that biological needs and drives are traits common to human beings as well as other animals. Thus, these cannot be considered as his distinctive characteristics. The well known Sanskrit verse that makes *dharma* the distinctive feature – which marks out man from animals for man shares with animals, hunger, sleep, fear and sex – '*aharanidrabhayamaithunani samanyametah pasubhirnaranam, dharma hi teshamadhiko visesho, dharmena hinah pasubhih samanah*' underlines the search for the distinctive mark of human being beyond the biological. Even in the socialistic formulation of history, the goal is a condition of perfect harmony where the state has withered away and the society has been set free and rendered unencumbered from the pressures of material needs affording space for higher pursuits.

All the human pursuits cannot be assigned equal status. Unless human life is rendered devoid of a goal and is made bereft of meaning and direction, a hierarchical ordering of human pursuits is unavoidable. Thus, logically there is room for only one human pursuit that has the endowments to be the end or the goal of human life; the rest can only be its means. And even as means, all cannot have equal importance. Thus, *artha, kama* and *dharma* are all means for the attainment of *moksha*. But even among the means, *dharma* is more important than *artha* and *kama*. The means are not unimportant; they are highly important and are essential aids like vehicles navigating a terrain. But the vehicles are not the destinations; they only help in reaching there. The difference between vehicles and destination cannot be sublimated.

One more point may be stressed. Prof. Pande has not only formulated a coherent view of history but has also authored a number of actual historical works exemplifying his views at the level of practice of history. It is the rare combination of these twin virtues that marks out Prof. Pande amongst contemporary historians.

15

डॉ. गोविन्द चन्द्र पाण्डे की सौन्दर्य दृष्टि

इन्द्र नाथ चौधरी

डॉ. गोविन्द चन्द्र पाण्डे की "सौन्दर्यदर्शनविमर्शः" एवं "साहित्य, सौन्दर्य और संस्कृति" पुस्तकों में सौन्दर्यशास्त्रविषयक गहन अनुचिंतन का विस्तार है। इसके अतिरिक्त अंग्रेजी, हिंदी में सौन्दर्य एवं सौन्दर्यशास्त्र को लेकर छुटपुट मगर बहुत ही पांडित्यपूर्ण विवेचन प्राप्त होता है।

हिन्दी में रचित उनका सौन्दर्यशास्त्रविषयक विस्तृत निबंध बहुत ही महत्त्वपूर्ण दो वस्तुस्थितियों की ओर संकेत करता है–

एक, डॉ. पाण्डे हिन्दी में लिखने वाले उन कतिपय विद्वानों में से हैं जिन्होंने हिन्दी की आलोचनात्मक भाषा को पुष्ट करने में बहुत ही सराहनीय काम किया। यह हिन्दी का दुर्भाग्य रहा कि उपनिवेशवादी एजेंडे के तहत जब 19वीं शती में अनुवाद की भाषा के रूप में हिंदी गद्य का विकास शुरू हुआ तो यह विकास स्वाभाविक रूप से नहीं हो पाया। स्रोत भाषा अंग्रेजी की शैली, शब्दावली तथा पदवाच्य से प्रभावित अनुवाद की कृत्रिम भाषा के रूप में हिन्दी विकसित होने लगी। हिन्दी का यह कृत्रिम रूप हिन्दी के केन्द्र में स्थान पाकर आज तक हिन्दी को प्रभावित करता रहा है। डॉ. पाण्डे उन गिने-चुने विद्वानों में से एक हैं जिन्होंने इससे अलग हिन्दी को उसकी स्वतंत्र आलोचनात्मक गद्य शैली देने का सराहनीय काम किया है और जो हिन्दी की गद्य शैली के निर्माण में एक महत्त्वपूर्ण अवदान के रूप में स्वीकारा जायेगा।

दो, सौन्दर्यशास्त्रविषयक उनका चिंतन तुलनात्मक पद्धति से प्रभावित है। पाश्चात्य एस्थेटिक्स विद्या के आश्रय से डॉ. पाण्डे ने सौन्दर्य और सौन्दर्यशास्त्र की मीमांसा की है। इस मीमांसा में हेगेल-प्रतिपादित कला की अवधारणा का उल्लेख करते हुए कहा है कि हेगेल भारतीय परम्परा को सिम्बलिक कोटि में रखते हुए उसका प्रयोग निन्दा-परक अर्थ में करते हैं।

हेगेल के अनुसार भारतीय कला में लोकोत्तर और लोक के संबंध को ठीक से न समझ पाने पर लोकोत्तर शक्ति और उनके गुणों को यथार्थ रूप में प्रदर्शित करना संभव नहीं हो पाया और परिणामत: इन शक्तियों को बहुत से हाथ और मुख एवं नाना आयुध और वाहन से युक्त करके रूढ़ प्रतीकों द्वारा दिखाया जाता रहा। डॉ. पाण्डे इसके विरोध में बहुत-कुछ कह सकते थे, परंतु तुलनात्मक पद्धति विज्ञान में मूल्यांकन (assessment) के स्थान पर परिचिति (recognition) अधिक महत्त्वपूर्ण है इसीलिए केवल इतना कहकर बात को खत्म कर देते हैं कि कला की प्रतीकात्मकता किसी भी स्थिति में रूढ़ि नहीं हो सकती। हमारी दृष्टि शब्द-केन्द्रित (logo-centric) और ऐकान्तिक (exclusive) के स्थान पर प्रतीकात्मक (symbolic) तथा अंतर्विष्ट (inclusive) रही है और परिणामत: विविधता हमारे चिंतन, दृष्टि और संस्कृति की आधारपीठिका बनी हुई है। प्रतीकात्मकता की नाना-अर्थवत्ता ही हमारी विश्वदृष्टि का परिचय देती है। पश्चिम स्थानापन्नता (substitution) के द्वारा विकसित होता है, हम समायोजन (accommodation) के द्वारा और इस तरह भारत अपने को बार-बार रचता है और इसी कारण भारत में चिंतन का लचीलापन दिखाई पड़ता है जो रूढ़ि का विरोध करता है।

भारतीय दृष्टि में सौन्दर्यानुभावक (experiential) नहीं है, अभिव्यंजक (expressionistic) भी नहीं, मगर जैसे पंडितराज जगन्नाथ कहते हैं वह प्रतिपादक (propositional) है क्योंकि सौन्दर्यात्मक अनुभूति नाना अर्थमय होती है कदापि रूढिगत नहीं। परिणामत: कांट, हेगेल के द्वारा प्रतिपादित सौन्दर्यशास्त्र की सारतत्वनिर्भर दृष्टि (essentialist view) के अनुसार व्याख्या संभव नहीं है। इसीलिए पंडितराज जगन्नाथ इसे 'पुन: पुन: अनुसंधानात्मा' कहते हैं जिसका अर्थ है, नये अर्थों का लगातार आविष्कार। सौन्दर्यानुभूति की यह बहुतत्व की अनुभूति असीमित अनुभूतियों के लिए जगह बनाती है और फलस्वरूप भारतीय काव्यशास्त्र में निर्देशात्मक स्थानान्तरण (paradigm shifts) संभव हो रहा है जिसके फलस्वरूप राजा भोज ने भारत के रससूत्र को अस्वीकार कर सिर्फ संचारी भाव के द्वारा रस के प्रतिपादन को संभव कर दिखाया है एवं पंडितराज जगन्नाथ विभाव को भावना, (analytical knowledge, aesthetic emotion, perspective and also continuous discovery of new meaning) में रूपान्तरित कर स्थायी भाव का पर्यसवन रस में नहीं दिखाकर रमणीयता में दिखा पाए हैं जिसके फलस्वरूप सौन्दर्य किसी एक निश्चित निर्मल रूप में स्थिरीकृत होकर कलासृष्टि की गत्यात्मक संपूर्णता में प्रसारित हो जाता है।

डॉ. पाण्डे के अनुसार हेगेल के द्वारा भारतीय दृष्टि को प्रतिकात्मक तथा रूढ़िगत मानने का उद्देश्य यही है कि वे मनुष्य के स्वरूप को परमार्थत: बौद्धिक या तार्किक ज्ञानात्मक मानते हैं। इसके विपरीत शंकर का ज्ञान निर्गुण निर्विशेष है, भर्तृहरि में समस्त

प्रत्यय शब्दानुबिद्ध होने पर भी शब्द का मूलरूप 'पश्यन्ती वाक्' है जो कि प्रातिभ ज्ञान से अभिन्न है। डॉ. पाण्डे कहते हैं कि मानवीय संस्कृति में एक युक्तियुक्त बौद्धिक विकास को चरितार्थ देखना दोनों ही प्रकार से अयुक्त प्रतीत होता है। एक तो सांस्कृतिक व्यापार सिर्फ बुद्धि का व्यापार नहीं है। दूसरे, मानवीय बुद्धि सदा युक्तिसंगत नहीं होती। आत्मचेतना की अभिव्यक्ति होने के कारण इतिहास, संस्कृति, कला, दर्शन, आदि सभी मानवीय अनुभूति और कृतित्व के उदाहरण स्वरूपतः विषयी के सापेक्ष विषय हैं। आत्म-चेतना के प्रकार होने के कारण सांस्कृतिक विषय संकेत बन जाते हैं जिन्हें समझने के लिए उन्हें चेतना से जोड़ना आवश्यक है। सौन्दर्य शब्द के प्रयोग से अतएव यह निश्चित नहीं किया जा सकता है कि यह बाह्य वस्तु का धर्म है, या प्रतीति की अन्तर्वस्तु की विशेषता है।

सौन्दर्य को बाह्य मानते हुए जहाँ वस्तुगत माना जाता है वहाँ दूसरी ओर, सौन्दर्य भावरूप है तथा वह ऐन्द्रिय अनुभव को दृष्टि देने वाला चैतन्य स्वरूप है, कहते हुए उसे आत्मगत माना जाता है और यह कहा जाता है कि वस्तु और द्रष्टा के बीच तादात्म्य के फलस्वरूप ही सौन्दर्य की सृष्टि होती है। अभिनवगुप्त ने इसे ही 'ललितोचित' कहा है। यहाँ वस्तु के रूप में सुंदर की खोज की अपेक्षा मन को रमाने वाला वस्तु के भीतर आकर्षक भाव का हृदयांगम करना, जो सबको बोध लेता है, अधिक लक्ष्य होता है। इस 'आकर्षकभाव' को डॉ. पाण्डे 'व्यंग्यमूल्य' कहते और इसको स्पष्ट करते हुए कि सौन्दर्य की प्रतीति में विषयी की कल्पना की भूमिका का निषेध नहीं किया जा सकता। फलस्वरूप सभी स्थलों में सभी को सौन्दर्य की समान प्रतीति नहीं होती, डॉ. पाण्डे आगे और कहते हैं कि प्रतीति होने पर भी सबके तद्विषयक निर्णय एक से नहीं होते हैं। वस्तुतः विषयिगत इच्छा आदि से सुंदर प्रतीति होने वाला विषय सर्वथा विषयि-निरपेक्ष है, यह भी नहीं कहा जा सकता। वस्तुतः अपना दार्शनिक विश्लेषण बुद्धि के आश्रय से डॉ. पाण्डे सौन्दर्य प्रतीति के इस मूल प्रश्न को बहुत ही तर्कसंगत ढंग से विश्लेषित करते हुए कहते हैं–

दृश्याकार के रूप में विषय प्रातिभासिक होता है, ना कि वास्तविक। उसकी वैचारिक प्रतीति शब्दादि-संकेत-संलग्न होने के कारण वस्तुनियत भी नहीं हो सकती। वस्तुतः सौन्दर्य की मूल्यात्मकता उसे प्रत्यक्षगोचर कार्य-कारण-भाव परतंत्र वस्तु से पृथक् करती है। इस तरह सौन्दर्य की प्रतीति के विश्लेषण में दो मुख्य तत्त्व अनिवार्यतया उभरते हैं–

एक तो, प्रतीयमान रूप, और दूसरा, उसके द्वारा व्यंग्यमूल्य जो कि प्रायः भावात्मक मानवीय सत्य के रूप में स्पृहणीय होता है।

यहाँ डॉ. पाण्डे दो महत्त्वपूर्ण तथ्यों की ओर संकेत करते हैं–

(1) सौन्दर्य की प्रतीति व्यंग्य-रूप है। तथा

(2) सौन्दर्य मूल्य-रूप है और उसकी मूल्यात्मकता उसे मानवीय सत्य के रूप में स्पृहणीय बनाती है।

भारतीय रसशास्त्र में यह स्पष्ट किया गया है कि रस व्यंग्य-रूप है, 'ध्वन्यमान इति रस:' क्योंकि रस विभिन्न उपादानों का मात्र संयोग नहीं, वह अभिव्यक्ति नहीं, वरन् ध्वनित रूप है क्योंकि रस व्यक्तिगत अनुक्रिया है और इसलिए ध्वनि पर आधारित है। ध्वनि वस्तु की सहृदय के द्वारा रीकोडिंग है। और परिणामत: अनुभूति की विविधता प्रकट होती है और सौन्दर्य व्यंग्याधारित हो जाता है। डॉ. पाण्डे का भी निष्कर्ष है कि सौन्दर्यानुभूति में विषयी की कल्पना की भूमिका को निषेध नहीं किया जा सकता। सौन्दर्य व्यंजनामूलक होने पर (ध्वनतमैव) वस्तु का स्वरूप अस्पष्ट रहता है, उसे स्पष्टता सहृदय देता है इसलिए सहृदय की प्रतीति को डॉ. पाण्डे के अनुसार-"ज्ञान, भ्रांति, आरोप, भावना अथवा कल्पना कहा गया है और इन सबसे विलक्षण भी। ज्ञान मानने पर उसकी प्रतीति को प्रत्यक्ष, अनुमान, भ्रांति, अनुव्यवसाय, सादृश्य ज्ञान, संकेतार्थ ज्ञान अथवा प्रतिमान माना गया है।"

अंत में डॉ. पाण्डे कहते हैं कि सौन्दर्य प्रतीति में विषय यथार्थ देशकाल में अनवधारित रहता है अत: उस प्रतीति को ज्ञानात्मक न मानकर कल्पनात्मक मानना ही ठीक होगा। यह सौन्दर्यानुभूति साधारण अनुभूति से कहीं अधिक गहरी होती है।

इसकी व्याख्या करते हुए डॉ. पाण्डे ने सौन्दर्य को मूल्य-रूप स्वीकार किया है और कहा है उसकी मूल्यात्मकता उसे मानवीय सत्य के रूप में स्पृहणीय बनाती है। उनका और भी कहना है कि वस्तु से भिन्न मूल्यतत्व के आयामों के विश्लेषण के रूप में सौन्दर्य मीमांसा का विकास हुआ है। सौन्दर्य मीमांसा मूल्यदर्शन की एक विद्या है।

सहृदय का जब वस्तु के साथ तादात्म्य होता है, तब साधारणीकरण की स्थिति में वस्तुविशेष सामान्य बन जाता है। सहृदय भी अपनी विशिष्टता खोकर प्रपंचमुक्त आत्मा रूप होकर (liberated state of psyche) व्यक्तिगत अनुभूति के स्थान पर निर्वैयक्तिक अनुभूति का आस्वाद करता है। डॉ. पाण्डे 'सामान्य' की व्याख्या करते हैं कि सामान्य का अर्थ औसत नहीं; बल्कि प्रमाणभूत आदर्श है। ध्वनि की सहायता से यह आस्वाद युगपत् सौन्दर्यात्मक तथा आनन्दात्मक बनता है परंतु ध्वनि के द्वारा नाना अर्थ निकालना सहृदय के द्वारा तभी संभव होता है जब काव्यभाषा, काव्य रूप आकर्षक हो, उनमें यथोचित सन्निवेश हो जैसा कि रूप गोस्वामी कहते हैं कि सौन्दर्य काव्य-रूप के विभिन्न उपादानों के सही संगतिकरण पर निर्भर रहता है: भवेत्सौन्दर्याङ्गानां सन्निवेशयथोचितम् और वस्तु काव्यसत्य पर आधारित हो और तभी वस्तु सुंदर वस्तु में परिवर्तित हो जाती है। यह वैश्विक (universalized) तथा प्रपंचमुक्त (liberated) अनुभूति अपने आप आध्यात्मिक प्रदीप्तता लिए होती है इसीलिए डॉ. सुरेन्द्र नाथ दास-गुप्त का कहना है कि "In Indian thinking Beauty is not idealization of human forms but meditative intuition", इसीलिए डॉ. पाण्डे का कहना सर्वथा उचित है कि साहित्यिक कृति अथवा कलाकृति अपने में एक विशिष्ट प्रकार के मूल्य को मूर्त करती है जो इच्छा-निरपेक्ष सुख में पर्यवसित हो जाती है। यह इच्छा-निरपेक्ष सुख (disinterested delight) सत्वगुणात्मक आनंद (transcendental feeling) का प्रसार करता है। डॉ. पाण्डे का यह कथन सही है कि सौन्दर्य मीमांसा मूल्यदर्शन की एक विद्या है। तन्मयीभवन एवं तज्जन्य सौन्दर्य एवं आनन्द की प्रतीति तभी होती है जबकि सौन्दर्य वस्तु में मामूली से पृथक् कुछ असाधारण गुण हों तथा प्रेक्षक में प्रतिभा-अध्ययन-अभ्यास हो। अतः सौन्दर्यबोधानुभाव एक 'सौन्दर्य तात्त्विक पुनर्सृजन' है जिसमें 'सत्त्व' (सात्वोद्रेकाद्) एवं 'शिव' (शिवतरक्षतये) दोनों शामिल हैं। रसशास्त्र के अनुसार यह अनुभव लोकानुभवी दुःखादि से विमुक्त अर्थात् 'निःश्रेयस्' तथा ब्रह्म में लीन अर्थात् 'आनंद प्रकाश-रूप' है परंतु काव्यानुभूति के क्षणों में यह अनुभव होता है और इसीलिए यह नित्य निरुपाधि नहीं सोपाधि है। यह अनुभव विवेकशील न होकर एक रहस्यवादी आध्यात्मिक अनुभव है यद्यपि डॉ. पाण्डे का कहना है कि मूल्य 'विवेक-गोचर' होता है, परंतु साथ में यह भी कहते हैं कि सौन्दर्य का विलक्षण आस्वाद चमत्कार है जिसको सभी ने स्वीकार किया है।

सौन्दर्य तात्विक स्थिति में 'चमत्कार' के अंतर्गत एक द्वंद्वात्मक सह-अस्तित्व पूँजीभूत हुआ है–भाव एवं ज्ञान का, यर्थाथता और लोकोत्तरता का, चैतन्य और चित्त वृत्ति का, संस्कार और अनुभव का। भारतीय परम्परा में इस तरह सौन्दर्यानुभूति को एक ओर 'बोधरूपैव' कहा गया है तो दूसरी ओर विस्मययुक्त अनिर्वाचनीय भी।

डॉ. पाण्डे भारतीय आनन्दवादी धारा को थोड़ा हटकर मूल्यदर्शन और संस्कृति के आश्रय से सौन्दर्य-प्रतीति की व्याख्या करते हैं और कहते हैं कि मूल्य विवेक-गोचर होते हुए भी सांस्कृतिक-सांकेतिक परम्परा से अलग नहीं किए जा सकते। कलाविषयक निर्णय एक सांस्कृतिक परम्परा के अंदर ही होते हैं। कबीर एक परम्परा की सार्थक कड़ी के रूप में ही विवेच्य बन पाते हैं। सहृदयता के रूप, बोध एवं कलाबोध एक पूर्वप्रदत्त कलाविश्व के संदर्भ में विकसित हो पाते हैं। हालाँकि आनन्दवादी धारा में मूल्य अनुपस्थित नहीं है, फिर भी सांस्कृतिक परम्परा को महत्त्व देते हुए डॉ. पाण्डे उसको ऐतिहासिकता के साथ जोड़कर सौन्दर्य एवं सौन्दर्यबोधानुभव का बहुत ही गंभीर एवं महत्त्वपूर्ण एवं मौलिक विश्लेषण उपस्थित करते हैं। कहते हैं–

"कला, विद्या आदि प्रकृति-प्रदत्त पदार्थ न होकर सांस्कृतिक अवधारणाएँ हैं–सांस्कृतिक अनुभव के ही आत्मपरामर्शात्मक विकल्प हैं। सौन्दर्य मीमांसा न सिर्फ विद्या के रूप में भी दृष्टि-सापेक्ष है।" दूसरे शब्दों में सौन्दर्यबोधानुभव केवल विलक्षण काव्यात्मक संदर्भ (unique poetic context) अर्थात् केवल दर्पण या मुकुर ही नहीं, बल्कि उसमें सांस्कृतिक शक्तियों का विलक्षण संदर्भ (unique context of cultural forces)

अर्थात् वातायन भी शामिल है। ये दोनों संदर्भ कलाकृति को क्रमशः अंतर्जगत् तथा बाह्य जगत् के विलक्षण प्रमाणों से परिपूर्ण करते हैं और इस तरह सौन्दर्य प्रतीति के संदर्भ में साहित्य, सौन्दर्यशास्त्र एवं इतिहास और संस्कृति की सापेक्षकता का प्रतिपादन होता है और सौन्दर्यबोधानुभव सांस्कृतिक इतिहास की लम्बी यात्रा का हिस्सा बनकर एक ओर विचार, मूल्य, मानवीय सत्य को अपने में समेटता है और दूसरी ओर आत्म-चेतना के प्रकार होने के कारण सांस्कृतिक विषय संकेत बनकर चेतना से संबंद्ध हो जाते हैं और एक विलक्षण विस्मयपूर्ण अनुभूति का प्रसार करते हैं और इस तरह प्रत्यक्षीकरण एक ओर मूल्यवान् बन जाता है तो दूसरी और चैतन्य तन्मयतायुक्त आंतरिक अहैतुक, सुख का बोध कराता है।

निःसंदेह डॉ. गोविन्द चंद्र पाण्डे सौन्दर्यबोधानुभव की सांस्कृतिक-ऐतिहासिक परख व्याख्या करते हैं और अपने सुचिंतित विश्लेषण के द्वारा भारतीय सौन्दर्य विवेचन की निरन्तरता से अपने को संबद्ध कर नाट्यशास्त्र, काव्यशास्त्र और सौन्दर्यशास्त्र के वृत्त को पूर्णता प्रदान करते हैं।

16

प्रो. गोविन्द चन्द्र पाण्डे द्वारा प्रणीत वैदिक संस्कृतिः एक अनुशीलन

शशि प्रभा कुमार

सर्वप्रथम मैं भारतीय दार्शनिक अनुसंधान परिषद् एवं इसके पदाधिकारियों की आभारी हूँ कि उन्होंने भारतीय संस्कृति, इतिहास एवं दर्शन के मूर्धन्य मनीषी, विलक्षण व्याख्याता एवं अनवद्य कृती प्रो. पाण्डे के चिन्तन एवं लेखन को आधार बनाकर इस राष्ट्रीय संगोष्ठी की परिकल्पना की। यद्यपि प्रो. पाण्डे के वर्चस्वी चिन्तन को किसी प्रमाण की परिधि पर्यवेक्षणीय नहीं, न उनके यशस्वी लेखन को समालोचना की सीमा सन्तरणीय है और न ही उनके प्रतिष्ठित प्रकाशन को मुझ जैसे किसी सामान्य अध्येता की प्रतिक्रिया अपेक्षणीय है, तथापि भारतीय दार्शनिक अनुसन्धान परिषद् के इस प्रकल्प की प्रशंसा करनी होगी जिसके अंतर्गत हम पाठकों को प्रो. पाण्डे की विचारभूमि में गहनतया प्रविष्ट होने का सुअवसर सुलभ हो सका।

प्रो. पाण्डे का समग्र कृतित्व इतना व्यापक, विविध एवं बहुमुखी है कि प्रथमतः यह निश्चय करना ही दुष्कर था कि मैं उनकी किस कृति पर अपना वक्तव्य करूँ, किन्तु जब मैंने उनकी *वैदिक संस्कृति* को विवेच्य बनाया तो उसके पीछे निम्न दो कारण प्रमुख रहे–

(क) भारतीय दर्शन की एवं विशेषतः वैदिक दर्शन की छात्रा होने के नाते मेरी अपनी सहज अभिरुचि।

(ख) इस कृति का फलक प्रो. पाण्डे के चिन्तन एवं लेखन के सात पक्षों की ओर इंगित करने में सक्षम है जिनके आलोक में उनके 'सप्तरश्मि' कृतित्व की एक रुचिर आभा प्रस्फुटित हो उठी है। उसका एक संक्षिप्त रेखांकन करने का प्रयास प्रस्तुत प्रपत्र का प्रतिपाद्य है।

वैदिक संस्कृति ग्रंथ हाथ में लेते ही उसका नव्य-भव्य आकार-प्रकार लेखक की सहज सौन्दर्यानुस्यूत अभिवृत्ति को रूपायित करता प्रतीत होता है। जब मैंने इस ग्रंथ को

पढ़ना आरम्भ किया तो दो सप्ताह तक अन्य समस्त अध्ययन, लेखन स्थगित कर इसमें तल्लीन हो गई। विभिन्न पाश्चात्य एवं पौरस्त्य पद्धतियों से परिष्कृत तथा प्राचीन और अर्वाचीन सन्दर्भों से संवलित प्रो. पाण्डे की चिन्तनधारा इस ग्रंथ में सहज स्रोतस्विनी सी प्रवाहित होती प्रतीत होती है। जैसाकि ग्रंथ के शीर्षक से ही स्पष्ट है तथा स्वयं प्रो. पाण्डे ने अन्यत्र कहा भी है–

> इसमें वेदों की रचना-तिथि, आर्य जाति का प्रश्न, वेदों के अनुवाद की विधि, वैदिक देवताओं का स्वरूप, यज्ञ का वास्तविक अर्थ, उपनिषदों की एकवाक्यता, भौतिक और आध्यात्मिक पक्षों का संबंध और वैदिक युग में विज्ञान का विकास–इन सभी विषयों पर विचार किया गया है।[1]

वस्तुतः वैदिक अध्ययन के क्षेत्र में अद्यावधि प्रायशः दो सर्वथा एकान्तिक दृष्टियाँ उपलब्ध होती हैं–

(क) ऐतिहासिक–जिसमें वेद के मूल मर्म एवं परिप्रेक्ष्य की सर्वथा उपेक्षा की गई।

(ख) आध्यात्मिक–जिसमें आधुनिक एवं तुलनात्मक शोधदृष्टि का कथमपि अनुपालन नहीं किया गया।

उल्लेखनीय है इस दृष्टि से प्रो. पाण्डे की उक्त कृति वैदिक अध्ययन के संदर्भ में एक सर्वथा अभिनव एवं अपूर्व अध्याय है जिसमें इन दोनों ही पद्धतियों का संतुलित एवं सार्थक समन्वय हुआ है–

> "वैदिक संस्कृति न केवल पाश्चात्य और भारतीय विद्वत्ता का आलोचनात्मक रूप से संश्लेषण करती है बल्कि वेदों के गहनतर स्तर की पड़ताल करती है और दिखाती है कि किस प्रकार वैदिक काव्य को अर्थपूर्ण ढंग से अनूदित किया जाता है।"[2]

भारत की मूल, सनातन, शास्त्रीय परम्परा में गहरी पैठ और अधुनातन तुलनात्मक प्रविधियों की पूर्ण पहचान प्रो. पाण्डे के लेखन को ऐसी सशक्त सार्थकता प्रदान करती है जो अतुलनीय है। प्रतिभा एवं पाण्डित्य तथा अन्तर्दृष्टि एवं बहुज्ञता का मणिकाञ्चन संयोग कृतित्व में सर्वत्र अनुस्यूत है। वैदिक वाङ्मय में वर्णित 'श्रोत्रिय'[3] आचार्य की परिकल्पना मानो उनमें मूर्त्तिमती हो उठी है; समग्र श्रुत या अधीत ज्ञान को उन्होंने न केवल अद्भुत रीति से आत्मसात् किया है अपितु उसका बोध, आचरण एवं प्रचार करते हुए अपनी विद्या को अर्थवती बनाया है–

अधीतिबोधाचरणप्रचारणैः दशाश्चतस्रः प्रणयन्नुपाधिभिः।[4]

भारतीय संस्कृति की अन्तर्निहित अजस्र ऊर्जस्विता के अनन्य आराधक प्रो. पाण्डे अपनी कीर्तिकरी कृति *वैदिक संस्कृति* के आमुख में अपना मन्तव्य स्पष्ट करते हुए स्वयं कहते हैं–

> "मेरा प्रयास नवीनतम सामग्री, तत्त्वार्थजिज्ञासा और सर्वाङ्गीणता की दृष्टि से ग्रन्थ की रचना का है, क्योंकि संस्कृति का स्वरूप जीवन और विचारों के विभिन्न पक्षों में अन्तर्निहित अव्यक्त सूत्रों को पहचानने से ही पता चलता है। इस संरचना-संवयन या त्सुज़ामेनॅहांग (Zusammenhang) में ही एक समग्र दृष्टि, मूल्य-परिप्रेक्ष्य या आधारीय विचार संस्थान के रूप में संस्कृति का मौलिक स्वरूप प्रतिभासित होता है। वैदिक संस्कृति को परिभाषित करने वाला यह ऋतसत्यात्मक सूत्र क्या है और किस प्रकार वह एक ऐतिहासिक युग की सभ्यता में प्रकाशित हुआ एवं परम्परा का उत्स बना, इसी को व्यक्त करना इस ग्रन्थ का मूल उद्देश्य है।"[5]

स्पष्टतः लेखक का उक्त आत्मनिवेदन लेखकीय स्तर पर उनकी मूल मान्यता एवं समग्र दृष्टि का सूचक है। कहने की आवश्यकता नहीं कि पुरातत्त्व, इतिहास, दर्शन एवं संस्कृति–विषयों पर आपकी परिमार्जित प्रज्ञा इस कृति को शास्त्रीयता का आधार प्रदान करती है तो आपकी सहज काव्यप्रतिभा एवं बहुभाषाविज्ञता इसमें काव्य की कमनीयता का आधान करती है। इस पृष्ठभूमि में वैदिक संस्कृति ग्रन्थ में प्रो. पाण्डे के कृतित्व की निम्न सात छवियाँ मुखरित होती हैं–

(1) *इतिहासकार, पुरातत्त्ववेत्ता*–पारम्परिक भारतीय मनीषा वेदों को शाश्वत, नित्य एवं अपौरुषेय ज्ञान स्वीकार करती रही है जिसका प्रत्यक्षतः तार्किक अनुशीलन एवं इदमित्थंतया ऐतिहासिक परिशीलन संभव नहीं है। प्राचीन काल से इस विषय पर प्रभूत आलोडन-विलोडन होता रहा है, किन्तु अद्यावधि कोई सुनिश्चित निष्कर्ष निर्णीत नहीं हो सका। प्रो. पाण्डे ने अपनी गहन पारम्परिक वैदुष्यी एवं व्यापक ऐतिहासिक अनुभव के आधार पर जो सन्तुलित सन्मति व्यक्त की है, वह इस दृष्टि से अतीव महत्त्वपूर्ण एवं उद्धरणीय है–

> "इस प्रकार वेद न स्थूल वैखरीरूप शब्दमात्र हैं, न स्वयम्भू ज्ञानमात्र। वे ज्ञान-विज्ञान को व्यक्त करने वाली विपुल ग्रन्थराशि हैं जो किसी रहस्यात्मक अर्थ में नित्य या अनादि, अपौरुषेय या ईश्वरकृत मानी जाने पर भी उपपत्तितः अलौकिक प्रेरणा और अन्तर्ज्ञान से अनुप्राणित मनीषियों की रचनायें हैं, जो एक सुदीर्घ युग की ज्ञान-साधना प्रकट करती हैं। वे न केवल भारतीय परम्परा के मूलाधार हैं अपितु मानवीय इतिहास मात्र में मानवीय आत्मोपलब्धि और विमर्श के ऐसे प्राचीनतम दस्तावेज़ हैं जिनकी भाषा और विचार आज भी हमारे लिए सर्वथा अजनबी नहीं है। यदि इतिहास का मूल अर्थ बाह्य और परोक्ष घटनाओं का कार्यकारणात्मक अनुमान न होकर मानवीय इतिहास चेतना के अभिलेखों की आत्मजिज्ञासा से प्रेरित परीक्षा है,[6] तो वेद का परिशीलन आद्य मानवीय इतिहास का सबसे महत्त्वपूर्ण अध्याय हो सकता है जिसकी तुलना मिस्र एवं मेसोपोटामिया के अलावा हिब्रू जाति और चीन की प्राचीनतम अभिलेखिक सामग्री से ही हो सकती है।"[7]

> "वस्तुतः एक मूल आर्यभाषा, जाति और संस्कृति की कल्पना कर उसके प्रसार को आक्रमण, संघर्ष और विजय का इतिहास समझना और इतिहास के दस्तावेज़ के रूप में वेदों को समझना न सिर्फ अप्रमाणित कल्पनायें हैं बल्कि वैदिक इतिहास को एक भ्रामक प्रिप्रेक्ष्य में रखना है।"[8] "...दूसरी ओर वेदों को नित्य, अभ्रान्त और सम्पूर्ण ज्ञान का प्रतिपादक स्वीकार करना एक पारम्परिक वैदिक धारणा मात्र है, इतिहासकार के लिए स्वीकार्य सत्य नहीं। सभी धर्मों के मूल में किसी न किसी प्रकार का लोकोत्तर आर्षज्ञान प्रतीत होता है पर उसके प्रकाशक नाना नबी, ऋषि, मुनि, सन्त आदि नाना युगों में उन युगों की भाषा और सन्दर्भ में अपने विशिष्ट ज्ञान का उपेदश देते रहे हैं। इस प्रकार वेदों में भी लोकोत्तर ज्ञान और लौकिक धारणाओं को संदर्भसापेक्ष वाक्यों में गुम्फित मानना चाहिए।"[9]

जैसा कि स्पष्ट है, उक्त उद्धरणों में प्रो. पाण्डे की सन्तुलित दृष्टि और परम्परा-बोध एवं ऐतिहासिक शोधवृत्ति का समन्वित संप्रयोग अवभासित होता है। इसी भाँति वेदों के रचयिता, रचनाकाल और आर्यों के मूलस्थान की खोजविषयक उनके अन्य विचार भी इतिहासवेत्ता की पैनी पकड़ और तत्त्वचिन्तक की गहरी बैठ के परिचायक हैं।

(2) *संस्कृति-संव्याख्याता*–प्राचीन इतिहास और संस्कृति के अध्यापक के रूप में सुपरिचित प्रो. पाण्डे भारतीय संस्कृति के सुलझे हुए व्याख्याता के रूप में सर्वतः समादृत हैं। उनकी *फाउन्डेशन्स आफ इण्डियन कल्चर* नामक द्विभागीय कृति विश्व-क्षितिज पर सुप्रतिष्ठित हो चुकी है। इस ग्रन्थ के विषय में अपनी संस्कृति सम्बन्धी अवधारणा को स्पष्ट करते हुए उन्होंने लिखा है–

> "इस ग्रन्थ में भारतीय संस्कृति को मात्र भौगोलिक और जातीय घटकों के आधार पर ऐतिहासिक संयोग से उत्पन्न सामग्री के रूप में नहीं लिया गया है बल्कि उसे सनातन सत्य की खोज की परम्परा के रूप में माना गया है। इस प्रकार संस्कृति इतिहास में अपूर्ण रूप से अभिव्यक्त सनातन और तात्कालिक, आध्यात्मिक और आधिभौतिक गवेषणाओं के सम्मिश्रण के कारण संस्कृति में भी नानास्तरीय सम्मिश्रण मिलता है। संस्कृति के मौलिक तत्त्व और स्थायी संरचना को उसकी ऐतिहासिक विकृतियों से अलग रखना आवश्यक है। संस्कृति का तात्त्विक बोध उसके ऐतिहासिक ज्ञान से असम्पृक्त न होते हुए भी उससे अभिन्न नहीं है।"[10]

इतिहास और संस्कृति का तथा सनातन और अधुनातन का ऐसा संश्लिष्ट किन्तु सुस्पष्ट विवेचन प्रो. पाण्डे की महनीय विशेषता है। उनका विचार है कि संस्कृति आदर्शों का समुच्चय है अवश्य, किन्तु जब वे आदर्श जीवन में अवतरित होकर इतिहास का रूप धारण करते हैं, तभी संस्कृति सजीव होती है और समाज को आधार प्रदान करती है। इनकी धारणा है कि संस्कृति

समाज की आत्मचेतना का प्रतिबिम्ब होती है, अनेकशः आपने अपने इसी मन्तव्य को मुखरित भी किया है–

"संस्कृति समाज की पहचान है और प्राण भी।... यह ध्यातव्य है कि जहाँ प्राकृतिक पदार्थ चेतना मात्र की अपेक्षा करते हैं, सांस्कृतिक पदार्थ आत्मचेतना की अपेक्षा करते हैं। यही प्रकृति और संस्कृति का अन्तर है। प्रकृति नैसर्गिक मानव-चेतना के लिए प्रदत्तवत् होती है। संस्कृति उसके आत्मबोध की वृत्ति होती है। इससे मानव-चेतना एक अनन्त पर्येषणा अथवा साधना की ओर झुकी रहती है।"[11]

"संस्कृति आत्मचेतना की एक वृत्ति है जिसे मूल्यान्वेषी कह सकते हैं। मूल्य आत्मसत्य का अवभास है जो कि नाना उपाधियों के माध्यम से नाना भूमियों में व्यक्त होता है। महापुरुषों के प्रतिभ दर्शन से मूल्योपलब्धि सांकेतिक रूप में परम्परा का अंग बनती है। मानव चेतना ही मूलतः ऐतिहासिक है, वही एकमात्र सत्ता है जो प्रतिक्षण अनुभव और क्रिया से बनती है और बदलती है। समस्त सांस्कृतिक विश्व इतिहास में पिरोया हुआ है।"[12]

उक्त उद्धरणों के सन्दर्भ में देखा जाये तो वैदिक संस्कृति वैदिक समाज और इतिहास की आत्मचेतना की अभिव्यक्ति मानी जानी चाहिए और लेखक ने उक्त कृति में सर्वत्र इसी दृष्टि को प्रकट किया है।

(3) *भाषाविद् एवं अनुवादक*–प्रो. पाण्डे की अनेकभाषाभिज्ञता सुविदित है–संस्कृत, पालि, अंग्रेजी, फ्रेंच, जर्मन, बुद्धचीनी, ग्रीक, लैटिन और फारसी आदि विविध भाषाओं का इन्हें व्यावहारिक या आरम्भिक ज्ञान है। इनके लेखन की त्रिवेणी तीन भाषाओं में तरंगित हुई है–संस्कृत, हिन्दी और अंग्रेजी। इसमें कोई सन्देह नहीं कि भाषा संस्कृति की संवाहिका होती है, अतः भाषिक ज्ञान संस्कृति की अन्तरात्मा को पकड़ने में सहायक होता है। स्वयं प्रो. पाण्डे का अभिमत है कि "जैसे प्राकृतिक पदार्थों का ज्ञान प्रत्यक्ष से आरम्भ होता है, ऐसे ही संस्कृति का ज्ञान भाषाप्रधान संकेतों और प्रतीकों के ज्ञान से आरम्भ होता है। अपने को समझने के प्रयास में हम अपनी संस्कृति को समझते हैं और इस प्रक्रिया में हमारा अन्तरालाप और आत्मविमर्श सांस्कृतिक भाषा और परम्परा से जुड़ जाता है।"[13] इस पृष्ठभूमि में देखा जाये तो स्पष्ट होगा कि विविध भाषाओं एवं उनके प्रतीकों का व्यापक बोध प्रो. पाण्डे की सांस्कृतिक समझ को इतना गहन एवं विकसित बना गया है कि जितनी अन्तरङ्गता से वैदिक संस्कृति का विवेचन किया है, उतनी ही अभिन्नता से बौद्ध दर्शन का विशदीकरण किया है। आपकी इसी भाषिक शक्यता का प्रतिफलन है कि वैदिक संस्कृति के अन्तर्गत सूक्तों का अनुवाद[14] इतना

प्रभावी बना पड़ा है, उदाहरणार्थ–स्थालीपुलाक न्याय से निम्न दो अनुवाद द्रष्टव्य हैं–

(क) *मत्स्वा सुशिप्र मन्दिभिः स्तोमेभिर्विश्वचर्षणे सचेषु सवनेष्वा ।। ऋ० 1/9/3*
हे सुन्दराधर? आनन्दित हो आनन्दप्रद
स्तुतियों से, हे विश्वजनीन।
साथ आओ इन सवनों में ।।[15]

(ख) *देवानां भद्रा सुमतिर्ऋजूयतां देवानां रातिरभि नो निवर्तताम्*
देवानां सख्यमुपसेदिमा वयं देवा न आयुः प्रतिरन्तु जीवसे। ऋ० 1/89/2
देवताओं का कल्याणकारी अनुग्रह
सरलता चाहनेवाले देवताओं का वरदान
हमारी ओर मुड़े
हम देवताओं का सख्य पायें
देवता हमें दीर्घ जीवन के लिए आयु दें।।[16]

(4) *कवि एवं सर्जक*–वैदिक संस्कृति के प्रणेता एवं वैदिक सूक्तों के प्रामाणिक अनुवादकर्ता प्रो. पाण्डे मात्र भाषा के बाह्य कलेवर के पारखी ही नहीं, अपितु उसकी अन्तरात्मा के सहृदय संवेत्ता भी हैं, स्वयं मौलिक कविता करने वाले प्रतिभासम्पन्न कवि भी हैं। प्रसिद्ध अलंकारशास्त्री भामह का निम्न कथन सर्वथा सटीक है कि पाण्डित्य तो गुरुजनों के उपदेश से कोई मूढ भी अर्जित कर सकता है किन्तु कवित्व तो जन्मजात प्रतिभा का फल है और वह विरले जनों को ही सुलभ होता है।

गुरुपदेशादध्येतुं शास्त्रं जडधियाऽप्लयम्।
काव्यं तु जायते जातु कस्यचित्प्रतिभावतः।।[17]

प्रो. पाण्डे उन दुर्लभ जनों की श्रेणी में हैं जिन्हें काव्यत्व का यह वरदान दैवी अनुग्रह से सहज रूप में उपलब्ध हुआ है। इसीलिए *वैदिक संस्कृति* ग्रन्थ अनुवाद-अंश के आरम्भ में ही वे वेद के काव्यत्व का प्रतिपादन करते हैं और इस दिव्य काव्य का सरस भावानुवाद प्रस्तुत करते हैं जिसमें यत्र-तत्र उनकी सहृदयता एवं सहज काव्यप्रतिभा प्रस्फुटित हो उठती है, तद्यथा–

यत्ते यमं वैवस्वतं मनो जगाम दूरकम।
तत्त आ वर्तयामसीह क्षयाय जीवसे।। १ ।।
यत्ते दिवं यत्पृथिवीं मनो जगाम दूरकम।
तत्त आ वर्तयामसीह क्षयाय जीवसे।। २ ।।

–ऋ० 10/58/1-2

जो तुम्हारा मन दूर वैवस्वत यम को चला गया।
उसे लौटाता हूँ यहाँ बसने, जीने के लिए।।
जो तुम्हारा मन दूर आकाश, पृथ्वी को चला गया।
उसे लौटाता हूँ यहाँ बसने, जीने के लिए।।[18]

तथा–

जिनामि वेत्क्षेम आ सन्तमाभुं प्र तं क्षिणा पर्वते पादगृह्य।। ४ ।।
न वा उ मां वृजने वारयन्ते न पर्वतासो यदहं मनस्ये।
मम स्वनात्कृधुकर्णो भयात एवेदनु द्यून्किरणः समेजात्।। ५ ।।
दर्शन्नवत्र श्रृतपाँ अनिन्द्रान्बाहुक्षदः शरवे पत्यमानान्।
घृषु० वा ये निनिदुः सखायमध्यू न्वेषु पवयो ववृत्युः ।। ६ ।।
अभूर्वौक्षीर्व्यु? आयुरानड्दर्षन्नु पूर्वो अपरो नु दर्षत्।
द्वे पवस्ते परि तं न भूतो यो अस्य पारे रजसो विवेष।। ७ ।।
गावो यवं प्रयुता अर्यो अक्षन्ता अपश्यं सहगोपाश्चरन्तीः।

–ऋ० 10/27/4–7

वही तुम आज पास
जिस तुम्हारे आने पर हम लौटते घर
जैसे पंछी वृक्ष में घोंसलों को।।
घर गये ग्रामवासी
पैरवाले, पंखवाले
लौटे श्येन भी लालची।।
भगा दो वृकी को, वृक को
चोर को भी तरंगिणी।
सुख से हो सकें वार।।
रंगों का चितेरा गाढ़े
काला प्रकट तुम।
ऋण सा हटाओ, ऊषा।।[19]

स्पष्टतः ऋचाओं के उक्त अनुवाद स्वतन्त्र रीति से पढ़े जाने पर मात्र अनुभववाद प्रतीत नहीं होते, क्योंकि उनमें कवि-हृदय का स्पन्द है, भावना का स्पर्श है और लेखनी का लालित्य है। स्वंय प्रो. पाण्डे के शब्दों में–

> "I have tried to render Vedic poetry into Hindi, seeking to capture its transcendental vision of life expressed through metaphor of natural forms and a theory of multiple correspondences."[20]

'आकर्षक की धारा' शीर्षक के अन्तर्गत प्रो. पाण्डे ने *ऋग्वेद* के जितने भी सूक्तों का भावानुवाद किया है, उन सबमें उनके कवि-रूप की छवि झलकती है।

(5) *समाज शास्त्री*–जैसा कि पूर्वोक्त है, प्रो. पाण्डे के मतानुसार संस्कृति समाज की आत्मचेतना का प्रतिबिम्ब होती है, अतः वैदिक संस्कृति का प्रतिपादन करते हुए उन्होंने अपने इस मन्तव्य को प्रमाणित किया है। यही कारण है कि उन्होंने पूर्व वैदिक समाज की आध्यात्मिकता एवं उत्तर वैदिक समाज की कर्मकाण्डपरक चेतना–इन दोनों का विशदीकरण पूर्ण निष्ठा और मार्मिकता के साथ किया है। निम्न दो उद्धरण द्रष्टव्य हैं–

"संस्कार, आश्रम और वर्ण नामतः और लक्षणतः उतने प्राचीन नहीं है जितने वे वस्तुतः थे। उदाहरण के लिए ऋक्संहिता में चार वर्णों का एकत्र नाम उल्लेख होते हुए भी उनके लिए वर्ण शब्द का वहाँ प्रयोग नहीं है। ब्रह्म, क्षत्र और विशः का अनेकधा उल्लेख होते हुए भी उनके लिए वर्ण शब्द का प्रयोग नहीं किया गया है। तो भी परवर्ती जाति की अवधारणा से उसे मुक्त कर उसका प्रयोग समाज के प्रधान अंगभूत वर्ग के लिए किया जा सकता है और इससे मूलभूत वैदिक समाज-विभाजन की दृष्टि स्पष्ट होती है। ऐसे ही यद्यपि चातुराश्रम्य का समुचित विकास सूत्रों में मिलता है, यह अनुमान भ्रान्त नहीं है कि पहले दो आश्रम प्राचीन वैदिक युग में प्रचलित थे और तीसरा उत्तर वैदिक काल में स्पष्टतया मिलता है। इसी प्रकार संस्कारों की व्यवस्था और लक्षण सूत्रकालिक होते हुए भी तदात्मक प्रथायें प्राचीन हैं। संस्कार आदि लक्षण परवर्ती होते हुए भी विकास की शर्तों के अन्दर प्राचीन सामाजिक लक्ष्यों का निर्देश करने में समर्थ हैं।"[21]

"इस विवरण में यह ध्यान देने योग्य है कि यज्ञार्थक कर्मों के वास्तविक देश-काल से उनके वे देश-काल भिन्न हैं जिनमें उनका होना माना जाता है जैसे कि जो प्रत्यक्ष रूप से अध्वर्यु गाड़ी की ओर जाता है और उस पर चढ़ता है, अप्रत्यक्ष रूप से वह अन्तरिक्ष मार्ग से जाता है और त्रिलोक के ऊपर द्युलोक तक चढ़ता है। प्रत्यक्ष रूप से वह ध्यान उठाता है। परोक्ष रूप से वह देवताओं की प्रेरणा से कार्य करता है। यह कहना चाहिए कि जो प्रत्यक्ष घटित है उसका वास्तविक अर्थ परोक्ष है। कहा गया है कि *परोक्षप्रिया देवाः*। यह सांकेतिकता और परोक्षता ही आजकल की भाषा में कर्मकाण्ड का मिथ्याकल्पनात्मक पक्ष है। वस्तुतः यह उसका परोक्ष आधिदैविक और आध्यात्मिक पक्ष है। प्रत्यक्ष में घटना छोटी से है–पुरोडाश के लिए गाड़ी से अध्वर्यु कुछ अनाज लाता है किन्तु कल्पना यह है कि वह देवताओं के बीच देवलोक के अनन्त भण्डार या भूमा से सामग्री लाता है।"[22]

कहना न होगा कि उक्त एवं अन्य ऐसे ही सन्दर्भों के आधार पर प्रो. पाण्डे ने अपनी समाजविषयक दृष्टि एवं वैदिक चिन्तन की उस परिकल्पना को ही प्रकट किया है जिसके अनुसार समाज-विज्ञान धर्म-विज्ञान, मात्र समुदाचार विज्ञान नहीं है।

(6) *शोधकर्त्ता*–प्रो. पाण्डे की सभी समालोचनात्मक कृतियों की भाँति *वैदिक संस्कृति* में भी शोध-सन्दर्भों की विपुलता एवं शोध-पद्धति का प्रचुर प्रयोग उपलब्ध होता है। काल, भाषा एवं विषय इतने व्यापक फलक को लक्ष्य कर लिखी हुई प्रस्तुत कृति के प्रत्येक अध्याय के अन्त में समेकित सन्दर्भ-सामग्री का यदि एकत्र सन्निवेश किया जाये तो विदित होगा कि तत्सम्बद्ध पक्षों पर प्रकाशनसमय तक उपलब्ध कोई भी स्रोत अनुल्लिखित न रहा होगा। इस आधार पर निर्विवाद रूप से कहा जा सकता है कि यह ग्रन्थ वैदिक अध्ययन के क्षेत्र में विश्वकोष की भाँति उपादेय सिद्ध होगा; साथ ही इस दिशा में भावी शोधकर्ताओं के लिए यह कृति अपनी विपुल सन्दर्भ-राशि के कारण एक मानक ग्रन्थ सिद्ध होगी, इसमें सन्देह नहीं। ग्रन्थ की प्रामाणिकता का अनुमान इसी से लगाया जा सकता है कि किसी भी विवादास्पद विषय पर लेखक सभी सम्बन्धित बिन्दुओं/पक्षों को तटस्थ रूप से सन्दर्भ-सहित उपस्थित करने के पश्चात् ही अपने कथ्य को प्रस्तुत करता है। उल्लेखनीय है कि आज कि विद्वत्परम्परा में अपनी महनीय प्रतिष्ठा के कारण प्रो. पाण्डे का वचन स्वयं आत्मवचन की श्रेणी में ही आयेगा, किन्तु वे कहीं भी इस स्थिति का अनावश्यक लाभ लेने को उद्यत नहीं है। एक विनीत शोधकर्ता की भाँति सर्वत्र प्रामाणिकता की परीक्षा ही उनका एकमात्र ध्येय रहता है और अपनी वैयक्तिक प्रतिबद्धता को वे कभी इसमें आड़े नहीं आने देते। इस दृष्टि से वैदिक संस्कृति के प्रथम अध्याय में वेदों के रचना-काल के विषय में संकेतित विविध विप्रतिपत्तियाँ एवं उसके परिशिष्ट रूप में संलग्न द्वितीय अध्याय के अन्तर्गत आर्यों की भाषाशास्त्रीय खोज तथा संस्कृत भाषा की सर्वप्राचीनता आदि स्थल अनुसन्धेय हैं।[23]

(7) *दार्शनिक एवं चिन्तक*–*वैदिक संस्कृति* के आधार पर प्रो. पाण्डे के कृतित्व की पूर्वोक्त छह छटाओं का आकलन करने के पश्चात् कहा जा सकता है कि इन सबमें अन्तर्निहित वैचारिक तारतम्य का जो तत्त्व है, वस्तुतः वही उनके लेखकीय गौरव का श्लाघ्यतम पक्ष है। तदनुसार उनकी चिन्तन-भूमि के विविध आयामों में एक केन्द्रीय बिन्दु है–भारतीय प्रज्ञा एवं परम्परा के प्रति एक सहज प्रतिबद्धता जो कथमपि अस्वाभाविक, एकांगी या पक्षपातपूर्ण नहीं है। पारम्परिक पुरातन पद्धति से शास्त्राभ्यास में प्रशिक्षित प्रो. पाण्डे अधुनातन शोध-विधाओं में भी पारंगत है, पौर्वात्य एवं पाश्चात्य दोनों प्रकार की प्रतिभाओं के पुञ्ज प्रो. पाण्डे का बहुआयामी व्यक्तित्व जिस पर एक अन्तःसूत्र में सम्प्रोत है, वह है उनकी गहन दार्शनिक अभिवृत्ति।

विवेच्य कृति *वैदिक संस्कृति* में उनकी दार्शनिक दृष्टि से साक्षात्कार मुख्यतः निम्न स्थलों पर होता है–

(क) वेदों की मात्र ऐतिहासिक व्याख्या करने वाले विद्वत्समाज में 'आर्य' और 'दास' का जो तथाकथित विरोध स्वीकृत एवं प्रचारित है, उस सम्बन्ध में स्वयं इतिहासकार प्रो. पाण्डे का दार्शनिक मन्तव्य उद्धरणीय है–

"आर्य का मौलिक या नैरुक्तिक अर्थ जो रहा हो, उसका रूढ़ अर्थ समाज में ऊँची स्थिति और प्रतिष्ठा दिखाता है, वह किसी जनसमुदाय का नाम, प्रजातीय या जनजातीय, नही प्रतीत होता। अतः 'आर्य' और 'दास' के परस्पर विभाग से यह निष्कर्ष नहीं निकाला जा सकता कि दास आर्येतर प्रजातियों की सामान्य आस्था थी।"

"वेद में दास और देव का संघर्ष पौराणिक देवासुर-संग्राम का ही रूपान्तर है। यह संघर्ष मानवजातियों के बीच संघर्ष नहीं है। दास को अयज्वा, अव्रत आदि कहना असुरों की सुविदित यज्ञ-विरोधिता के अनुरूप है। देवता ज्योतिर्मय हैं, इसीलिए दास कृष्णवर्ण हैं। आर्य और दास का भेद धार्मिक और अधार्मिक का विरोध है। 'इन्द्र ने आर्य के लिए ज्योति प्रकट की, दास को गिरा दिया' यहाँ सायण के अनुसार आर्य का अर्थ है 'कर्म का अनुष्ठान करने वाले लोग'। स्पष्ट ही दास कर्महीन जन हैं, उनका गिरना विस्मयजनक नहीं है। यही सही है कि दास का वर्ण के रूप में उल्लेख करते हुए उसे नीचे फेंका हुआ बताया गया है, पर यहाँ सामाजिक अभिप्रेत न होकर पृथ्वी के नीचे के लोग से तात्पर्य है जहाँ आसुरिक शक्तियों का सहज निवास है। '*उभा वर्णा वृषिरुग्रः वुपोष*' में 'आर्य' और 'दास' वर्ण अभिप्रेत हैं। कभी स्वामी या ऋतचारी के रूप में देवता भी आर्य कहे गये हैं, जैसे–इन्द्र के लिए कहा गया–'*यथावंश नयति दासकार्यः*'। कभी आर्य मनुष्य मात्र के लिए प्रयुक्त है और मानवीय एवं आसुरिक शक्तियों के रूप में मिलता है, यथा–*दासा व वृत्रा हतमार्याणि*। यहाँ आर्य और आर्येतर जातियों के मानवीय विरोधी अभिप्रेत नहीं हैं, बल्कि मानवीय और अमानवीय शत्रु अभिप्रेत हैं।" "इस कल्पना का कोई पुष्ट आधार नहीं है कि प्रजातीय सम्मिश्रण सिर्फ भारतीय प्रदेशों की विशेषता थी जिन पर एक विशुद्ध आर्य जाति आक्रमण कर छा गयी। इस प्रकार की कल्पना का आधार यह विश्वास है कि एक भाषाभाषी समुदाय एक विशुद्ध प्रजातीय समुदाय भी है जो स्वंय असिद्ध ही नहीं बल्कि विदित तथ्यों के विरुद्ध हैं इस सन्दर्भ में यह विशेष रूप से स्मरणीय है कि भारतीय पुरातात्विक साक्ष्यों के आधार पर आर्य और आर्येतरीय समुदायों को अलग नहीं पहचाना जा सकता।"[24]

वस्तुतः वैदिक वाङ्मय में आपाततः प्रतीयमान विसंगतियों और विरोधभासों का सार्थक एवं युक्तिसंगत व्याख्यान तथा समाधान उसमें अन्तर्निहित तात्त्विक सूत्रों को समझे बिना सम्भव नहीं है और प्रो. पाण्डे की सहज दार्शनिक दृष्टि ने सर्वत्र ऐसे स्थलों का सप्रमाण विवेचन कर अपनी कृति को एक स्थायी सन्दर्भ-ग्रन्थ का गौरव प्रदान किया है।

(ख) पूर्व वैदिक युग की आध्यात्मिकता का वर्णन करते समय वैदिक संस्कृति के लेखक ने वैदिक 'देवता' तत्त्व का जो स्वरूप-निरूपण किया है उसमें स्पष्टतः उनकी दार्शनिक मननशीलता अभिव्यक्त होती है, तद्यथा–

"यह निस्सन्देह है कि देवताओं को शुभ्र, ज्योतिर्मय, अमर, अतिमानवीय शक्तियाँ माना जाता था। वे प्रकृति और मानव-जीवन के विविध क्षेत्रों की अध्यक्षता करती हैं और उपासना से प्रसन्न होकर मानव-हित का संपादन करती हैं। उनका नाम और रूप से बहुत्व उनमें किसी प्रकार का विरोध या संघर्ष आपादित नहीं करता। उसमें एक समष्टिगत सहकारिता एवं तात्त्विक एकता का अनेकत्र उल्लेख मिलता है। आधुनिक पश्चिमी विद्वान् यह मानते हैं कि प्रारम्भ में वैदिक देवता नाना ही माने जाते थे और उनकी कल्पना प्राकृतिक शक्तियों को देखकर एवं भाषा की लाक्षणिक शक्ति से उत्पन्न हुई। यह प्राकृतिक बहुदेववाद ही कालान्तर में विचार के विकास से एकदेववाद में परिणत हुआ। किन्तु यह धारणा भारतीय देववाद की मौलिक विशेषता की अनदेखी करती है जो कि देवता को तत्त्वतः एक, किन्तु नाम-रूप से अनेक मानती है। अनेकता में अन्तर्निहित एकता का भान इस दृष्टि की विशेषता है। इसने नाना जातियाँ और सम्प्रदाय में प्रतिष्ठित देवताओं की उपासना को एक सार्वभौम धर्म में समन्वित करना सम्भव बनाया। स्वधर्म-निष्ठा और विश्वजनीय बन्धुता दोनों ही इस प्रकार अविरोधी बन जाती हैं।"

"यदि केवल उपलब्ध संहिता-पाठ के अनुसार वैदिक धर्म को समझने का प्रयास किया जाये तो यह निस्सन्देह है कि इसमें एकरसता के स्थान पर उच्चावच अभिप्राय और सन्दर्भों की झलक मिलती है। अतएव व्याख्याकारों के लिए यह अनिवार्य हो जाता है कि वे अपने मत के समर्थन के लिए मूल सामग्री को अनुकूल चयन के आधार पर स्थापित करें और परवर्ती सन्दर्भों से उसे समर्थित करें। ऐसे ही देवता एक हैं अथवा अनेक, इसमें भी मौलिक एकत्व को कार्यार्थ स्वीकृत नानात्व के साथ समन्वित किया जा सकता है जैसे एक ही मनुष्यता अनेक मनुष्यों में प्रकट होती है और अनेक मनुष्य फिर एक राष्ट्र के रूप में देखे जा सकते हैं।"[25]

उक्त उद्धरणों के सन्दर्भ में देखा जाये तो स्पष्ट होता है कि प्रो. पाण्डे यहाँ उसी दार्शनिक मान्यता का प्रतिपादन कर रहे हैं जिसके अनुसार भारतीय चिन्तन द्विस्तरीय नहीं, अपितु अन्ततः एकस्तरीय है। इसमें द्वित्व या बहुत्व का निषेध नहीं, अतिक्रमण है। बहुत्व से द्वित्व एवं एकत्व ही यहाँ प्रतिपादन पद्धति है।

(ग) 'ऋत' का वैदिक सम्प्रत्यय गहन वैचारिक विकास की सम्भावनाओं से समेकित है। वैदिक चिन्तन में ऋत के अनेकानेक अर्थ एवं अवधारणायें मिलती हैं–उन सबका सूत्रात्मक रूप में संकेत करते हुए प्रो. पाण्डे ने पाश्चात्य दार्शनिक चिन्तन से उसकी तुलना भी की है और उसकी तार्किक रीति से परीक्षा भी की है–

"वैदिक सृष्टिविद्या का मूलाधार ऋत की अवधारणा है। ...व्यक्त जगत् में नाना पदार्थ और घटनायें जिस पर एक अदृश्य महासूत्र से व्यवस्थित हैं, वही ऋत है। पश्चिमी चिन्तन में *आर्केटाइप* या *लेक्स नातुरालिस* 'प्राकृतिक नियम' की कल्पना ऋत या धर्म की कल्पना से तुलनीय है।... प्रकृति का नियम, आचार-व्यवहार का नियम और अनुष्ठान का नियम, ये तीन ऋत के मुख्य रूप हैं। तीन मिलकर प्राकृतिक और मानवीय जगत् का व्याप्त करते हैं और उसे एक नियत, व्यवस्थित और सार्थक इकाई बनाते हैं।"

"आधुनिक दृष्टि से इस प्रकार का चिन्तन सदोष है क्योंकि इसमें द्रव्यगत, विधिगत और ज्ञानगत तत्त्वों का सम्प्लव देखनें में मिलता है।... इस प्रकार कारक, विधायक और अनुमापक हेतुओं के व्यापार अलग-अलग प्रकार के हैं। इनसे सम्बद्ध नियम भी प्राकृतिक, वैज्ञानिक, नैतिक-विधिक और तार्किक स्तरों के होने के कारण परस्पर विविक्त हैं।"

"यह आधुनिक धारणा प्राचीन ऋत और धर्म की अवधारणाओं से संगत नहीं हैं। ऋत में कारकता, ज्ञापकता और विधायकता तीनों ही संगृहीत हैं।"

"आध्यात्मिक सत्य और सांस्कारिक विधि के रूप में ऋत वेदों में प्रतिपादित और अनुष्ठानों में रूपान्वित है। प्राकृतिक नियमों के रूप में ऋत भौतिकविज्ञान का प्रतिपाद्य है। किन्तु उस रूप में ऋत का प्रतिपादन वेद में है अथवा नहीं, यह प्रश्न स्वाभाविक है। अधिसंख्य मत यही है कि वेद का प्रतिपाद्य पुरुष-विज्ञान का आत्मविज्ञान है न कि प्रकृति विज्ञान। प्रकृति विज्ञान के साध्य लक्ष्य-सापेक्ष और अनैकान्तिक होते हैं जबकि आत्मविज्ञान परमार्थ का साधक होता है।"[26]

वैदिक चिन्तन के विकास में 'ऋत' की परिकल्पना अतीव केन्द्रीय बिन्दु रही है–तदनुसार प्राकृतिक घटनायें, मानवीय कर्म और आनुष्ठानिक कर्म–ये सभी अन्ततः परस्पर सम्बद्ध एवं सुनियत हैं।

(घ) उल्लेखनीय है कि *वैदिक संस्कृति* नामक ग्रन्थ में एक अध्याय 'उपनिषदों का परिशीलन' विषय पर आधारित भी है। सर्वविदित है कि उपनिषद् भारतीय तत्त्वचिन्तन और आत्मविद्या के मूल स्रोत हैं, अतः उनका निरूपण करते समय लेखक की दार्शनिक अभिवृत्ति और भी मुखर हो उठी है तथा इस प्रक्रिया में औपनिषदिक सर्वात्मवाद और साक्षी चैतन्य आदि बिन्दुओं पर उनकी लेखनी निम्न रीति से प्रकाश डालती है–

"सर्वात्मत्व-विज्ञान से सब मोह और शोक उत्तीर्ण हो जाते हैं। यही वास्तविक समता की अनुभूति है। एक आत्मा की अनुभूति जगत् की सब अनुभूतियों को छोड़कर निविड एकान्त में मन के उपराम होने पर ही नहीं होती प्रत्युत जागतिक जीवन के बीच में भी होती है। यह एकत्व की अनुभूति जीवन में मुक्त अवस्था में भेद-प्रतीति के साथ विद्यमान रहती है।"

"आत्मज्ञान एक शाश्वत समस्या है। ज्ञान विषय का होता है और आत्मा विषय से भिन्न विषयी है। इसलिए जिसका ज्ञान होता है, वह आत्मा नहीं होती है, किन्तु यह प्रश्न उठता है कि आत्मा क्या सर्वथा अज्ञात है तो वह विचार या उपलब्धि का विषय कैसे बन सकता है? आत्मा के विषय में ये दो विरुद्ध विप्रतिपत्तियाँ बनी रहती हैं। एक ओर तो आत्मा को किसी विषय के साथ विषयरूप में समझना, दूसरी ओर आत्मा को नितान्त अज्ञात मानना। आत्मा अप्रमेय है, साथ ही वह समस्त प्रमाण-व्यवहार की पूर्वापेक्षी है।... आत्मा विज्ञान का विषय नहीं है क्योंकि वह प्रत्यक्ष का विषय नहीं है और प्रत्यक्ष का विषय न होने के कारण वह अनुमान का भी विषय नहीं है।... इस प्रकार विषय के रूप में आत्मा को अवधारित करने का प्रयत्न आत्मसत्ता के विलोप में पर्यवसित होता है।"

"विषयों की सत्ता प्रत्ययों से सिद्ध होती है और प्रत्ययों की सत्ता प्रत्ययदर्शी साक्षी पर निर्भर करती है। इस अनिवार्य, अनपोह्य, प्राकृतिक प्रत्ययसाक्षी का ज्ञान विषय के समान नहीं होता किन्तु अज्ञात का भी विषय नहीं होता क्योंकि वह अज्ञान का भी साक्षी है। प्रतिबोधविदित यह पद विशेष रूप से आलोचनीय है। इसका अर्थ है प्रत्येक बोध में विदित। हम नील देखते है, पीत देखते हैं, मधुर या तिक्त, शत्रु या मित्र जानते हैं। इन सभी से हमारा अपना ज्ञान पहले विद्यमान रहता है। प्रतिबोध का एक और अर्थ भी सम्भाव्य है, वह है–प्रत्यग्बोध अर्थात् आन्तरिकबोध, बाह्य विषयों से हटकर अपनी ओर मुड़ती हुई चेतना।"[27]

स्पष्टतः उक्त विवेचन में प्रो. पाण्डे की दार्शनिक दृष्टि एवं वैचारिक गाम्भीर्य सर्वथा सुव्यक्त है।

(ङ) यहाँ यह निर्देश करना नितान्त अपरिहार्य है कि विवेच्य कृति *वैदिक संस्कृति* का अन्तिम अध्याय उपसंहाररूप है; यद्यपि उसका शीर्षक 'वैदिक विज्ञान' है, किन्तु वस्तुतः वहाँ विज्ञान का अभिप्राय मूल वैदिक दृष्टि से ही है तथा उसको विशद करने की प्रक्रिया में स्वंय प्रो. पाण्डे की तात्त्विक दृष्टि ही निरूपित हुई है–

यह सुविदित है कि वेद शब्द का अर्थ ही ज्ञान या विद्या है। यह ज्ञान या विद्या वेदों में एक अखण्ड रूप से प्रतिपादित है। उसे लोकोत्तर–साक्षात्कारमूलक और अभ्रान्त और सम्पूर्ण सत्य माना जाता है। इस ज्ञान के विधिपक्ष से लौकिक अभ्युदय या कामनापूर्ति अदृष्ट हेतुओं के द्वारा होती है और उसके पारमार्थिक पक्ष को हृदयंगम करने से मुक्ति होती है।...

वैदिक विज्ञान को मूल रूप से सृष्टिविद्या या *कौस्मोलॉजी* कहा जा सकता है। प्रसिद्ध वैज्ञानिक एवं दार्शनिक व्हाइटहैड ने कहा कि चिन्तन का प्रत्येक युग अपनी एक निराली सृष्टि-ज्ञानात्मक धारणा पर प्रतिष्ठित होता है। भौतिकी के प्रसिद्ध ज्ञाता बौम ने इसका समर्थन किया है। उनका कहना है कि प्रत्येक युग

> में एक आधारभूत दृष्टि रहती है, जो यह निर्धारित करती है कि मूल पदार्थों का क्या स्वरूप है और वे किन नियमों के द्वारा व्यवस्थित होते हैं। मूल तत्त्व और उनकी मौलिक व्यवस्था ही सृष्टिप्रक्रिया का आधार है। बौम ने आधुनिक और प्राचीन दृष्टियों का यह भेद बताया है कि आधुनिक सृष्टि सब पदार्थों को विखण्डित और विश्लेषित करती हुई उन्हें देश, काल और गति के नियमों से यन्त्रवत् संहत मानती है। प्राचीन दृष्टि एक जगत्व्यापी अखण्ड व्यवस्था को खोजती थी।...
>
> वैदिक दृष्टि सृष्टि के मूलतत्त्व को खोजती हुई अपने प्राचीन युग में ही इस निष्कर्ष पर पहुँची थी कि देव शक्तियाँ ही विश्व की मूल विधारक शक्तियाँ हैं और ऋत ही मूल व्यवस्था है। देवशक्ति ज्योतिःस्वरूप है। एक ही ज्योति बाहरी जगत् और मानवीय सत्ता में अनुस्यूत है। पिण्ड और ब्रह्माण्ड की समानरूपता एक महत्त्वपूर्ण वैदिक चिन्तन का सूत्र था।[28]

वैदिक विज्ञान के इस पिण्ड-ब्रह्माण्ड-विषयक मूल सूत्र को समझ लेने पर निश्चय ही वैदिक चिन्तन का मर्म हृदयाङ्गम हो सकता है, क्योंकि यही वैदिक संस्कृति का मूलाधार है और वही वैदिक दर्शन का सर्वप्रमुख सिद्धान्त है। प्रो. पाण्डे ने अपनी कृति में यत्र-तत्र इस बिन्दु को अभिव्यक्ति दी है—उन सब स्थलों का संकेत न तो इस सीमित प्रस्तुति में संभव है और न ही उपेक्षित। उसके लिए तो जिज्ञासु को स्वयं उनकी रचना से अपरोक्ष संवाद स्थापित करना होगा। अतः उक्त स्वल्प संकेत-सूत्रों के आधार पर यदि मैं यहाँ उपस्थित एवं अनुपस्थित पाठकवर्ग तक प्रो. पाण्डे की *वैदिक संस्कृति* का मूल स्वर संप्रेषित करने एवं उनकी उत्कण्ठा को उद्‌बुद्ध करने में यत्किञ्चित् सफल हो सकी हूँ तो स्वयं को 'कृतकृत्य' समझूँगी। यहाँ यह स्पष्ट कर देना भी अनिवार्य है कि मैंने यथासम्भव स्वयं को पृष्ठभूमि में रखते हुए यह प्रयास किया है कि प्रो. पाण्डे के शब्दों को ही माध्यम बनाकर उनके चिन्तन को प्रस्तुत करूँ। इसीलिए एक रेखाचित्र की सहायता से मैंने उनकी केवल एक कृति का दिग्दर्शन मात्र निदर्शन के रूप में किया है—उनका चिन्तन इतना गहन एवं लेखन इतना व्यापक है कि उसे लघु प्रपत्र में समेटना मेरी स्वल्प सामर्थ्य से परे है।

अन्त में प्रो. पाण्डे के ही शब्दों में उनकी रचनाधर्मिता में मूल मन्तव्य को व्यक्त करना चाहूँगी—

> I have tried for more than half a century to discover the original forms of Indian tradition that have over time been distorted by stereotypes and western misconstructions. These original forms of insights and imagination are of perennial significance. Their strength is evident in the way they have continued to be re-interpreted and re-expressed anew, inspiring original thought and creative imagination in every age.[29]

अर्थात्

विगत आधी शताब्दी से भी अधिक समय से मैंने परम्परा के उन मौलिक रूपों को खोजने का प्रयास किया है जो कालावधि में रूढ़िबद्ध धारणाओं से तथा पाश्चात्य दुर्व्याख्याओं से दूषित हो चुके हैं। अन्तर्दृष्टि एवं प्रातिभ ज्ञान के मूल रूप आत्यन्तिक महत्त्व के हैं। उनकी सामर्थ्य इसी से सिद्ध है कि प्रत्येक युग में उनकी पौनः पुन्येन नूतन व्याख्यायें और अभिव्यक्तियाँ होती रही हैं तथा उन्होंने मौलिक चिन्तन एवं रचनात्मक कल्पनाओं को सतत प्रेरित किया है।

NOTES AND REFERENCES

1. गोविन्द चन्द्र पाण्डे, *जिज्ञासा और रचनायें,* इलाहाबाद संग्रहालय, नैमित्तक निबन्ध–14, पृ० 17
2. '*गोविन्द चन्द्र पाण्डे*', साहित्य अकादमी, नई दिल्ली द्वारा महत्तर सदस्यता प्रदान किये जाने के अवसर पर प्रकाशित एवं वितरित परिचय।
3. *मुण्डक उपनिषद्*, 3/2/10
4. श्रीहर्ष, *नैषधचरितम्*, 1/4
5. गोविन्द चन्द्र पाण्डे, *वैदिक संस्कृति*, लोकभारती, इलाहाबाद, 2001, पृ० ix
6. गोविन्द चन्द्र पाण्डे (सं०), *उपन्यास और इतिहासदृष्टि*, इलाहाबाद संग्रहालय, 1994, पृ० 35-51
7. *वै० सं०*, पृ० 7
8. वही, पृ० 18
9. वही, पृ० 65
10. *जिज्ञासा और रचनायें*, पूर्व, पृ० 14
11. गोविन्द चन्द्र पाण्डे, *सृजन, परिवेश और परम्परा*, इलाहाबाद संग्रहालय, इलाहाबाद, नैमित्तिक निबन्ध–6, पृ० 15
12. *जिज्ञासा और रचनायें*, पूर्व०, पृ० 10
13. वही, पृ० 12
14. *वै० सं०*, 'आर्षकाव्य की धारा', पृ० 109-254
15. वही, पृ० 129
16. वही, पृ० 143
17. भामह, *काव्यालङ्कार*, 1/5
18. *वै० सं०*, पृ० 216
19. वही, पृ० 232-33
20. Acceptance speech of Prof. G.C. Pande at Sahitya Akademi, New Delhi.
21. वही, पृ० 96

22. वही, पृ० 344-45
23. वही, पृ० 25-26 तथा 37–38
24. वही, पृ० 20, 21-22
25. वही, पृ० 63, 72-78
26. वही, पृ० 66-67, 273
27. वही, पृ० 432, 437-38
28. वही, पृ० 514-15
29. Acceptance speech of Prof. G.C. Pande at Sahitya Akademi, New Delhi.

17

भारतीय मनीषा का विवेकसम्मत कर्तृव्य

गंगा सागर तिवारी

भारतीय संस्कृति के आधारिक अभिप्रेरक प्रयोजन के अनुसंधान, विषयप्रतिपादन की दैदीप्यमान क्षमता तथा तत्संबंधित असाधारण कौशल के लिए विख्यात प्रो. गोविन्द चन्द्र पाण्डे जी ने मूल्यपरक प्रबुद्ध इतिहास दृष्टि, दार्शनिक चिन्तन-मनन से समृद्ध परिष्कृत चेतना एवं मूलस्रोत के सम्यक् अवगाहन की सामर्थ्य से जिस नवीनतम ग्रन्थ का प्रणयन किया है वह है *वैदिक संस्कृति*। यह सारस्वत बौद्धिक अभियान उसी प्रकार सनातनता को चरितार्थ करता है जिस प्रकार परिवर्धन, संशोधन और परिवर्तन की सम्भावनाओं के बावजूद भारतीय धर्मशास्त्र-अर्थशास्त्र परम्परा के शास्त्रकारों तथा समाजव्यवस्थापकों की यह अवधारणा कि व्यक्ति और समाज दोनों के परिप्रेक्ष्य में धर्म, अर्थ, और काम का संतुलन एक अत्यावश्यक रूप से अनिवार्य प्रस्थिति है।

पाश्चात्य इतिहास-दर्शन के प्रभावक्षेत्र में रचित, भारतीय सभ्यता एवं संस्कृति के आकर ग्रन्थों के रूप में सम्मानित अधिकांश पुस्तकों में गतानुगतिक रचनात्मक विवशता की प्रतिध्वनि अनुगुंजरित रही है लेकिन प्रो. पाण्डे अपने सम्पूर्ण सृजनात्मक प्रयास में सर्वथा सजग स्वतंत्र रहे हैं। लेकिन यह भी सच है कि वहाँ स्वच्छन्दता का प्रवेश वर्जित है। इसीलिये यह मौलिक कृति संस्कृति के गंभीर विवेचकों और सामान्य पाठक को ज्ञानसम्पन्न करती है। उन्होंने ग्रन्थ के आमुख में लिखा है–

> "मेरा प्रयास नवीनतम सामग्री, तत्वार्थजिज्ञासा और सर्वांगीणता की दृष्टि से ग्रन्थ रचना का है क्योंकि संस्कृति का स्वरूप जीवन और विचारों के विभिन्न पक्षों में अन्तर्निहित अव्यक्त सूत्रों को पहचानने से ही पता चलता है। इस संरचना संवयन या त्सुजामेनॅहांग में ही एक समग्र दृष्टि, मूल्य परिप्रेक्ष्य या आधारीय विचार संस्थान के रूप में संस्कृति का मौलिक स्वरूप प्रतिभासित होता है। वैदिक संस्कृति को परिभाषित करने वाला वह ऋतसत्यात्मक सूत्र क्या है और किस

प्रकार वह एक ऐतिहासिक युग में प्रकाशित हुआ एवं परम्परा का उत्स बना, इसी को व्यक्त करना इस ग्रन्थ का मूल उद्देश्य है।"

कहना न होगा कि उनके इस स्पष्ट कथन एवं निर्बाध आत्मस्वीकृति के बाद रचना के प्रयोजन की अतिरिक्त विवेचना का कोई औचित्य नहीं है। उन्होंने तो स्वयं अपूर्व विशेषज्ञता सहित वैदिक संस्कृति के रूप में मानव जाति की प्राचीनतम ऐतिहासिक संस्कृति के साथ सार्थक संवाद कायम किया है अथवा यह कहें कि वैदिक युग के मनीषियों के मस्तिष्क के साथ 'विचार' और 'जीवन' में सम्बद्ध सम्प्रेषण स्थापित किया है। *कठोपनिषद्* के द्वितीय अध्याय की पहली वल्ली में आया निम्नलिखित अंश प्रो. पाण्डे के पाण्डित्यपूर्ण परिशीलन को अभिव्यक्त करता हुआ प्रतीत होता है–

शुद्ध जल में / डाला शुद्ध जल / वैसा ही हो जाता / उसी प्रकार, गौतम / विज्ञानी मुनि की आत्मा। *वैदिक संस्कृति* नामक यह ग्रन्थ चार भागों में विभक्त है। प्रथम भाग में वेद, उनके रचयिता और रचनाकाल, भाषाशास्त्रीय एवं पुरातात्त्विक प्रमाणों के द्वारा आर्यों की खोज, पूर्व वैदिक समाज और उसके भौतिक पक्ष तथा पूर्व वैदिक युग की आध्यात्मिकता का विवेचन किया गया है। द्वितीय भाग में आर्षकाव्य की धारा प्रवाहित हुई। तृतीय भाग में उत्तर वैदिक काल के सभी पक्षों का सम्यक् विवेचन है तथा उत्तर वैदिक संहिताओं, ब्राह्मण साहित्य तथा कर्मकाण्ड एवं उसके अर्थ का प्रस्तुतीकरण हुआ है। चतुर्थ भाग में उपनिषदों का परिशीलन किया गया है और वैदिक विज्ञान की महत्ता का प्रतिपादन हुआ है। अन्त में दो परिशिष्ट। पहले परिशिष्ट में आर्षकाव्य की धारा के लिये अनूदित *ऋग्वेद संहिता* के सूक्तों का मूलपाठ दिया गया है तथा दूसरे परिशिष्ट में यज्ञशालाओं के मानचित्र को प्रस्तुत किया गया है।

भारतीय परम्परा के मूलाधार वेद अनेक सहस्राब्दियों की ज्ञानसाधना से प्रसूत हैं। प्रो. गोविन्द चन्द्र पाण्डे रहस्यात्मक अभिप्रायजनित, अपौरुषेय वेदों के श्रद्धास्पद लोकविश्वास का मात्र उल्लेख करते हुए यह मानते हैं कि उपपत्तितः वेद अलौकिक प्रेरणा और अन्तर्ज्ञान से अनुप्राणित मनीषियों की कृतियाँ है तथा ये मानवीय आत्मोपलब्धि के एवं विमर्श के प्राचीनतम दस्तावेज़ हैं। ज्ञान-विज्ञान को व्यक्त करने वाली यह विपुल ग्रन्थराशि वर्तमान युग में भी प्रासंगिक है। उनकी मान्यता है कि इतिहास मानवीय चेतना के अभिलेखों की आत्मजिज्ञासा से प्रेरित परीक्षा है इसीलिये वेद का परिशीलन आद्य मानवीय इतिहास का सर्वाधिक महत्त्वपूर्ण अध्याय होने की सामर्थ्य रखता है। प्रो. पाण्डे की सुदृढ़ मान्यता है कि आर्य शब्द प्रजातिपरक नहीं अपितु भाषापरक है। भारतभूमि पर आर्यभाषा के प्रचलन के बावजूद आर्यजनों के हिंसक, बर्बर, आक्रामक अभियान, इस प्रक्रिया में दासता की वास्तविकता, अमानुषिक बलप्रयोग इत्यादि परिकल्पनाओं को प्रमाणिक तर्कों द्वारा अस्वीकार करके उन्होंने उत्तरी अमरीका, अफ्रीका और आस्ट्रेलिया की अमानवीय ऐतिहासिक वास्तविकता को रेखांकित किया है और बताया है कि मूल

प्रजातियों का नरसंहार, दासों के प्रति पशुवत् व्यवहार, रंगभेद की नस्लवादी गोरी नीति, विजित क्षेत्रों पर स्वधर्म, भाषा और संस्कृति का बलपूर्वक आरोपण, पाश्चात्य जगत् का निर्मम सच है और इसी सच्चाई को औचित्यपूर्ण बनाने के लिये पाश्चात्य जातियों के इतिहास के प्रतिमान पर आर्य आक्रमण का मिथक पर्याप्त प्रमाणों के बिना ही प्रचालित किया गया है। इसी प्रकार जब आर्यों का लड़ाकू और घुमन्तू, आक्रमणकारी कबीलों के रूप में ही चित्रण ही असिद्ध है तो आर्यों की मूलभूमि मध्य एशिया मानने का कोई प्रश्न ही नहीं उठता। जेम्स मिल से लेकर विन्सेंट स्मिथ तक अनेक इतिहासकारों ने भारतीय राजनीति को बदलते विजेताओं की नीति बताया है। फर्ग्यूसन भारतीय कला के इतिहास को आयातित प्रतिमानों के ह्रास का इतिहास मानने की समझदारी दिखलाते हैं। भारतीय जन प्रगतिमार्ग पर जाने की विवशता इसलिये झेल रहे हैं कि विजेताओं के आते रहने और निरन्तर धकेले जाने से भारतीयों की प्रकृति में एक सहज जड़ता आ गई है। इस जड़ता का मूल अंग्रेज लार्ड कर्जन और भारतीय नीरद चौधरी भारतीय जलवायु में खोजते हैं जो प्रो. पाण्डे की दृष्टि में एक प्रकार का 'बौद्धिक छिछलापन' है और उनकी मान्यता है कि इसका मूल उत्पीड़नात्मक समाजव्यवस्था में ही खोजना चाहिये। बिना किसी संशय के वे ठीक लिखते हैं कि "आर्य शब्द एक ओर स्वामित्व का द्योतक था तो दूसरी ओर नैतिक तथा धार्मिक श्रेष्ठता का। यह भी कि आर्यजातीय आक्रमण की कल्पना वेदमूलक न होकर आर्यजातीय अभिकल्पनामूलक है।"

वेदों में लिपिज्ञान के प्रमाण का अभाव मानने वाले इतिहासविदों के समक्ष प्रो. पाण्डे ने एक सहज प्रश्न रखा है कि ऐसी स्थिति में वैदिक सभ्यता को सैन्धव सभ्यता से प्राचीनतर मानना क्या उचित न होगा? फिर वेदों में लिपिज्ञान के अनेक प्रमाण मिलते हैं। उन्होंने माना है कि वेदों की रचना लगभग पाँच सहस्राब्दियों पहले गंगा, सरस्वती से अफगानिस्तान तक विस्तृत भूक्षेत्र में वहीं के चिरन्तन निवासियों ने की थी। उनका समाज एक सम्पन्न और परिष्कृत समाज था और उन्होंने स्पष्टत: कहा है कि भारतीय परम्परा वेदों को अनादि मानती है जो ऐतिहासिक और तार्किक प्रज्ञा के लिये अमान्य है।

इस ग्रन्थ में पूर्व वैदिक समाज और उसके भौतिक पक्ष पर विस्तारपूर्वक विचार किया गया है। यह कांस्ययुगीन सभ्यता सामाजिक सांस्कृतिक दृष्टि से एकरस नहीं थी। तत्कालीन वेगवती महानदी सरस्वती का क्षेत्र इस सभ्यता का केन्द्रक था जिसमें सामाजिक भिन्नता थी। समुदायों के भेद आवास, जन्म, कर्म और विद्या पर आधारित थे। यदि एक ओर इस सभ्यता में सामुद्रिक व्यापारियों और व्यापारिक पुरों की हिस्सेदारी थी तो अरण्यवासी भी इसमें भागीदार थे। अनेक प्रकार के दूर्वादल, औषधीय गुणों से युक्त एवं अन्य प्रकार की वनस्पतियों तथा धन्यादि से सम्पन्न पृथ्वी के साथ वैदिक जनों

का सौम्य सामरस्य था। पृथ्वी द्वारा पर्यावरण के प्रति उनका द्वन्द्व और संघर्ष का संबंध नहीं था। "वैदिक मानव पृथ्वी को अपनी माता, एक दिव्य विभूति और विश्वमानव की हितावहा मानता था।" पशुपालन प्रचलित था किन्तु खेती मुख्य धन्धा था। इस सन्दर्भ में सिंचाई (रहट) का भी उन्हें ज्ञान था। कुओं, नालियों, नहरों, बड़ी ग्रामीण बस्तियों, अनेक घोड़ों के रथ चरवाहों और ओखटकों की तुलना में अधिक विकसित समाज के उदाहरण हैं। इस ग्रन्थ में वैदिक लोगों के धातुज्ञान, काष्ठशिल्प, अन्य शिल्पों, शिल्पकारों, भोजन के प्रकारों, अनादि गोरस परिवहन के संसाधनों, आवश्यक उपकरणों, युद्धक हथियारों, आभूषणों, परिधान, आवास इत्यादि का विवरण दिया गया है। पूर्व वैदिक समाज के बारे में सुप्रचलित ग्रामीण समाज की धारणा को निरस्त करके प्रो. पाण्डे ने बताया है कि इस बात में कोई सन्देह नहीं है कि *ऋग्वेद* में पुर का उल्लेख ग्राम से अधिक हुआ है। वैदिक युग में जन शब्द किसी विशिष्ट राजा की प्रजा अथवा स्वायत्त गण के रूप में राज्यवाची या राष्ट्रवाची प्रतीत होता है। इस समाज में कुल गोत्र, राजा की शपथ, सभा, समिति का महत्त्व था। निष्कर्षतः उन्होंने कहा कि "न तो हड़प्पा सभ्यता मात्र नागरिक थी न वैदिक सभ्यता मात्र पशुपालक यायावरीय। दोनों ही सभ्यताएँ देशकाल में विस्तार और प्राविधिक विकास की दृष्टि से समान हैं। पूर्व वैदिक सभ्यता का भौतिक पक्ष अधिकांश में एक प्रकार का प्रोटो हड़प्पन आभास प्रस्तुत करता है।" इस बिन्दु पर यह कहना अप्रासांगिक नहीं होगा कि भगवान सिंह के *हड़प्पा सभ्यता और वैदिक साहित्य* तथा रामविलास शर्मा के ग्रन्थ *भारतीय संस्कृति और हिन्दी प्रदेश* के बाद गोविन्द चन्द्र पाण्डे जी के ग्रन्थ *वैदिक संस्कृति* जैसी कृतियों का विशेष महत्त्व है।

लोकोत्तर ज्ञान और लौकिक धारणाओं के सन्दर्भसापेक्ष वाक्यों में गुम्फित वेदों में बहुदेववाद की विहंगम दृश्यावली है और ध्यातव्य है कि इन्द्र, अग्नि और सोम पर अधिक सूक्त रचे गये हैं। प्रकृति और मानवजीवन के विविध पक्षों की अध्यक्षता करने वाला देव-देवी समूह उपासना से प्रसन्न होता है और लौकिक हित के प्रति सचेष्ट रहता है। इस देवमण्डल की चारित्रिक विशिष्टता को रेखांकित करने वाली परिकल्पना उन्हें शुभ, ज्योतिर्मय, अमर और अतिमानवीय शक्ति के रूप में असीम श्रद्धा के साथ प्रतिष्ठापित करती है। प्रत्येक युग की विचारधारा को अन्ततोगत्वा मनुष्य की आत्मपरिकल्पना पर आधारित मानने वाले प्रो. पाण्डे लिखते है कि "मनुष्य का आत्मानुभाव और विश्वानुभव एक साथ जुड़े रहते हैं।" उन्होंने बताया कि पूर्व वैदिक युग में व्युत्पत्ति से गम्यर्थक ऋत की अवधारणा सत्यसंपृक्त है और सृष्टिविद्या का मूलाधार है। सृष्टि के मूल नियामक तत्त्व ऋत से जुड़े देवता चित शक्ति थे। पाण्डे जी की मान्यता है कि "परमव्योम में अवस्थित देश कालातीत ऋत सृष्टि का मूल तत्त्व और नियामक है, उसका प्रतिदर्श और आदर्श है, व्यक्त जगत् में नाना पदार्थ और घटनाएँ जिस एक

अदृश्य महासूत्र से व्यवस्थित हैं वही ऋत में।" धर्म और ब्रह्म में अभिन्न ऋत में अनेकता एवं एकता तथा व्यापकता और अतिक्रमता दोनों पक्षों का जुड़ाव है। विद्वान् आचार्य के गंभीर विवेचन के अनुसार–ऋत में द्रव्य सत्ता और गति, धर्ममूलक औचित्य और कर्त्तव्यता एवं समस्त विश्व की आधारभूत विश्वरचना का प्रतिमान, ये तीनों पक्ष समाहित हैं। सभी देवता ऋतपालक हैं। ऋत में कारकता, ज्ञापकता और विधायकता तीनों ही संगृहीत हैं।

प्रो. गोविन्द चन्द्र पाण्डे जी ने इस कृति में पूर्व वैदिक आध्यात्मिकता का आधार देवोपासनामूलक स्वानुभूति मानते हुए प्रतिपादित किया है कि इससे संदर्भित आधार न मात्र कर्मानुष्ठान है, न पूरी कल्पना। इस प्रसंग में उन्होंने बताया कि तद्युगीन साधना यज्ञविधानात्मक थी। प्रारंभिक अवस्था में प्रार्थनामूलक सरल यज्ञविधि का उल्लेख करते हुए वे लिखते हैं कि

> "देवता की महिमा का चिन्तन, उसके प्रति अपने हृदय का निवेदन और इस आत्मनिवेदन के प्रतीक-रूप में द्रव्यत्याग और व्यक्त द्रव्य का अग्नि में प्रक्षेपण, यही वैदिक यज्ञविधान का मूल रूप था। सभी यज्ञों में देवता, मंत्र और द्रव्य–तीन तत्त्व प्रधान होते हैं। इस युग के प्रधान नैतिक आदर्श ऋत और सत्य थे तथा देवभक्ति और यज्ञनिष्ठा प्रधान साधक थे। वैदिक शील का आदर्श वीरोचित और कर्मयोगात्मक था।"

यह एक विचित्र किन्तु सत्य बात है कि प्रो. गोविन्द चन्द्र पाण्डे जैसे वैदुष्यसम्पन्न आचार्य ने पूर्व वैदिक युग की आध्यात्मिकता का गंभीर विवेचन करने के प्रसंग में लौकिक जीवन की भौतिक वास्तविकताओं का विशद विमर्श किया है। प्रतीत होता है कि यह एक सचेत बौद्धिक प्रयास है जो पाश्चात्य मानस की बहुप्रचारित अहंकारयुक्त मन्तव्य की चुनौती का अर्थवान् प्रत्युत्तर है। इस सन्दर्भ में उन्होंने वैदिक नीति के मूलमंत्र के रूप में पौरुष, वीरता, वीर्य, पराक्रम, तप, अध्यवसाय, सत्संकल्प, चर्या, कर्मसाधना का उल्लेख करते हुए बताया है कि वैदिक शील में धर्मानुकूल भोग की स्वीकार्यता के बावजूद भोग की त्यागपूर्वकता को ही समुचित माना गया था। उनका यह निष्कर्ष अत्यन्त सारगर्भित है कि "यदि ब्रह्मचर्य गार्हस्थ्य का आधार था तो गार्हस्थ्य समस्त लौकिक और धार्मिक कृत्यों का आधार था।" इतिहास-दर्शन के अनेक निष्णात विद्वान मानते है कि इतिहासकार अतीत का व्याख्याता होता है लेकिन उसकी दृष्टि से वर्तमान और भविष्य कभी ओझल नहीं होते। पाण्डे जी का विवेचन भी इस कोटि से अलग नहीं है। वे मानते है कि ऋत और सत्य ही समाजव्यवस्था के आधारभूत धर्म को प्रकाशित करते हैं। परम्परागत भारतीय सामाजिक, राजनीतिक दर्शन का मूल विशुद्ध रूप पूर्व वैदिक युग में ही निखर जाता है। इस काल में बाल-विवाह, चातुर्वण्य या निरंकुश राजतंत्र की व्यवस्था नहीं थी। अर्थनीति का प्रयोजन दान, आपूर्ति, पुष्टि तथा राजनीति

का मूलभाव धर्म की रक्षा का है, अधर्म से। राजा की प्रभुता, शक्तिमत्ता के उन्माद का प्रदर्शन नहीं है, वह ज्ञानी को स्वीकार कर उसके अनुरूप धर्ममर्यादा का आवश्यक शक्ति से पालन है। वर्तमान युग के भौतिक यथार्थ को देखते हुए पूर्व वैदिक युग की आध्यात्मिकता के विवेचन-प्रसंग में प्रो. पाण्डे की सूक्ष्मावलोकन प्रणाली अत्यन्त महत्त्वपूर्ण निष्कर्ष की ओर खींच लाती है, जो उनकी विवेकसम्मत परिशीलन क्षमता का सम्प्रकाशन करती है। "वैदिक आर्थिक दृष्टि सहज समवाय की थी। वह अमर्यादित भोगनिष्ठा की प्रतिस्पर्धात्मक संघर्ष की, कृत्रिमता की दृष्टि नहीं है।" विद्वज्जनों के समक्ष अब कुछ अतिरिक्त कथन की कोई गुंजाइश नहीं है कि प्रो. पाण्डे अपने पूर्व वैदिक विश्लेषण के माध्यम से क्या कह रहे हैं।

कवि के रूप में स्वयं समर्थ कृतिकार ने आर्षकाव्यधारा की चारित्रिक विशेषताओं को प्रकाशित करके ऋग्वैदिक काव्य में से कुछ चुनिन्दा सूक्तों का टिप्पणी सहित प्रस्तुतीकरण किया है। यह काव्य दार्शनिक गंभीरता, प्रातभ अनुभूति और मौलिक कल्पनाशीलता के लिये जगद्विख्यात है। नासदीय सूक्त से सृष्टिविषयक एक उदाहरण देखिये-

पहले काम ही उसमें वृत्तिमान हुआ
वह मन का प्रथम बीज था
सत् का बन्धु असत में पा गये
हृदय के अन्दर खोजकर मनीषा से कविगण

रचनाकार विवेचक की मान्यता है कि "वैदिक काव्य में अन्तर्निहित छन्दों में कुछ ऐसी तरंगात्मक या लयात्मक विशेषताएँ है जो कि सर्वथा मानवीय स्तर पर नहीं पहचानी जा सकतीं किन्तु जिनमें एक अपूर्व व रहस्यमय मांत्रिकता होती है।" ऋषि कवियों का व्यापक एवं सूक्ष्म पर्यवेक्षण, अभूतपूर्व विश्वस्तरीय संवदेनशीलता के साथ उनकी जगद्व्यापी दृष्टि को सम्प्रकाशित करता है जिसमें मानवोचित जीवन, लौकिक परिस्थितियों के प्रति जागरूकता और सांस्कृतिक परम्पराओं का रहस्यमय संविलयन हुआ है। इस आर्षकाव्यधारा में काव्यात्मक शिल्प काव्यभाषा और उत्प्रेरक कथ्य ऋषि कवि के काव्यविवेक को स्वतःस्फूर्त चामत्कारिक ढंग से आलोकित करते हैं। वस्तुतः आधिदैविक शक्ति के रूप में प्रस्फुटित मंत्रकाव्य देवताओं के शौर्य, पराक्रम और वीरोचित उत्साह को ओजस्वी रूप में प्रस्तुत करते है जिनमें संगीतस्वरों की संगति एक आलौकिक सम्मोहन उत्पन्न करती है और यह काव्यात्मकता पारम्परित होने के बावजूद प्रार्थनामंत्रों में देवस्तुति तथा मानवीकरण की वास्तविकता के साथ प्रस्फुटित हुई है। आर्षकाव्य की प्रस्तोता मनीषा ने असाधारण कौशल के साथ ध्वन्यात्मकता, काव्यात्मकता, छन्दानुशासन, अलंकारिकता इत्यादि पर हमेशा अपनी प्रतिभा का वर्चस्व कायम रखा है। इसके साथ ही साथ गंभीर भावों में अनुपम आत्मगौरव से युक्त कार्यदक्षता के प्रबल प्रेम, उत्साहवर्धनकारी आमोद-प्रमोद, यौवनश्रीसम्पन्न तरुण जातीय जीवन का पुरुषार्थ

इत्यादि का समावेश ऋषिकाव्य में दिखलाई पड़ता है। हर्षयुक्त आनन्द का अनुभव करते हुए आर्षकाव्यप्रणेता प्रकृति के दैदीप्यमान आनन्दमय और तेजस्वी स्वरूप की प्रशंसा करते थे। प्रकृति की सौन्दर्यमयी मनोहर छटा आर्षकाव्य में प्रचुरता के साथ स्थान ग्रहण करती है जैसे शुभ्र नीला आकाश। खिली हुई स्वर्णिम प्रभावेला, उगता हुआ सूर्य इत्यादि। कुछ उदाहरण प्रस्तुत हैं–

चराचर विश्व के उस नियन्ता और स्वामी को
हम रक्षा के लिये पुकारते हैं जो हमारी बुद्धि का प्रेरक है।
ताकि पूषा बढ़ाये जो हमने पाया
त्राता, पालक, अदम्य, हमारी स्वस्ति के लिये।।
गगन सर से समुद्रावधि
बह रहीं पावन अविराम
बली वज्री इन्द्र से कृत मार्ग
दिव्य धाराएँ बनें रक्षा धाम।।
ऋत और सत्य अभीद्ध तप से अधिजात हुए
फिर रात्रि जन्मी फिर तरंगित समुद्र।।
तरंगित समुद्र पर संवत्सर जन्मा।
अहोरात्र का विधान करते समय समस्त प्राणियों का स्वामी
सूर्य और चन्द्र को धाता ने यथापूर्व कल्पित किया।
द्युलोक, पृथ्वी, अन्तरिक्ष और स्वर्लोक को।।

पूर्व वैदिक और उत्तर वैदिक युग का विभाजन प्रो. पाण्डे की दृष्टि में आपेक्षिक और आनुमानिक है। इस उत्तरयुग का साहित्य व्याख्यात्मक गद्य है जो चिन्तन की प्रौढ़ता से समन्वित है। इस कालखण्ड में सभ्यता का विस्तार और विकास हुआ, कर्मकाण्ड बढ़ा तथा तत्त्वजिज्ञासा प्रबल हुई "पर इसमें पूर्व वैदिक युग की सरलता, निःसंशयता, आशावादिता और अखण्ड पूर्णता की प्रतीति के सूत्रों के अन्तराल में अब संशय, द्वन्द्व और संघर्ष के भाव-रूप से चिन्तन में गुंथे हुये प्रतीत होते हैं।" नीरक्षीरविवेक की विधेयात्मक परम्परा के सामान्य प्रतिनिधि पाण्डे जी का यह निष्कर्ष अत्यन्त सारगर्भित है। सभ्यता के बढ़ते चरण के साथ उसके संगत रूप में संघर्ष का वातावरण भी अस्तित्त्व सम्पत हुआ। उन्होंने कई सुप्रचलित मान्यताओं का खण्डन किया है, जैसे यह कि वैदिक युग से साम्राज्य युग तक भौगोलिक क्षितिज का विस्तार किसी जातीय देशान्तरण का परिणाम नहीं है। वैज्ञानिक ज्ञान के विषय में यह मानना है कि यह विदेश से उधार लिया गया है, यह विशुद्ध पूर्वाग्रह है। अर्थनीति के बारे में वैदिक धारणा आधुनिक नृतत्वेत्ताओं के अनुसार मानवीय अज्ञान को ही दृष्टांतित करती है जिस पर जुदाई अनुष्ठान और मिथकीय विवरण आधारित होते हैं, पर इस प्रकार की मान्यता एकांगी और अतिरंजित

है। वैदिक समाज में धन के प्रकारों का उत्पादन जटिल प्रविधि अथवा जटिल अर्थतंत्र पर निर्भर नहीं था और कृषिप्रधान भारतवर्ष में कुछ नगरों के उदय को 'नागरीय क्रांति' की संज्ञा देना एक परिप्रेक्ष्यात्मक भ्रान्ति है। "श्रमविभाजन, अतिरिक्त उत्पादन एवं विनिमय की प्रक्रियाओं में तात्त्विक समानता होने पर भी मात्रा-भेद से युगान्तरकारी परिणाम पैदा हो सकते हैं।" यह निष्कर्ष ठीक है।

उत्तर वैदिक काल में पारलौकिक शक्तियों की उपासना हेतु रहस्यमय अनुष्ठानों की प्रतिष्ठा हुई, ब्रह्म और धर्म स्थापित हुए, यह युग लगभग दूसरी सहस्राब्दी का काल था और प्रकृति की ओर वैदिक मानव की दृष्टि यज्ञात्मक थी। इस काल में जनों का स्थान जनपदों ने लिया। भौतिक प्रगति सभी क्षेत्रों में हुई, विद्या, धर्मजिज्ञासा एवं ब्रह्म जिज्ञासा का विकास हुआ। अर्थनीति के सन्दर्भ में जड़विज्ञान की विवेकहीनता, तज्जनित असुख, प्रकृति के एकान्तिक प्रसह्य भोग की वास्तविकता का उल्लेख प्रो. पाण्डे ने किया है और बताया है कि "वैदिक अर्थनीति जिससे जुड़ी थी उसके लिये विश्व एक दिव्य, अखण्ड और पूर्ण इकाई है जिसमें मनुष्य को पर देवात्मक बृहत्, सत्य में अपने को समर्पित कर ही अपनी अपूर्णता से छूटना है।" समाजव्यवस्थापकों ने राजा को स्वच्छंदतापरक विशेषाधिकारों से वंचित रखा, पुरोहितों को उच्च स्थान दिया क्योंकि बुद्धि और ज्ञान एक निर्देशक किन्तु अभोक्ता और अकर्ता तत्त्व है। पाण्डे जी ने प्राचीन मिस्र, चीन और मध्यकालीन यूरोप की धर्मसत्ता और राजसत्ता के एकान्तिक सम्बन्ध का तुलनात्मक विश्लेषण करके भारतीय संदर्भ में लिखा है–"समाज में ब्राह्मणों की भूमिका का महत्त्व ऐश्वर्य, वैभव, निरंकुशता अथवा विलासिता के लिये पारपत्र नहीं था बल्कि तपस्या के जीवन के लिये था।" समाज में परिव्याप्त असमानता, अन्याय और अत्याचार का मूल कारण उनकी दृष्टि में–आदर्श के नाम पर स्वार्थ साधने की प्रवृत्ति है।

उत्तर वैदिक संहिताओं और ब्राह्मण साहित्य के सम्यक् परिशीलन प्रसंग में बताया गया है कि पार्थिव, आभ्युदयिक और ऐहिक वातावरण से युक्त *अथर्व संहिता* के मंत्र काम्यसिद्धिहेतु प्रयुक्त होते थे, इसका एक रूप क्षात्रवेदात्मक भी है और चिकित्सापरक विधान का भी इसमें समावेश है। *यजुर्वेद संहिता* में कठोर और सूक्ष्म नियमों से बँधे अनुष्ठानों का वातावरण है। सामगान संगीत का प्राचीनतम अध्याय था जिसमें रहस्यात्मक और शास्त्रीय दोनों पक्ष महत्त्वपूर्ण थे। इसमें अरण्यगेय और ग्रामगेय दोनों प्रकार के गान मिलते हैं। ब्राह्मण साहित्य विस्तृत गद्य साहित्य है जिसमें यज्ञधर्म और यज्ञविधि का निरूपण हुआ है। इनमें इतिहास, आख्यान, उपाख्यान, व्याख्यान भी सम्मिलित हैं। बताया गया है कि इनमें व्यक्ति के लिये आदर्श शील, समाज की मर्यादा का निदर्शन और सामाजिक न्याय का संतुलन निरूपित है। इस प्रचुर साहित्य में, मीमांसकों द्वारा उपेक्षित कर दिये गये ऐसे वाक्य भी हैं। वस्तुतः अर्थवादात्मक कथनों में भूतार्थवादात्मक कथन भी आते हैं जिनमें वैदिक ज्ञान-विज्ञान की सूचना मिलती है।

यज्ञविधान के परिशीलन से तत्कालीन आरण्यक और ग्रामीण समाज के बारे में भी महत्त्वपूर्ण जानकारी प्राप्त होती है। वैदिक कर्मकाण्डों में उपवास को व्रत मानते हुए सत्य और अनृत, जल, अग्नि, यज्ञ और मिथुन के तत्त्वों का निरूपण हुआ है। ग्रन्थकार ने इस प्रसंग में बताया है "जो प्रत्यक्ष घटित है उसका वास्तविक अर्थ परोक्ष है। यह सांकेतिकता तथा परोक्षता ही आजकल की भाषा में कर्मकाण्ड का मिथ्याकल्पनात्मक पक्ष है। वस्तुतः यह उसका परोक्ष आधिदैविक और आध्यात्मिक पक्ष है।" देवकथा–सृष्टिकथा के रूप में कर्मकाण्डों में वर्णित इतिहास आधुनिक काल में मिथक समझा जाता है। कर्मकाण्डों में अग्नि का स्थान अत्यन्त महत्त्वपूर्ण है और इसीलिये अग्नि में ही सभी देवताओं के लिये हवन होता है। "अग्नि सभी देवताओं में प्रत्यक्षतम, मृदुहृदयतम, निकटतम है, अग्नि ही सब देवता है।" पाण्डे जी ने विस्तारपूर्वक कर्मकाण्डों का विवरण दिया है जिसमें उनके विधि–विधानों का वास्तविक स्वरूप स्पष्ट होता है और उसके वस्तुनिष्ठ निहितार्थ पर प्रकाश पड़ता है इसमें राजसूय, अश्वमेघ, पुरुषमेध, सर्वमेध आदि यज्ञों का विशद वर्णन हुआ है। उनकी मान्यता है कि संहिताओं में अर्थ एक साथ ही अनेक आयामों और स्तरों को व्याप्त किये रहते हैं, यज्ञविधान एक प्रतिमानभूत शाश्वत और सहज कर्मविधान का अनुकरण है, यज्ञ का रहस्य कर्मयोग ही है। यज्ञ प्रधान वैदिक धर्म की सनातनी परम्परा मानती है कि यज्ञ वैदिक मंत्रों और विधियों के अनुसार देवताओं के लिये अन्न, पशु अथवा सोमरूपी द्रव्यों की हवि देना है। समग्र सृष्टि एक सतत यज्ञ है। ऐतिहासिक सामग्री मात्र के लिये कर्मकाण्डों का उपयोग करने वाले पाश्चात्य विद्वान् अपनी मूल्यमान्यताओं से ही कर्मकाण्ड की सार्थकता देखने से वंचित रह जाते हैं। यज्ञात्मक कर्मकाण्ड द्वारा वस्तुतः ज्योर्तिविज्ञान, सृष्टिविज्ञान और आत्मविज्ञान का प्रयोगात्मक निरूपण किया जाता था। "इस प्रकार कर्मकाण्ड का प्रयोजन विद्या या ज्ञान में पर्यवसित होता है। उपासनात्मक विद्याएँ ही कर्मकाण्ड की चरम परिणति बनीं।"

वेदान्त के समानार्थक उपनिषदों में आत्मानुसंधान की अनेक विधियाँ मिलती हैं। यह ब्रह्मविद्या या आत्मविद्या का साहित्य वेद का ज्ञानकाण्ड है और वैदिक विचारतंत्र का चरमोत्कर्ष है। दार्शनिक इतिहासवेत्ता प्रो. पाण्डे ने उपनिषदों के इस परिशीलन में बताया है कि उपनिषद् दर्शन के अनुसार निष्काम कर्म सिद्धिप्रदायक होता है, ईश्वरीय सृष्टि मूलतः सनातन और तात्त्विक है, ब्रह्म सब विषयों में निगूढ़ अन्तःशक्ति है, आत्मा से उत्पन्न प्राण चेतनशक्ति है, शरीर को संचालित करने वाली कर्मेन्द्रिय और ज्ञानेन्द्रिय प्राणों से प्रेरित होती हैं। उपनिषदों की सम्पूर्ण तत्त्वजिज्ञासा जीवात्मा और परमात्मा के अद्वैत तक पहुँचती है। आत्मा ही अभय ब्रह्म है। उपनिषद् ही परवर्ती आध्यात्मिक दार्शनिक धाराओं के उद्‌गम स्रोत है। नचिकेता–यम संवाद में आया है–

हृदय में स्थित
कामनाएँ रूप की सब

जब छूट जाती हैं
तब मरणधर्मा मनुष्य
अमर हो जाता
यही ब्रह्मभाव पा लेता

प्रो. पाण्डे ने उपनिषद् मंथन करके बताया है–

> "इन्द्रियाँ और मन विषयों के आकार-प्रकार प्रस्तुत करते हैं किन्तु चैतन्यरूपी आत्मा ही इन प्रस्तुतियों का साक्षी होता है, जैसे कोई कैमरा, टेलिस्कोप या कम्प्यूटर तरह-तरह के बिम्ब और सूचनाएँ प्रस्तुत और आकलित कर सकता है किन्तु जब तक उनका प्रयोक्ता प्रेरित और साक्षी मानव नहीं होता तब तक यह सारी प्रस्तुतियाँ यांत्रिक और जड़ रहती हैं। ऐसे ही चेतन आत्मा भी सब इन्द्रियों की प्रेरक है और उनकी उपलब्धियों की साक्षी है।"

यह अकारण नहीं है कि वेदान्त की प्रस्थानत्रयी में ब्रह्मसूत्र और भगवद्गीता के साथ उपनिषद् भी अत्सन्त आसन पर विराजमान हैं।

वैदिक विज्ञान से संबंधित अध्ययन में गोविन्द चन्द्र पाण्डे का विवरण, विश्लेषण और विवेचन नितान्त विस्मयकारी है। वैदिक विज्ञान के दार्शनिक आधार को सुप्रकाशित करने के लिये उन्होंने आधुनिक पाश्चात्य दृष्टिकोण का सम्यक् अवगाहन करके एक तुलनात्मक विश्लेषण का उत्कृष्ट प्रयास किया है, विशेषता यह है कि इस प्रक्रिया में उच्चस्तरीय विशेषता के साथ उन्होंने प्राचीन और अर्वाचीन विचारों को अध्येता के समक्ष पूर्ण निष्पक्षता के साथ प्रस्तुत किया है। उनकी मान्यता है कि किसी भी युग की वैज्ञानिक दृष्टि को समझने के लिये उस समाज और सभ्यता की दार्शनिक और सांस्कृतिक दृष्टि का विवेचन परमावश्यक है।

आजकल विज्ञान शब्द में वैसा ही जादुई चमत्कार है जैसा कभी वेद शब्द में था। उनके मतानुसार प्रत्यक्षगोचर जगत् के विषय में जिज्ञासा चिरन्तन और सार्वभौमिक है किन्तु इस प्रसंग में महत्त्वपूर्ण यह है कि भौतिकवादी दार्शनिकों को छोड़कर प्रायः सभी पारस्परिक सभ्यताओं ने प्रत्यक्षगोचर जगत् के तात्त्विक स्वरूप को ही बुद्धिगोचर माना है और उन्होंने जड़ता को परमार्थ का लक्षण नहीं माना है। इससे सिद्ध है कि विज्ञान का जड़त्ववादी आग्रह आधुनिक पश्चिमी संस्कृति की दार्शनिक मान्यता की ही प्रसूति है–

> "विज्ञान की आधुनिक अवधारणा उसे सर्वथा मानवीय पर कठोरतया परीक्षित, दुहराये जाने वाले प्रत्यक्ष से सत्यापित, सदा अधूरा पर प्रगतिशील ज्ञान मानती है, जिसके द्वारा प्राकृतिक वस्तुओं पर नियंत्रण प्राप्त हो सकता है, कम से कम उन्हीं गतिविधियों को नियमतः पूर्वादेशित किया जा सकता है।"

प्रो. पाण्डे का यह आग्रह निर्विवाद रूप से वैज्ञानिक आधार पर सुप्रतिष्ठित है, यदि हम केवल एक उदाहरण लें–आधुनिक पाश्चात्य अवधारणा में वैज्ञानिक चिन्तन का सम्पूर्ण संसार 'सत्य की खोज' पर आधारित है और यह विज्ञान के अभियोजन में सर्वाधिक प्रभावशाली प्रेरक तत्त्व बन गया है। सच्चाई यह है कि व्यवहारिक उपयोग की वस्तुओं से संबंधित विज्ञान अधिकांशतः सिद्धान्तों की आविष्कार-यात्रा का एक सहउत्पाद रहा है, जैसे मैक्सवेल की प्रकाश से सम्बद्ध विद्युत्चुम्बकीय खोज इस सदिच्छा से नहीं हुई थी कि प्रत्येक घर को एक वायरलेस सेट उपलब्ध हो जाये।

वैदिक चिन्तन उपरोक्त आग्रह से सर्वथा भिन्न है। ज्ञान और विद्या जो वेदों में अखण्ड रूप से प्रतिपादित है उसे लोकोत्तर, साक्षात्कारमूलक, अभ्रान्त और सम्पूर्ण सत्य माना जाता था। आत्माद्वैतवादी वैदिक दृष्टि प्राकृतिक या जड़ सभी पदार्थों पर चैतन्य का विवर्त मानती थी। प्रसिद्ध वैज्ञानिक व्हाइटहेड और हॉम की तरह प्रो. पाण्डे भी मानते हैं कि प्रत्येक युग का विज्ञान सृष्टिज्ञानात्मक आधारभूत मूलदृष्टि पर प्रतिष्ठित रहता है। वैदिक चिन्तन यह है कि देवशक्तियाँ ही विश्व की मूल विधारक शक्तियाँ है, वे ज्योतिस्वरूप हैं और ऋत की मूल व्यवस्था है। अधिकांश इतिहासवेत्ता अग्निचयन जैसी रहस्यात्मक विद्याओं को पुराकालिक अज्ञानविलास मानते हैं, आज आधुनिक विज्ञान दृष्टि भौतिक प्रकृति की व्याख्याता बनकर मनुष्य को मूलतः एक प्राकृतिक पिण्ड समझती है। आज प्रो. पाण्डे के अनुसार जड़तत्त्वों और उनके नियमों के अनुसार समझने की, रिडक्शनिस्ट दृष्टि मनुष्य के आत्मविज्ञान को एक स्वायत्त विज्ञान नहीं मानती किन्तु आत्मबोध एक अमर और शाश्वत सत्ता का भौतिक स्तर पर अवतरण है। प्रकृति की समझ गणित से तो मनुष्य को समझना स्वयं भाषा (वाक्) से संभव है। इसीलिये पश्चिम में जो स्थान यूक्लिड को प्राप्त है वह गौरव भारत में पाणिनि को मिला है। उन्होंने इस प्रसंग में कई मौलिक स्थापनाएँ की है–वैदिक परम्परा में समाजविज्ञान धर्मविज्ञान है। सुकरात ने धर्म को ज्ञान से अभिन्न माना था तथा उनके शिष्य प्लातोन ने धर्म या दिके को ज्ञानियों द्वारा प्रतिपाद्य व्यवस्था बताया था। ये विचार वैदिक विचारों से सर्वथा समंजस हैं किन्तु ध्यातव्य है कि ये दार्शनिक वैदिक युग की तुलना में अर्वाचीन थे। उनका यह कथन भी औचित्यपूर्ण है कि जैसे-जैसे वैज्ञानिक अनुसंधान मानव चेतना के निकट पहुँचता है, विज्ञान और दर्शन का पार्थक्य भी मिटता जाता है। स्वामी रामतीर्थ के उद्धरण द्वारा उन्होंने बताया है कि पहला विज्ञान ज्योतिर्विज्ञान था और अंतिम अध्यात्मविज्ञान होगा। वैदिक युग में कर्मकाण्ड से गणित का विकास यहाँ तक हुआ कि वे लोग 10^{12} तक की बड़ी संख्याओं से परिचित हो चुके थे। इसमें क्षेत्रमापन, यज्ञशालानिर्माण से विकास में सहायता मिली। दशमलवपद्धति, रेखागणित, बीजगणित, चिकित्साशास्त्र का स्तरीय ज्ञान भी इस युग में हो चुका था। कटे सिर का प्रतिरोपण तक संभव हो चुका था। इस प्राचीनतम विद्या का यह अद्भुत चमत्कार था। सिद्ध है

कि वैदिक युग में भी नैतिक परिप्रेक्ष्य में विकसित विज्ञान व्यवहार का साधक था। निष्कर्षतः प्रो. पाण्डे लिखते हैं कि यदि उस युग का भौतिक विज्ञान आज की तुलना में प्रारंभिक प्रतीत होता है तो यह स्मरणीय है कि उस युग में भौतिक सत्ता के पारमार्थिक चैतन्य स्वरूप की खोज करके ऋषियों ने पराभौतिकी को प्रकाशित किया या वर्तमान युग के लिये स्पृहणीय हैं क्योंकि मानव कल्याण के लिये उस पर आधारित धर्मविज्ञान और अध्यात्मक विज्ञान सदा ही आवश्यक रहेंगे। वैदिक विज्ञान का शिखर चैतन्य विज्ञान है। भारतीय संस्कृति के इतिहास-लेखन और विवेचना के प्रसंग में यह महत्त्वपूर्ण मौलिक कृति है। विद्वान् आचार्य गोविन्द चन्द्र पाण्डे के प्रसंग में पूषा को संबोधित सूक्त का उद्धृत अंश *वैदिक संस्कृति* की उपादेयता ही व्यक्त करता है–

पूषा! विद्वान् से मिलाओ
जो सीधे अनुशासन करे।
बताये–'ऐसा ही यह'।।

18

Vaidik Samskriti: A Short Review

Sibesh Bhattacharya

Monumental scholarship moving with smooth strides over vast areas, refreshingly original, thought-provoking and challenging: these are some of the qualities one has grown accustomed to expect in the recent spate of works of Prof. G.C. Pande. The present book exemplifies these qualities in their attractive best.

Although his approach has been historical, Prof. Pande has chosen to write on 'Vedic Culture' and not on the 'Vedic Age'. The reason for this choice has not been specifically explicated in the work. However, the present reviewer is in no doubt that Prof. Pande is making a statement through this conscious choice. Vedic Age in the current historical discourse, particularly in India, is taken to represent the period in Indian history in which the marauding white-skinned Aryan 'race' swooped down on the Indus plains (*c.* 1300 BC) across the Hindukush, destroying the magnificent urban centres (*Purs*) there; and then pressing forward into the Gangetic plains and the bracing Malwa regions they obliterated, enslaved and drove away the dark-skinned Pre-Aryan indigenous people into the inhospitable forests and mountainous shelters; and then (*c.* 600 BC) began building anew the 'urban culture', with all its concomitants, that they had previously destroyed so ruthlessly. On the social plane, the Vedic Age is supposed to represent a predominantly pastoral society practically unacquainted with city life except as its inveterate enemy. And this account is based almost entirely on an avowedly priestly literature that was designed to serve a sacred and sacerdotal end. The very choice of Prof. Pande's theme underlines his disagreement with the prevailing interpretaion of the history of the Vedic Age.

The study of culture has been a lifelong engagement of Prof. Pande and he has often elucidated his view of what constitutes the essence of culture. Culture, in his formulation, is the ultimate goal that a civilization sets for human beings. It is these goals that distinguish one civilization from another. Culture from this point of view is thus the foundational philosophy of life permeating a society. However, in the present work he has taken a wider view of culture. Along with his main notion of culture as the chosen *summum bonum* of life, to which he steadfastly adheres, in this book Prof. Pande also accommodates the social and economic lives and organizations of people within the purview of Vedic culture. Culture has been looked upon here as the ways of life of people as well as the expression of the fundamental philosophy of life. Vedic literature has been viewed as a mirror reflecting variegated patterns of life on the one hand and as a lamp illuminating a vision of fundamental values on the other. With astute subtlety, all through the astoundingly detailed marshalling of evidence, Prof. Pande weaves a fine texture of argument in which both the views of culture are seen as converging. Perhaps in concession to the historical methodology currently in vogue, in the present work Prof. Pande has adopted a somewhat different arrangement of chapterization than in his *Foundations of Indian Culture.* In the *Foundations of Indian Culture,* he begins with the spiritual, religious, philosophical, creative and aesthetic spheres and then moves on to the social and economic. In the present work he traverses, what essentially is the same ground, from the direction that historians would find closer to their approach. The ten chapters in the book are arranged in the following order:

1. Vedas, their Authorship and the Period of their Composition.
2. In Quest of the Aryas – Linguistic and Archaeological (Perspectives).
3. The Early Vedic Society and Material Aspects.
4. Spirituality of the Early Vedic Age.
5. The Stream of the Poetry of the Seers.
6. The Later-Vedic Period.
7. The Later-Vedic Samhita and Brahmana Literature.
8. *Karmakanda* and its Significance.
9. Understanding the Upanishads.
10. Vedic Science.

The main theme and the allied issues in each chapter have been penetratingly and exhaustively discussed. The author's mastery over the original sources, i.e., the massive Vedic literature ranging from the *Rik Samhita* to the *Upanishads* along with the ancillaries (*Vedangas*) and the commentaries (*Yaska, Mimamasakas, Sayana,* etc.) and Avestan tradition, as well as his command over the equally impressive works of the modern masters, German, French, English, American, have lent his book the kind of authenticity not easily available in the works of present day Indian historians dealing with early India. The advantage of studying directly the original works not mediated by translators, and this applies equally to the German and French works, is evident in the whole book. The methodology Prof. Pande has used, following the one laid out by his teacher Pandit Ksetresachandra Chattopadhyaya, has been referred to more than once (pp. ix, 108, etc.). Four feet, as it were, of Vedic study has been identified; (a) Vedic Texts, (b) the *Avesta,* (c) modern comparative methodology, and (d) the Indian tradition of Vedic studies. Prof. Pande has underlined the fact, often not even taken notice of in the historiography currently dominant in our country, that the Indian tradition of Vedic interpretation, despite many odds, continues to be vibrant even in the modern times in the works of Dayanand, Aurobindo, Coomaraswamy, Anirvana, Madhusudhan Ojha, Matilal Sastri, etc. The present work is a weighty addition to this tradition and it adds new dimensions to it.

The first two chapters are mainly devoted to the contextual background of the Vedic culture. The implications of some of the current views related to the 'Aryan' question have been scrutinized in detail and from several angles. The notion of Aryan as a race has, of course, lost its credibility for quite some time. Prof. Pande's discussion, however, goes a much longer distance than reinforcing the untenability of the racial construction of the notion of Arya. In fact, Prof. Pande has argued in a number of his earlier works too that the notion of race was alien to the Vedic thought world. The alleged dichotomy between the Arya and Dasa-Dasyu was actually cultural and conduct-based. What really emerges out of the discussion of the question of Arya in the present work is the interesting fact that despite the garb of a linguistic construction of the 'Arya', the prevailing theory retains most of the illogical and offensive features of the 'racial' theory. It retains the concept of a single 'group' of all-conquering alien people, imposing its own culture, language and world-view on the surviving members of the conquered; giving it the name of a language-speaking group instead of a race does not make any real difference. Affinity of language does not bear one-to-one relationship with invasion and subjection. From the examination of available evidence, both linguistic and archaeological, Prof. Pande believes that the construction of the Proto Indo-European, both as a language and a common group of ancestral people, is a modern artifice and cannot bear acute examination. Similarly, the supposed dichotomy between the Vedic and the Harappan and the alleged grounds of this dichotomy should be reconsidered. Prof. Pande does not think that there is sufficient evidence to warrant the conclusion that the authors of the Veda were 'primitive' invaders that poured into the country across the Hindukush. These two chapters are a plea based on a thickly woven texture of fine arguments to look at the Veda without the theory of Aryan invasion casting its shadow over it. The question of Vedic chronology, it has been argued, also needs fresh evaluation. In this connection, it is worth noting that the emerging archaeological picture of the rise of Chalcolithic cultures in Eastern India around 2000 BC calls for the redating and relocating of the Videgha Mathava legend of the *Satapatha Brahmana* and the process of the 'Aryan Expansion' to the east of the Sadanira. And this in its turn would suggest a substantially older date of the *Rigveda.* Moreover, the changing archaeological scenario seems to be creating space for a critical rehabilitation of some of the traditions found in the *Puranas.* The appraisal of the Vedic chronology and the theatre of the Vedic culture appear to accord quite well with the emerging outline of the archaeological scene.

Protagonists of socio-economic history would find chapters 3 and 6 of absorbing interest. Even though intervening ones separate these chapters, in order to savour them without break, it would not be a bad idea to read them in continuation. Within the constraints of the nature of evidence, in these chapters the author has largely succeeded in approximating the ideal of 'total history'. His minute and lively reconstruction of the life of the people reminds one of the methodologies followed by the celebrated French historians like Braudel and Laduri. Although Prof. Pande does not approach social history from the Structuralist or Marxist view points, he has dealt with the issues associated with social units and their interrelationships, and the prevalent sources and the nature of production and subsistence. The connotations and significance of terms like *jana, janapada, vis. gotra, goshtha, gavishti, kula, rashtra, rajya, rajan, pur,* and so on have been discussed in depth. Similarly, the question whether the Early Vedic society was nomadic-pastoral-tribal in character gradually developing into agrarian state-based society has been considered in detail. His evaluation, of course, differs from that of Kosambi and other Marxist scholars. The difference is most marked in the way he emphasized the philosophy that coloured the Vedic idea of society, and can be found in the *Atharvaveda* 12.1.45. This philosophy was essentially pluralistic and accommodative in outlook and strongly advocated concord in place of competition and exploitation, including exploitation of the earth (see, e.g., pp. 47, 261). Prof. Pande clearly says that the understanding of the social organization, the economic life and dispensation and the nature of political authority cannot be divorced from this philosophy without running the risk of getting a distorted and one-dimensional perspective.

In the present academic climate of intense ideological conflict, Prof. Pande's methodology and attitude might be viewed by some as an effort to romanticize and sublimate the past. In this context, the reader's attention is invited particularly to Prof. Pande's discussion on the *Varna* system (pp. 269 ff). He candidly accepts the inequity that crept into the system as a kind of permanent cancerous virus eating into the vitals of Indian society (p. 275). However, this obvious shortcoming does not induce him to lose his holistic perspective in evaluating the Vedic society. As a matter of fact, these two chapters (3 and 6) represent critical scholarship looking at some of the accepted assumptions about the 'Vedic Aryans' and the application of many of the contemporary social science concepts to early Indian society at its dignified best. Some of his observations are highly interesting. He remarks that the names of the rivers in the famous *nadisukta* of the *Rigveda* are enumerated from east to west beginning with Ganga (p. 45) and it is mentioned that the rivers flow into the sea (p. 46). Many of the Vedic *janas* are found living in fixed settlements (p. 44). Because of their pastoral character, it has been assumed that the Aryans were not familiar with the blue and green colours; blue and green after all, it has been argued, were absent among the colours of the cattle. Prof. Pande has argued that how could people moving in forests and in grassland and leading an open-air life miss the ubiquitous colours of green fields, forests and of the blue sky (p. 51). There are more references to *pur* in the *Rigveda* than to *grama* (pp. 56-57). These do not go well with the assumption that the Early Vedic people were predominantly nomadic pastoralists inhabiting the area stereotyped as *saptasindhava*. Prof. Pande observes that the Chalcolithic culture of the third millennium BC indicates the existence of pastoralism, agriculture and urban centres with developed trade and commerce. There must have been groups of nomadic people, with hunting, farming, etc. as their occupation, but there is no reason for believing that these people alone represented the Early Vedic culture (p. 54). In fact, the social composition of Early Vedic India was far from monolithic; like the subsequent periods in Indian history, it was pluralistic with a world-view that respected diversity (p. 58).

Religion, ritual and philosophy have been discussed mainly in chapters 4, 8 and 9. Besides these, other chapters also contain occasional observations related to beliefs, speculations, world-views and religious practices. Although insights from comparative religion have been made use of, the perspective mainly has been the traditional Indian one. The first few pages of Chapter 4 give a summary of Prof. Pande's views of the main features of Vedic religious beliefs and spirituality. The chapter contains an incisive discussion of the concept of *rita* and its place in Indian culture. Cosmogonical and cosmological issues have been discussed in Chapter 4 and again in chapters 8 and 9. These chapters are highly important for they also provide key to understanding the Vedic attitude to society.

Among the most attractive parts of the book should be counted chapters 5, 7 and 9, which contain extensive Hindi rendering of some of the most significant portions of Vedic literature. It is well known that Sanskrit poetry loses a great deal of its effectiveness bereft of its fabulously rich *chanda*. It is thus a measure of the ample felicity that Prof. Pande is gifted with in handling Hindi, that he has been able to transport the poetic power of the Rigvedic verses and the literary quality of the Upanishadic poetry and passages of pregnant prose. Although it is perhaps not totally fair, because the degrees of language kinship are markedly different, a comparison of Prof. Pande's Hindi renderings of the Rigvedic or Atharvavedic *suktas* with the most popular English rendering of them brings home the fact how warmly liquid a good translation can be. And in the rendering no distortion has been allowed to intrude upon the essentially spiritual and religious character of the texts or to sully the 'twilight' nature of the mystic vocabulary (*sandhyabhasha*) in concession to poetic effect. Prof. Pande has done yeoman's service in rehabilitating Vedic literature into the domain of 'literature'; the 'modernist' readers of Hindi can now savour the Veda just for its literary quality and realize that modern poetic sensibilities are not so distant from those of the composers of the Vedic hymns.

Vaidik Samskriti embodies a refined and dedicated scholarship of a rare kind and a mellowed and dignified mind. From its presentation, style and language, it should be hailed as classic in Hindi literature. The book deserves widest circulation.

NOTES

1. Although Prof. Pande has been refining and adding on to his concept of culture, *The Meaning and Process of Culture* still remains his most elaborate statement on the subject.

19

Ekam Sad Vipra Bahudha Vadanti

Sibesh Bhattacharya

Religion has not been a favoured area of interest among historians in India for quite some time.[1] In fact, this apathy has not been a special attribute of historians alone. Even an iconoclast like Nirad C. Choudhury had noted with sarcasm and sadness about half a century ago that he failed to raise any steam whenever he tried to discuss religion in a gathering of 'educated' Indians. The situation has not substantially changed since Choudhury wrote. Prof. G.C. Pande has been in the forefront of the very small minority of scholars who have retained an abiding interest in the study of religion. The qualities that distinguish Prof. Pande's work are not just the readiness to swim against the current. They are also leavened by the tools of study he uses; they try to integrate the best of both the modern western critical scholastic methods as well as the traditional way of looking at religion as an article of faith and spiritual fulfilment. He is thus able to steer clear of the excessive fervour of the faithful and the aridity of excessive empiricism. The work under review contains the two lectures that Prof. Pande delivered at Sampurnanand Sanskrit University. It was only appropriate that these lectures should have been delivered in chaste Sanskrit. Normally, a work in Sanskrit is expected to confine its theme to the traditional Indian discourse both in outlook and dimensions of subject matter. It is really remarkable that without any apparent violence to the texture of Sanskrit scholarship and its intellectual tradition, Prof. Pande should have been effortlessly able to weave into it the entire heritage of Western scholarship on religion, from St. Augustine to Max Weber. Apart from the number of significant issues raised and discussed in the lectures, the work merits attention also because it in some ways represents the summation of Prof. Pande's views on religion and the place of Indian culture in the universe of religion. The work is a very valuable addition to the study of religion in general and Indian religious traditions in particular. But we feel that instead of viewing it as an individual work, if we study it against the background of Prof. Pande's other works of the same genre, it may help us get into the heart of Prof. Pande's thesis.

The view of religion that Prof. Pande espouses has been shaped and conditioned by the traditional Indian attitude towards religion and he makes no attempt to underplay it. This by itself is an achievement. The range and the weight of his scholarship in Western intellectual tradition could have easily swept him off his ground. In this he stands in the same line as some of the greatest thinkers of modern India like Vivekananda, Aurobindo, Coomaraswamy, Gopinath Kaviraj, Radhakrishnan, Bhagawandas, etc., but unlike some of them he does not lay any claim to direct experiential apprehension of spiritual truth. His writings rather reflect an intellectual endeavour to comprehend the nature of religion and religious experience and communicate it in rational terms. His stand, thus, may appear to be akin to that of modern Western rationalists. But a dry rationalist-empiricist approach, according to Prof. Pande, is an inappropriate way to understand religion. He believes that "the perceptive understanding of religion requires it to be viewed as an inward experience".[2] He thus finds the studies of religion, and especially the studies of eastern religions and religious beliefs and practices, by Western scholars as suffering from a "curious opacity which arises from an excessive concentration on methodology without an adequate or sympathetic contact with the subject itself".[3] What is this subject and what is the appropriate methodology for its study? These questions form the central issue that Prof. Pande addresses in his Griffith Memorial Lecture.

In contemporary Indian languages, the expression *dharma* is generally used to denote religion. This is not a satisfactory rendering of the term. Prof. Pande notes that actually there is no word in Indian tradition that fully corresponds to 'religion'. According to him, 'religion' primarily signifies belief in a supernatural being or beings accompanied by a set of practices held to be in conformity with the belief. "Creed, conduct and law are, thus, the usual constituents of religion." Although the expression religion and *dharma* do cover some common ground, Prof. Pande believes that in actuality they represent two distinct outlooks. The restrictive attribute of creed is not an essential ingredient of *dharma; dharma* thus represents a wider outlook than religion. So, to study *dharma* as a discipline (*dharmasastra*) became primarily the study of ritual obligations (*karmakanda*), the social ethics (*acara*) and law (*vyavahara*). The study of belief or beliefs, including those concerning soul, God, after-life, etc. did not form the subject matter of *dharmasastra* proper; these were the areas that belonged to *darsana* or *adhyatmavidya. Dharma,* thus, has comparatively less of sectarian narrowness. As a vehicle expressing the deep-seated and irrepressible yearning for spiritual and religious fulfilment, the term *dharma* seems preferable to religion.

The modern study of religion is a child of Western parentage. The discipline that it has given birth to is variously called the science of religion, comparative religion or history of religion. Generally, such studies are based on the premise that the claim of truth of religion is not maintainable. Sometimes when the possibility of existence of any higher truth in religion is conceded, this concession is allowed usually only to one's own religion. Anthropologists, sociologists and historians view religion only as a cluster or clusters of superstitions and vested interests. Marx and his followers see in religion a means to perpetuate the oppressive economic and social dominance of the ruling class. Historians view religion as systems of beliefs and attitudes evolving through and formed by the growth of social and economic formations. Such studies, based as they are, on the complete denial of an important aspect of human aspirations, i.e., the hunger of soul, cannot be truly satisfying.

The quintessence of all religions, asserts Prof. Pande, consists of a luminous insight into the apparent mysteries of human life and the cosmos and into man's relationship with the universe. It is this foundational vision, which is inspirational in origin, visualized and communicated by a seer or seers (*drasta*) that provides the seed for the development of a religion. The nature of a religion can be seen in its pristine form at this stage. This vision is also often regarded as revelation. The next stage in the passsage of religion witnesses the growth of a text claiming to embody the visualized or the revealed truth. The emergence of commentaries on the original text represent the third and the growth of philosophies developing around them represent the fourth stage. From the tenor of Prof. Pande's formulation, it will be hard to describe these as progressive stages in the evolution of a religion. They may represent a process of elaboration, but not necessarily progress. In fact, they may represent stages of progressive loss of purity. It almost parallels the passage of the four *yugas* in the early Indian concept of *yugantara*. All religions have two dimensions – an inner spiritual one and an external formal one consisting of ritual, conduct and a code of behaviour (*karmakanda, acara* and *vyavahara*). Unfortunately, in the modern studies of religion, it is this formal aspect which not only becomes the focus of study, but also delimits the areas of interest. The spiritual dimension is either dismissed as superstitious mumbo jumbo or a sinister and seductive strategy to perpetuate the system of exploitation of the oppressed. When the attitude is not so unsympathetic, the domain of the spiritual is handed over to neuroscience for study based on 'empirical scientific' methodology. Prof. Pande argues with cogency and vigour for the recognition of the validity of the traditional method of spiritual *praxis* or *sadhana* and *yoga*.

The study of religion, Prof. Pande emphasizes, needs to distinguish between *agama* (revelation), *adhyatmasastra* (theology) and *darsana* (philosophy).

> The *agamas* or the revealed texts are systematized by exegesis, commentaries and topically arranged treatises. The task of systematization involves the use of rational arguments (*anukula tarka*).... This further entails a discussion of purely philosophical and logical issues (*anviksa*)....Since the debates were with the orthodox as well heterodox schools, the philosophical debates had to be purely logical.

In the amplification of a religion or religious point of view, revealed texts, theological systems and philosophical formulations appear to form a continuous series. Nevertheless, asserts Prof. Pande, it is important to distinguish the *agama* or revelation from its subsequent interpretation and systematic theology and philosophy. The revealed texts have a Catholic suggestivity and are expressions of experiential vision and moral wisdom. These can be appreciated in a spirit of simplicity and reverence.

> ...revelation is needed only for what cannot be determined from any other *pramana* or means of valid cognition. Thus only intimations of *praxis* for transcendent realization would constitute the core of revelation.

There is an essential unity of character in this kernel of religion contained in the versions of revelations; it may be expressed in diverse modes and idioms conditioned by the factors of time and space. The diversity of modes and expressions of the essential 'truth' has long been recognized and appreciated in India. It has been the homeland of varieties of faiths and communities living on the whole in peaceful co-existence and harmony. The vision of unity amidst diversity has a long and continuous history; it has been a part of the very grain of Indian culture. What the sage Dhirghatama had declared in the *Rigveda*, 'Truth is one though wise speak of it differently', has been echoing and re-echoing through the whole of the religious history of India. "The Buddha had echoed this and pronounced the diversity of formulation to be the inevitable result of the one-sidedness of human thought and speech."[4] The Jaina theory of *syadavada* is based on the recognition of the validity of opposite standpoints in understanding the nature of reality. Abhinavagupta and Madhusudana Sarasvati, too, were strong advocates of the doctrine of *prasthanabheda* or the plurality of approaches to reach the Truth. The Indian rulers generally followed the policy of religious toleration, Asoka, the Great, being a particularly eloquent advocate and practitioner of the unity of faiths. To Dara Shikoh, the eldest son of Shahjahan, there was no real difference between the Vedantic and Islamic mysticism. During the modern period, Shri Ramakrishna Paramhamsa exemplified in his own personality and spiritual practices the unity of the different paths of spiritual *sadhana*. During the beginning of British rule in India, when Hinduism invited severe criticism from Christian missionaries for idolatry and superstitious practices, Indian thinkers and savants like Raja Ram Mohan Roy responded by advocating "a kind of comparative religion unknown in the West at that time". Ram Mohan Roy argued with force and reason that all religions – Christianity, Islam or Vedanta – contained the same central truth. Thus, there was no necessity for a Hindu to convert to Christianity in quest of truth. The Theosophists concurred with this view. Mahatma Gandhi was a living embodiment of this principle and popularized this point of view among the masses. Coomaraswamy, Bhagawandas, Gopinath Kaviraj, etc. tried to give systematic and intellectual articulation to this point of view. Prof. Pande, however, emphasizes the fact that this unity was not conceived as the unity of the formal doctrines and practices of various religions. It would be wrong to interpret it as the "unity of historical systems of beliefs and practices". It was the unity of the mystical, transcendental, spiritual and moral truth that was highlighted in the Indian tradition.

> The emphasis on spiritual truth and illumination places the truth of religion above the plane of empirical reality.... Revealed truth is held to be personally testable and thus forms the subject matter of philosophical reason as much as empirical truth.[5]

Prof. Pande implies that personal experience of exceptional people who have the capability of traversing the whole of the difficult path, does not deserve to be dismissed because it is not open to verification within the ordinary everyday 'empirical' methodology. He emphasizes, at the same time, the fact that all empirical verification demands strict adherence to the prescribed method of experimentation. Even the realization of spiritual truth can be verified if one follows strictly the prescribed methods.

> Ultimate spiritual authority in India is in practice held to belong not to ancient books or their learned expositions, but to those who are believed to have personal experience of spiritual truth. Spiritual truth is not held to be something totally beyond the human ken, revealed once for all to some incarnation or prophet of God. Nor is it something which man can attain only in the life after death. Spiritual truth is capable of being reached while a man yet lives; this attainment of spiritual truth is profoundly different from its appreciation in merely faith or philosophy. It is a living vision, which transforms the inner life...of the person who attains it.[6]

Sadhana or *yoga* is the commonest names given to the means of attaining the spiritual truth. This *sadhana,* or the seeking of spiritual truth in Indian tradition, recognizes and respects the differing paths that may lead to its realization. "Just as different rivers flow towards the same ocean, so with their diverse tastes and inclinations do men approach the Lord." "Teaching differs according to the individuality of the seekers." The religious and spiritual tradition of India thus rejects the notions of one true religion or a 'single spiritual straight jacket'.[7]

Religion, according to Prof. Pande, is founded on an intense awareness of human mortality and vulnerability. This awareness leads to a belief in the existence of a super reality beyond the fragility and mortality of this life. Moral life, on the other hand, presupposes "the sense of individual freedom as well as of universal humanity". The Indian concept of *sadhana* integrates and includes all these and goes beyond them. It goes beyond the earnestness (*samvega*) of a moral or religious person.

> It presupposes certain maturity and wisdom (*viveka*) towards life, a realization of the inadequacy and unsatisfactoriness of the life of egoism and acquisitiveness (*duhkhabodha, uparati,* and *mumuksa*). It presupposes an unvarnished perception of the inherent limitations of wordly satisfactions, along with a firm faith in the capacity of man to attain values of lasting and universal character (*sraddha*). It requires fortitude and determination (*dhriti, virya*).

Indian culture, Prof. Pande urges, cannot be followed only through the analysis of its social code or structure without understanding the spiritual ground on which the code and structure stood.

NOTES AND REFERENCES

1. Recently, however, there has been a rekindling of interest in the history of Indian religions, especially of Hinduism. These studies are usually premised precisely on the grounds that Prof. Pande finds so inadequate and unacceptable. The ground on which Prof. Pande rejects these studies as unsatisfying has been dealt with later in this article.
2. G.C. Pande, 'Internationalizing the Study of Religion: Methodological Issues', the invited paper sent to the International Symposium on Internationalizing the Study of Religion in USA in Nov. 1998.
3. *Ibid.*
4. *Ibid.*
5. *Ibid.*
6. G.C. Pande, *Foundations of Indian Culture,* Vol. I, Delhi, 1990, p. 1.
7. *Ibid.*, p. 3.

Contributors

1. Professor G.C. Pande
c/o Smt. Tanuja Pande
11-B, Railway Officers' Colony, Tilak Bridge, New Delhi.

2. Navjivan Rastogi
102, Easterling Apartment, University Road,
Near IT Chauraha, Lucknow-226007.

3. G.C. Nayak
N4/215, IRC Village, Nayapalli, Bhubaneswar-751015
(Orissa).

4. Mukul Raj Mehta
Department of Philosophy,
Banaras Hindu University, Varanasi.

5. Susmita Pande
Head, Department of Ancient History, Vikram University,
Ujjain (MP).

6. Yashdev Shalya
P-51, Madhuban, Pashchim Kisan Marg, Tonk Road, Jaipur.

7. Indu Sarin
Department of Philosophy, Panjab University, Chandigarh.

8. Neelima Vashishtha
B-195 (C), University Road, Bapu Nagar, Jaipur-302015.

9. B.N.S. Yadava
33/3, Stanley Road, Allahabad-211002.

10. Ram Krishna Mani Tripathi
4-A, New Bangalore, Park Road, No. 10,
Civil Lines, Labour Coloney, Gorakhpur.

11. Kamal Nayan
P-51, Kisan Marg, Madhuvan, Tonk Road, Jaipur.

12. Geeta Manaktala
Department of Philosophy, Panjab University, Chandigarh.

13. Sibesh Bhattacharya
Flat No. D, Block-1, Fourth Floor, Club Town,
Enclave 20, Chinar Park, Kolkata-700 157.

14. Indra Nath Chowdhary
183, Tagore Park, Delhi-110009.

15. Shashi Prabha Kumar
Centre for Sanskit Studies,
Jawaharlal Nehru University, New Delhi.

16. Ganga Sagar Tiwari
190/91/8, New Colony, Alopibagh, Allahabad-211006.